はじめに

社会人になると、さまざまなシーンでビジネス文書を作成する機会があります。日々の仕事を円滑に進めるためには、ビジネス文書が欠かせません。読み手の立場に立った丁寧でわかりやすいビジネス文書は、それを作成した個人だけでなく、会社や組織に対する評価を高め、結果としてビジネスの成果を高めることにもつながります。したがって、会社では、ビジネス上のさまざまな目的に応じて、適切なビジネス文書を作成できる力が求められます。

本書は、これから社会人になる方や再就職する方、社会人としての基本を再確認したい方を対象に、一般的なビジネス文書の書き方についてご紹介します。
各章で学習したことを章末で実践していく構成になっており、知識とスキルを同時に修得できるテキストとなっております。

本書が社会で活躍する皆様のお役に立てれば幸いです。

2010年11月21日
FOM出版

◆本文で題材として使用している個人名、団体名、商品名、ロゴ、連絡先、メールアドレス、場所、出来事などは、すべて架空のものです。実在するものとは一切関係ありません。

Contents 目次

■ 本書をご利用いただく前に 1

■ 第1章　ビジネス文書の基本を知ろう 4

STEP1　ビジネス文書とは 5
- 1　ビジネス文書の特徴 5
- 2　ビジネス文書の目的 6
- 3　文書化することの意義 7

STEP2　ビジネス文書の種類 8
- 1　社内文書と社外文書 8
- 2　社内文書の基本 9
- 3　社外文書の基本 14

STEP3　ビジネス文書作成のポイント 19
- 1　ビジネス文書の作成手順 19
- 2　ビジネス文書の書き方の基本 20
- 3　読みやすい文書を作成するポイント 21

STEP4　作成後の最終チェック 28
- 1　校正の重要性 28
- 2　主なチェックポイント 29

STEP5　ビジネス文書の保管 30
- 1　保管までの流れ 30
- 2　文書の管理方法 30

■ 第2章　用件を明確に伝える通知書・依頼書を作ろう【社内文書】 -- 32

STEP1　通知書・依頼書とは 33
- 1　通知書とは 33
- 2　依頼書とは 33

STEP2　通知書・依頼書の目的と役割 34
- 1　通知書の目的と役割 34
- 2　依頼書の目的と役割 35

STEP3　通知書・依頼書に必要な要素 37
- 1　通知書・依頼書の基本要素 37

STEP4　通知・依頼事項を書くときのポイント ... 39
- 1　通知事項を書くときのポイント 39
- 2　依頼事項を書くときのポイント 40

		Case Study	悪い通知書・良い通知書	42
			● 会議開催の通知書を作成することに!	42
			● この通知書の悪いところは?	44
			● こうすれば良い通知書になる!	45
		Let's Try	依頼書を作成してみよう	48
			● 社内報への寄稿の依頼書を作成することに!	48

■第3章　社内会議の議事録を作ろう【社内文書】　50

	STEP1	議事録とは	51
		● 1　議事録とは	51
	STEP2	議事録の目的と役割	52
		● 1　会議の種類と目的	52
		● 2　議事録の目的と役割	52
	STEP3	議事録に必要な要素	54
		● 1　議事録の基本要素	54
	STEP4	討議・決定事項を書くときのポイント	57
		● 1　議事録作成の前にしておくこと	57
		● 2　討議事項を書くときのポイント	58
		● 3　決定事項を書くときのポイント	59
	Case Study	悪い議事録・良い議事録	60
		● 社内会議の議事録を作成することに!	60
		● この議事録の悪いところは?	61
		● こうすれば良い議事録になる!	63
	Let's Try	議事録を作成してみよう	66
		● 社内会議の議事録を作成することに!	66

■第4章　仕事の状況を正確に伝える報告書を作ろう【社内文書】　68

	STEP1	報告書とは	69
		● 1　報告書とは	69
		● 2　報告のタイミング	69
	STEP2	報告書の目的と役割	70
		● 1　報告の種類と目的	70
		● 2　報告書の目的と役割	70
	STEP3	報告書に必要な要素	73
		● 1　報告書の基本要素	73
	STEP4	報告事項を書くときのポイント	76
		● 1　報告書作成の前にしておくこと	76
		● 2　報告事項を書くときのポイント	77

		Case Study	悪い報告書・良い報告書	79
		●	月例業務報告書を作成することに！	79
		●	この報告書の悪いところは？	80
		●	こうすれば良い報告書になる！	82
		Let's Try	報告書を作成してみよう	85
		●	出張報告書を作成することに！	85

■第5章　関係者を納得させる提案書・企画書を作ろう【社内文書】---- 86

	STEP1	提案書・企画書とは	87
	●1	提案書とは	87
	●2	企画書とは	87
	STEP2	提案書・企画書の目的と役割	88
	●1	提案書の目的と役割	88
	●2	企画書の目的と役割	89
	STEP3	提案書・企画書に必要な要素	91
	●1	提案書・企画書の基本要素	91
	STEP4	提案・企画事項を書くときのポイント	93
	●1	提案書・企画書作成の前にしておくこと	93
	●2	提案・企画事項の書き方の基本	94
	●3	提案書・企画書の説得力を高めるポイント	96
	●4	提案書・企画書の表現力を高めるポイント	99
	Case Study	悪い提案書・良い提案書	104
	●	Web会議システムの提案書を作成することに！	104
	●	この提案書の悪いところは？	105
	●	こうすれば良い提案書になる！	106
	Let's Try	企画書を作成してみよう	109
	●	店舗リニューアルの企画書を作成することに！	109

■第6章　社外に情報を発信する案内状・通知状を作ろう【社外文書】-- 110

	STEP1	案内状・通知状とは	111
	●1	案内状とは	111
	●2	通知状とは	111
	STEP2	案内状・通知状の目的と役割	112
	●1	案内状の目的と役割	112
	●2	通知状の目的と役割	113
	STEP3	案内状・通知状に必要な要素	115
	●1	案内状・通知状の基本要素	115

	STEP4	案内・通知事項を書くときのポイント	117
		● 1　案内・通知事項を書くときのポイント	117
	Case Study	悪い案内状・良い案内状	119
		● 内覧会の案内状を作成することに！	119
		● この案内状の悪いところは？	120
		● こうすれば良い案内状になる！	121
	Let's Try	通知状を作成してみよう	123
		● 価格改定の通知状を作成することに！	123

■第7章　会社間の取引に不可欠な見積書・請求書を作ろう【社外文書】-124

	STEP1	見積書・請求書とは	125
		● 1　見積書とは	125
		● 2　請求書とは	125
	STEP2	見積書・請求書の目的と役割	126
		● 1　見積書の目的と役割	126
		● 2　請求書の目的と役割	127
	STEP3	見積書・請求書に必要な要素	130
		● 1　見積書・請求書の基本要素	130
	STEP4	見積・請求事項を書くときのポイント	134
		● 1　見積・請求事項を書くときのポイント	134
	Case Study	悪い請求書・良い請求書	137
		● 納品した商品の請求書を作成することに！	137
		● この請求書の悪いところは？	138
		● こうすれば良い請求書になる！	139
	Let's Try	見積書を作成してみよう	141
		● 保守・サポートの見積書を作成することに！	141

■第8章　気持ちが伝わるお礼状・お詫び状を作ろう【社外文書】---142

	STEP1	お礼状・お詫び状とは	143
		● 1　お礼状とは	143
		● 2　お詫び状とは	143
	STEP2	お礼状・お詫び状の目的と役割	144
		● 1　お礼状の目的と役割	144
		● 2　お詫び状の目的と役割	145
	STEP3	お礼状・お詫び状に必要な要素	147
		● 1　お礼状・お詫び状の基本要素	147

STEP4	お礼・お詫び事項を書くときのポイント	149
	●1 お礼・お詫び事項を書くときのポイント	149
Case Study	悪いお礼状・良いお礼状	151
	● 内覧会への来場に対するお礼状を作成することに！	151
	● このお礼状の悪いところは？	152
	● こうすれば良いお礼状になる！	153
Let's Try	お詫び状を作成してみよう	155
	● 不良品のお詫び状を作成することに！	155

■第9章　メールでビジネス文書を作ろう　　156

STEP1	ビジネスメールとは	157
	●1 ビジネスメールとは	157
	●2 ビジネスメールの特徴	157
STEP2	ビジネスメールに必要な要素	158
	●1 ビジネスメールの基本要素	158
STEP3	ビジネスメールを書くときのポイント	160
	●1 ビジネスメールを書くときのポイント	160
STEP4	ビジネスメールのルールとマナー	163
	●1 メールの送信	163
	●2 メールの返信	164
	●3 メールの転送	166
STEP5	社内向けビジネスメール	167
	●1 社内向けビジネスメールの特徴	167
	●2 社内向けビジネスメールの基本	168
	●3 目的別書き方のポイント	169
STEP6	社外向けビジネスメール	171
	●1 社外向けビジネスメールの特徴	171
	●2 社外向けビジネスメールの基本	172
	●3 目的別書き方のポイント	174
Case Study	悪いビジネスメール・良いビジネスメール	175
	● 社外の人に移転を通知するメールを作成することに！	175
	● このビジネスメールの悪いところは？	176
	● こうすれば良いビジネスメールになる！	177
Let's Try	ビジネスメールを作成してみよう	179
	● 社内向けに会議の案内メールを作成することに！	179

■付録1　言葉の常識・非常識 —————————————— 180

STEP1　用語の統一 ………………………………………… 181
- 1　文体の統一 ……………………………………………… 181
- 2　漢字とひらがなの使い分け …………………………… 181
- 3　送り仮名の付け方 ……………………………………… 182
- 4　外来語の表記 …………………………………………… 183
- 5　数字の使い方 …………………………………………… 183
- 6　記号の使い方 …………………………………………… 184

STEP2　敬語の使い方 …………………………………………… 185
- 1　敬語の基本 ……………………………………………… 185
- 2　代表的な敬語の使い方 ………………………………… 186
- 3　気を付けたい敬語の使い方 …………………………… 188
- 4　丁寧な表現 ……………………………………………… 189

■付録2　封書・はがきの書き方 —————————————— 190

STEP1　封書の書き方 ………………………………………… 191
- 1　封書の基本 ……………………………………………… 191
- 2　封書の表面の書き方 …………………………………… 191
- 3　封書の裏面の書き方 …………………………………… 193

STEP2　はがきの書き方 ………………………………………… 194
- 1　はがきの送付 …………………………………………… 194
- 2　はがきの表面の書き方 ………………………………… 194
- 3　はがきの裏面の書き方 ………………………………… 196

■付録3　文書作成チェックリスト —————————————— 198

- STEP1　通知書・依頼書チェックリスト ……………………… 199
- STEP2　議事録チェックリスト ………………………………… 200
- STEP3　報告書チェックリスト ………………………………… 202
- STEP4　提案書・企画書チェックリスト ……………………… 203
- STEP5　案内状・通知状チェックリスト ……………………… 205
- STEP6　見積書・請求書チェックリスト ……………………… 206
- STEP7　お礼状・お詫び状チェックリスト …………………… 207
- STEP8　ビジネスメールチェックリスト ……………………… 208

■索引 ————————————————————————— 210

Introduction 本書をご利用いただく前に

本書で学習を進める前に、ご一読ください。

1 本書の構成について

本書は、次のような構成になっています。

第1章 ビジネス文書の基本を知ろう
仕事を円滑に進めるために必要なビジネス文書の特徴や種類、基本的な書き方など、ビジネス文書に関する一般的な知識について解説しています。

第2章 用件を明確に伝える通知書・依頼書を作ろう【社内文書】
発信するタイミングが大切な通知書・依頼書の目的や役割、構成する要素、書き方のポイントなど、通知書・依頼書の作成について解説しています。

第3章 社内会議の議事録を作ろう【社内文書】
会議内容を記録する重要な文書である議事録の目的や役割、構成する要素、書き方のポイントなど、議事録の作成について解説しています。

第4章 仕事の状況を正確に伝える報告書を作ろう【社内文書】
仕事の進捗状況や結果を伝える報告書の目的や役割、構成する要素、書き方のポイントなど、報告書の作成について解説しています。

第5章 関係者を納得させる提案書・企画書を作ろう【社内文書】
仕事の改善点やアイディアをまとめた提案書・企画書の目的や役割、構成する要素、書き方のポイントなど、提案書・企画書の作成について解説しています。

第6章 社外に情報を発信する案内状・通知状を作ろう【社外文書】
自社の情報を社外に伝える案内状・通知状の目的や役割、構成する要素、書き方のポイントなど、案内状・通知状の作成について解説しています。

第7章 会社間の取引に不可欠な見積書・請求書を作ろう【社外文書】
正確さが重要な見積書・請求書の目的や役割、構成する要素、書き方のポイントなど、見積書・請求書の作成について解説しています。

第8章 気持ちが伝わるお礼状・お詫び状を作ろう【社外文書】
気持ちよい関係を築くためのお礼状・お詫び状の目的や役割、構成する要素、書き方のポイントなど、お礼状・お詫び状の作成について解説しています。

第9章 メールでビジネス文書を作ろう
社内だけでなく、社外の人とのやりとりに欠かせないビジネスメールを構成する要素、書き方のポイント、ルールとマナーなど、ビジネスメールの書き方について解説しています。

付録1 言葉の常識・非常識
用語の統一や敬語の使い方など、社会人として常識のある言葉の使い方について解説しています。

付録2 封書・はがきの書き方
ビジネス文書を発送するときに役立つ封書・はがきの基本的な書き方について解説しています。

付録3 文書作成チェックリスト
作成したビジネス文書に必要なポイントを確認できるチェックリストを用意しています。

2 本書の記述について

本書で使用している記号には、次のような意味があります。

記述	意味	例
「　　　」	ビジネス文書に関する用語や重要な語句を示します	「社内文書」といいます

POINT ▶▶▶　知っておくべき重要な内容

参考　知っていると便利な内容

※　補足的な内容や注意すべき内容

3 学習の進め方について

第2章から第9章までは、それぞれ次のような流れで学習を進めていく形式になっています。

1 各章のテーマを学習

各章のテーマにそって、ビジネス文書の目的と役割や必要な要素、書き方のポイントなどを学習しましょう。

STEP 4　討議・決定事項を書くときのポイント

1　議事録作成の前にしておくこと

議事録の作成にあたっては、事前の準備や心構えが大切です。議事録を作成する前に、次のような準備をしておきましょう。

■会議の概要を把握する

会議の日時や場所、目的、議題、議事、出席者、会議後の議事録の配布先などを確認します。これらの情報は当日になって変更されることが少ないため、あらかじめ記載しておくと、会議後の議事録の作成がスムーズです。

■必要な情報を収集する

会議の内容を理解できないようでは、完成度の高い議事録は望めません。議題に関する情報を収集し、前提知識を身に付けた上で会議に臨みます。事前に配布資料を入手できた場合には必ず目を通し、しっかり理解しておくようにしましょう。不明点があればメモしておき、会議の当日に明らかにします。

■会議中はしっかりメモを取る

会議中はメモを取ることに集中します。メモを取る段階で重要な情報とそうでない情報を見極める必要はなく、できるだけ漏れなく記録します。特に、日時や金額、数量などの数値は、聞き逃したり、聞き間違えたり、あるいは書き間違えたりしないように細心の注意を払いましょう。

また、発言の内容が理解できない場合は、積極的に質問して不明点を残さないよ

（第3章　社内会議の議事録を作ろう［社内文書］）

2 Case Study

実際のビジネスシーンを想定して作成されたビジネス文書の悪い例と良い例を比較します。まずは悪い例のどこに問題があるのか、どう改善すべきなのか、自分ならどう作成するのか考えてください。その後、良い例をもとに作成するポイントを確認しましょう。

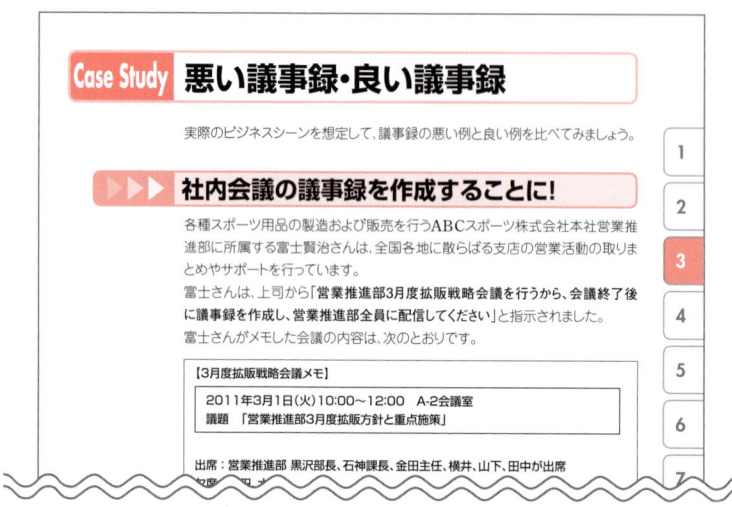

3 Let's Try

学習の仕上げに、Let's Tryにチャレンジして自分でビジネス文書を作成してみましょう。各章で学習したことを実践的に試すことができるようになっています。
指示に対して自ら考えることで、状況に応じて適切なビジネス文書を作成できるようになることを目的としています。
※「作成例と解説」は、別冊に記載しています。

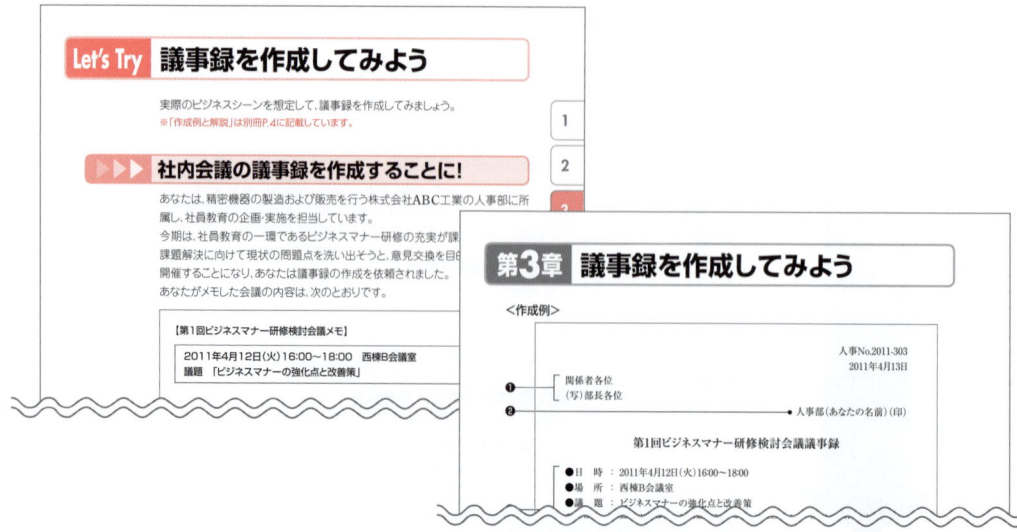

第1章
ビジネス文書の基本を知ろう

仕事を円滑に進めるために必要なビジネス文書の特徴や種類、基本的な書き方など、ビジネス文書に関する一般的な知識について解説しています。

STEP1 ビジネス文書とは …………………………………5
STEP2 ビジネス文書の種類 ………………………………8
STEP3 ビジネス文書作成のポイント …………………19
STEP4 作成後の最終チェック …………………………28
STEP5 ビジネス文書の保管 ……………………………30

STEP 1 ビジネス文書とは

1 ビジネス文書の特徴

「ビジネス文書」とは、日々の仕事を円滑に進めるために必要な書類のことです。ビジネス上のやり取りにはビジネス文書が欠かせません。会社の規模や業種に関係なく、人と人、あるいは会社と会社をつなぐ大切なコミュニケーション手段です。IT(情報通信技術)の進化に伴い、紙の文書の一部はメールに置き換えられつつありますが、媒体が変わっただけで文書としての機能は同じです。

ビジネス文書の最も重要な役割は、用件を正確に、かつ客観的に伝えることです。そのため、ビジネス文書は誰が読んでも、同じように解釈できるものである必要があります。

ビジネス文書の主な特徴は、次のとおりです。

■フォーマットや書き方の決まりごとがある

ビジネス文書には、基本的なフォーマットや書き方に関する決まりごとがあります。フォーマットに準じることで、効率よく文書を作成できるだけでなく、効果的に情報を伝えることができます。ビジネスの目的に合わせてフォーマットを選び、適切な言葉や言い回しを使って、相手に失礼のない文書を作成します。

■要点が整理されている

意図したことが正確に伝わらないようなビジネス文書では意味がありません。情報が少なすぎたり、反対に情報が多すぎたりしても、読み手が混乱する原因となります。ビジネス文書では、要点を簡潔にまとめ、読み手の立場に立って文書を構成します。

■ビジネスの成果を左右する

個人が作成したビジネス文書でも、ひとたび会社や組織の名前で発信されれば、公式な文書として扱われます。丁寧でわかりやすいビジネス文書が読み手に信頼感や安心感を与えるように、ビジネス文書から受ける印象が会社や組織に対する評価を左右し、結果としてビジネスに影響を与えることも考えられます。したがって、ビジネス文書を作成するときは、部門や会社を代表する気持ちで、慎重に作成する必要があります。

第1章 ビジネス文書の基本を知ろう

2 ビジネス文書の目的

会社では、議事録や報告書、案内状、見積書など、毎日のようにさまざまなビジネス文書がやり取りされています。これらは、ビジネス上のさまざまな目的を達成するために作成されます。いずれも、読み手がそこに書かれた内容を理解することで、仕事が円滑に進んだり、仕事の成果を高めたりするのが狙いです。
ビジネス文書を作成する目的には、次のようなものがあります。

■事実や連絡事項を正確に伝える

ビジネス文書は、ビジネス上必要な相手と正確な情報を効率よく共有するのに役立ちます。複数の関係者と同じ情報を共有したい場合などには、人から人へと伝えていく方法と異なり、途中で情報が間違って伝えられる心配がありません。

■記録を残す

いつでも事実を確認できるようにするためには、記録を残す必要があります。記録を残すことで、その場にいなかった人と情報を共有することができます。また、ビジネス文書の中には、契約書のように法律上作成および保管が義務付けられている文書もあります。

■考えや気持ちを理解してもらう

口頭で自分の考えや気持ちを伝えることも重要ですが、その場の雰囲気に飲まれて思わず感情的になったり、話し方や表情によって相手の受け取り方や理解度が左右されたりします。文書にすることで、自分の考えや気持ちを客観的に整理できるだけでなく、相手の不要な誤解や勘違い、聞き漏らしを防ぐことができます。

■同意や承認を求める

組織内あるいは取引上のトラブルを避けるためには、口頭でのやり取りで済ませるのではなく、文書にすることが重要です。特に相手に同意や承認を求める場合には、同意や承認を得たい内容を文書にして明確に示す必要があります。

■改善を求める

相手になんらかの改善を求める場合には、文書を通じて改善点を明らかにします。これにより、改善への取り組みを促すだけでなく、改善後の成果を評価しやすくなります。

■何かを依頼する

相手に実行してほしいことを要求する場合には、誠意を示すためにも文書で正式に依頼します。依頼された相手も、その重要性を強く認識することができ、責任を持って取り組むようになります。

3 文書化することの意義

ビジネス文書には、用件を正確に、かつ客観的に伝える役割のほかに、情報を記録したり蓄積したりする役割があります。口頭でのやり取りは、時間がたつと記憶から薄れてしまい、ときとして「言った」「言わない」のトラブルに発展しかねません。文書化しておけば、そのような心配はなくなります。万一トラブルが発生した場合などには証拠書類となり、責任の所在を明らかにすることもできます。

また、複数の関係者と過去にさかのぼって情報を共有できるのも、文書化によるメリットです。これにより、問題の原因を追求したり、より良い方法を導き出したりするのに役立ちます。個人が仕事を通じて得た知識やノウハウを蓄積し、組織として有効活用していくためにも、文書化が重要な役割を果たします。

文書化することの意義は、次のようにまとめられます。

- 言い間違い、聞き間違い、勘違いなどによるトラブルを回避する
- 正確な情報を確実、かつ迅速に伝える
- 複数の関係者と有用な情報を共有する
- 必要に応じて記録を確認できるようにする
- 正確な情報にもとづく客観的な判断を促す
- 活動の成果を比較検証する

STEP 2 ビジネス文書の種類

1 社内文書と社外文書

ビジネス文書は、目的に応じてさまざまな種類がありますが、大きくは「**社内文書**」と「**社外文書**」の2つに分けることができます。同じビジネス文書であっても、社内文書か社外文書かによって、フォーマットや書き方などが異なります。

■社内文書の種類

社内文書とは、社内の組織や個人とやり取りされるビジネス文書のことです。社内文書には、主に次のようなものがあります。

種類	目的
通知書	相手に知ってもらうべきことを伝える。 例)「人事異動」「ルールの変更」など
依頼書	組織または個人に対して正式にお願いをする。 例)「アンケート調査の依頼」「寄稿のお願い」など
議事録	会議で検討した事項や結果を記録する。 例)「営業会議議事録」「企画会議議事録」など
報告書	経過や結果を報告する。 例)「受講報告書」「出張報告書」など
提案書	問題や課題の解決に向けた方向性を示す。 例)「新システム導入の提案」「災害対策改善の提案」など
企画書	新しい考えを提案する。 例)「イベント企画書」「PR企画書」など
稟議書	関係者に案を提示して承認を求める。 例)「ハードウェア購入の稟議書」「アルバイト採用の稟議書」など
届出書	個人的な事情について会社に届け出る。 例)「住所変更届」「改姓届」「退職届」など
手順書	操作や作業の手順を説明する。 例)「作業手順書」「品質評価手順書」など

■社外文書の種類

社外文書とは、取引先や顧客など、社外の会社や組織、個人とやり取りされるビジネス文書のことです。

社外文書には、主に次のようなものがあります。

種類	目的
案内状	イベントやキャンペーンなどの情報を伝え、反応や行動を促す。 例)「セミナーのご案内」「展示会のご案内」など
通知状	社内の出来事を社外へ伝える(事務的な連絡を伝える)。 例)「オフィス移転のお知らせ」「価格変更のお知らせ」など
挨拶状	社内の出来事を社外に伝える(あいさつに重点を置く)。 例)「会社設立のご挨拶」「業務提携のご挨拶」など
招待状	催し物への出席をお願いする。 例)「祝賀会へのご招待」「式典へのご招待」など
依頼状	依頼したり交渉したりする。 例)「協力依頼」「見積依頼」など
照会状	不明な点を問い合わせて的確な回答を得る。 例)「取引条件の照会」「在庫の照会」など
お礼状	感謝の気持ちを伝える。 例)「就任祝いへのお礼」「展示会来場へのお礼」など
お詫び状	お詫びの気持ちを伝える。 例)「不具合のお詫び」「納品遅延のお詫び」など
見積書	商品やサービスの価格を算出する。
発注書	商品やサービスを発注したことを証明する。
納品書	商品やサービスを納品したことを証明する。
請求書	商品やサービスの代金を請求する。
契約書	契約の成立を証明する。 例)「取引契約書」「業務委託契約書」など

2 社内文書の基本

社内文書では、社内で仕事を進める上で必要な情報が的確に記載され、必要な相手に正確、かつ迅速に伝わることが重視されます。社外文書と異なり、儀礼的な要素を必要としない点が特徴です。

■社内文書の基本フォーマット

社内文書の基本的なフォーマットは、次のとおりです。

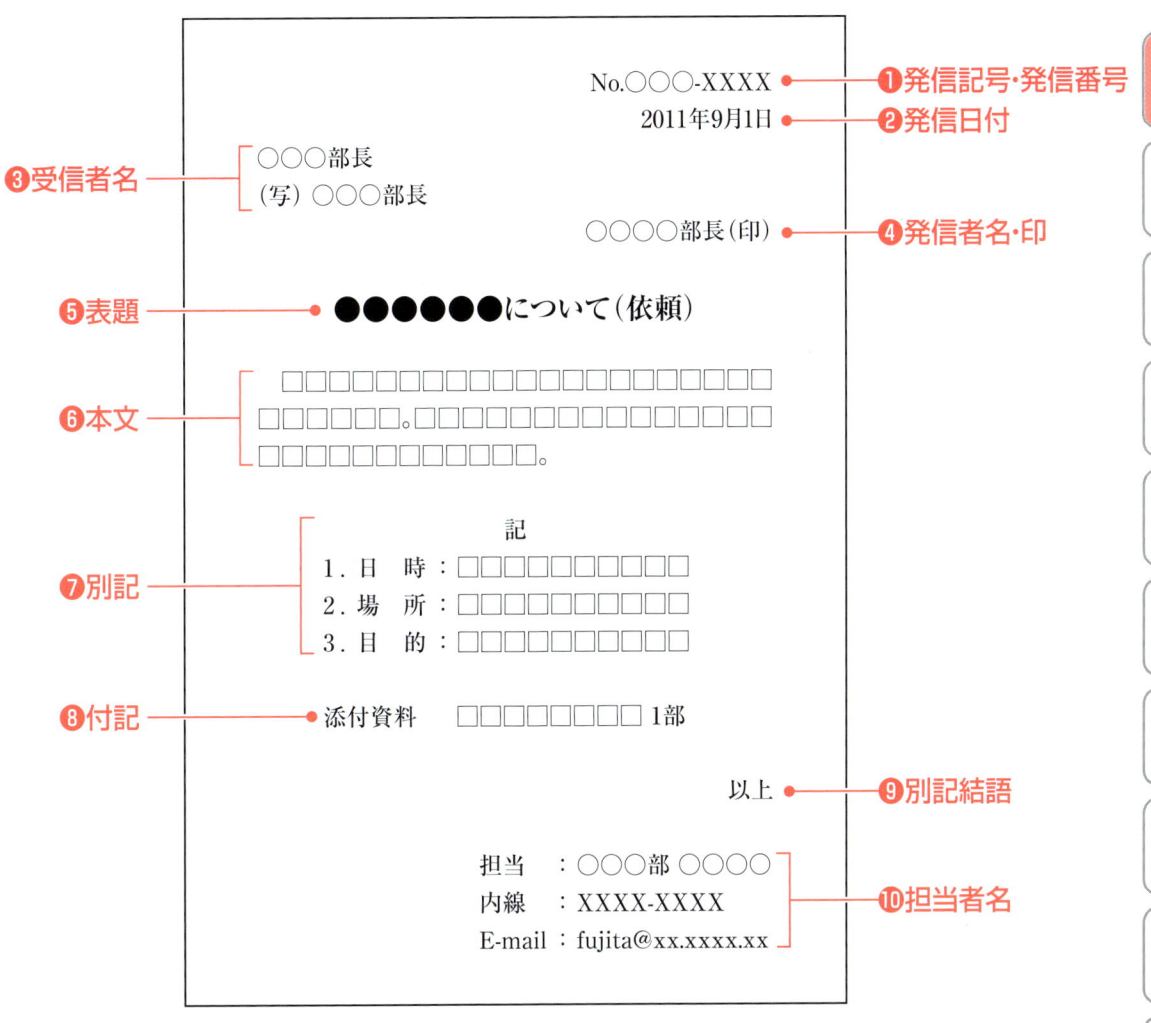

❶発信記号・発信番号

文書管理用の発信記号・発信番号を文書の右端上部に記載します。番号の付け方は、会社や組織のルールに従います。発信記号・発信番号は省略する場合もあります。

❷発信日付

原則として、作成日ではなく、発信当日の年月日を発信記号・発信番号の下の行に記載します。元号で記載するか西暦で記載するかは、会社や組織のルールに従い、文書内で統一します。

❸受信者名

原則として、受信者の役職名だけ、または受信者の部署名、個人名(役職名)を発信日付の下に左寄せで記載し、左端を本文の左端とそろえます。複数名に宛てた文書の場合は「**各位**」「**関係者各位**」などと表記します。総務部長、人事課長といったように、個人名は省略してもかまいません。また、部署名が長い場合などには、社内での通称を利用することもあります。部署名、役職名、個人名の書き方は、発信者の書き方と合わせます。

<例>

```
総務部長
総務部　高橋部長
総務部長　高橋様
```

写しをほかの関係者にも送付する場合には、受信者名の一覧の下に、「**(写)**」に続けて記載します。

❹発信者名・印

原則として、発信側の責任者の役職名だけ、または部署名(役職名)、個人名を受信者名の下の行に右寄せで記載し、印を押します。発信者の役職名は個人名の後ろではなく、部署名の後ろに付けるようにし、部署名、役職名、個人名の書き方は、受信者の書き方と合わせます。

❺表題

本文の内容がひと目でわかるような表題を発信者名の下に中央揃えで記載します。文字数は最大20文字を目安にし、1行に収めるようにします。

❻本文

用件だけを表題の下にできるだけ簡潔に記載します。原則として、段落の頭は1文字分空けます。社内文書の場合は、頭語や結語、時候のあいさつなど、前文、末文を書く必要はありません。別記を記述する場合は、「**下記のとおり**」と書き、本文の中で別記があることを知らせます。

❼別記

「記」を本文の下に中央揃えで記載し、続いて日付や場所、連絡事項などの必要な項目を箇条書きで記載します。

❽付記

添付資料や補足すべき情報がある場合は、別記の下に1行空けて記載します。

❾別記結語

「以上」を別記または付記の下に右寄せで記載し、右端を本文の右端とそろえます。

❿担当者名

担当者の部署名と個人名を別記結語の下に右寄せで記載します。複数行にわたるときは頭をそろえます。内線番号やメールアドレスなどの連絡先も含めておきます。

> **POINT ▶▶▶**
> **読みやすさへの配慮**
> 行間が詰まった文章は、相手に読みにくい印象を与えてしまいます。発信日付、受信者、発信者、表題、本文など、それぞれの要素を記載するときは、前後の行間を1行ほど空けるようにしましょう。ただし、できるだけA4用紙1枚に収めることを優先します。行間を空けることで、1枚に収まらなくなるような場合は、無理に行間を空ける必要はありません。

■社内文書の作成時に心がけること

社内文書は、文書の作成者、もしくは作成者が所属している部署の正式な発言とみなされます。社内とはいっても、自らの発言に責任を持ち、所属部署の代表であるという自覚を持って作成することが大切です。社内で決められたフォーマットがある場合は、そのフォーマットを利用することで、適切な内容で迅速に文書を作成することができます。

社内文書を作成する際には、次のようなことを心がけましょう。

◆客観的な立場で考える

文書の中に主観による憶測や判断、願望を盛り込んでしまうと、間違った情報が伝わってしまうおそれがあります。感情的にならずに客観的な立場で、自分の考えや気持ちを整理しましょう。

◆スピードを重視する

社内文書に記載された情報を活用することで、仕事の効率を高めたり、作業上のミスが減ったりなど、業務にさまざまな価値が生み出されます。しかし、情報が古かったり確認が遅れたりすれば、連携がうまくいかずに思わぬ失敗を引き起こしかねません。文書の目的を踏まえて、スピードやタイミングを重視して作成します。

◆儀礼的な要素は排除する

社内文書では、形式よりも、最も伝えたい内容を簡潔にまとめることを最優先します。できるだけ短い文章にし、本文の中に、頭語や結語、あいさつに当たる前文や末文などの儀礼文を挿入する必要はありません。敬語の使用も必要最小限にとどめます。

POINT ▶▶▶

頭語と結語

「頭語」は、「拝啓」や「謹啓」など、文書の頭に付けるあいさつの言葉です。「結語」は頭語に対応して、「敬具」や「謹白」など、文書の最後に付けるあいさつの言葉です。「拝啓」なら「敬具」、「謹啓」なら「謹白」といったように、頭語と結語は、必ず決まった組み合わせで使います。

頭語と結語は社外文書では必須ですが、社内文書では不要です。

敬称の種類

敬称とは、人や会社名の後ろに付けて、相手に対する敬意を表す語をさします。
ビジネス文書では、誰に宛てた文書であるかによって、敬称を使い分けます。
敬称には、次のような種類があります。

敬称	説明	使用例
御中	会社や組織に付ける敬称である。 主に、社外文書で使われる。	BBB商事株式会社御中
様	最も一般的な敬称である。 役職名や「各位」の後ろには付けない。	経理部長 田中和夫様 佐藤裕子様 青木様
殿	主に官公庁などで使われている敬称である。 一般のビジネス文書ではあまり使われない。 役職名や「各位」の後ろには付けない。	経理部長 田中和夫殿 佐藤裕子殿 青木殿
各位	複数の相手を対象にするときに使う敬称である。	社員各位 関係者各位

3 社外文書の基本

社外文書は、用件を簡潔に伝えるだけでなく、さらに相手に敬意を表した丁寧な文書でなければなりません。敬語の使い方や細かい表現に配慮するなど、社内文書以上に慎重さが求められます。

■社外文書の基本フォーマット

社外文書の基本的なフォーマットは、次のとおりです。

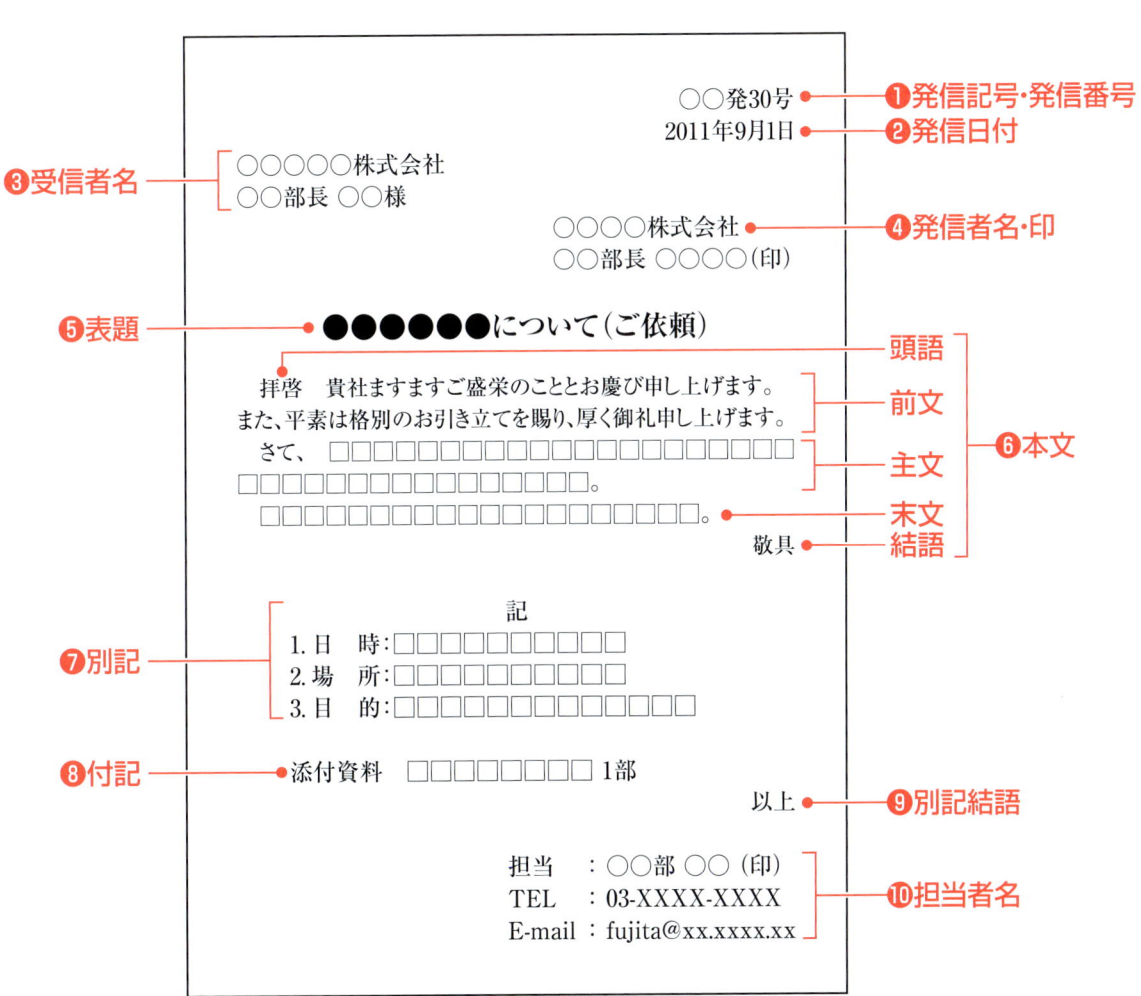

❶発信記号・発信番号

文書管理用の発信記号・発信番号を文書の右端上部に記載します。番号の付け方は、会社や組織のルールに従います。発信記号・発信番号は省略する場合もあります。

❷発信日付

原則として、作成日ではなく、発信当日の年月日を発信記号・発信番号の下の行に記載します。元号で記載するか西暦で記載するかは、会社や組織のルールに従い、文書内で統一します。

❸受信者名

原則として、受信者の会社名、部署名、役職名、個人名＋敬称を発信日付の下に左寄せで記載し、左端を本文の左端とそろえます。株式会社を（株）やK.K.などと表記したり、部署名を省略したりしないようにします。敬称は、「御中」「様」「各位」などを使い分けます。

また、受信者が複数になる場合は、1枚にすべての受信者名を記載するのではなく、受信者ごとに別々に文書を作成します。

❹発信者名・印

原則として、発信側の責任者の会社名、部署名、役職名、個人名を受信者名の下の行に右寄せで記載し、印を押します。長くなる場合は複数行に分けて書き、頭をそろえます。また、発信者の役職名は個人名の後ろに付けるのではなく、部署名に続けて書きます。

❺表題

本文の内容がひと目でわかるような表題を発信者名の下に中央揃えで記載します。文字数は最大20文字を目安にし、1行に収めるようにします。

❻本文

本文を表題の下に記載します。原則として、段落の頭は1文字分空けます。別記を記述する場合は、「下記のとおり」と書き、本文の中で別記があることを知らせます。

本文は次の要素で構成します。

- 頭語・・・「拝啓」「謹啓」などを使う
- 前文・・・時候のあいさつや相手の繁栄を祝す言葉を添える
- 主文・・・結論を先に書き、わかりやすく簡潔に書く
- 末文・・・締めくくりの言葉を本文の末尾に書く
- 結語・・・「敬具」「謹白」などを使う

❼別記

「記」を本文の下に中央揃えで記載し、続いて日付や場所、連絡事項などの必要な項目を箇条書きで記載します。

❽付記
添付資料や補足すべき情報がある場合は、別記の下に1行空けて記載します。

❾別記結語
「以上」を別記または付記の下に右寄せで記載し、右端を本文の右端とそろえます。

❿担当者名
担当者の部署名と個人名を別記結語の下に右寄せで記載します。複数行にわたるときは頭をそろえます。電話番号やメールアドレスなどの連絡先も含めておきます。ただし、担当者名は、必要なければ記載しなくてもかまいません。

■社外文書の作成時に心がけること

社外文書は、たとえ個人名で発信したとしても、会社を代表して書いている文書とみなされます。社内文書と異なり相手に対する礼儀をわきまえる必要があり、同じようなフォーマットであっても、細かい部分で書き方が異なります。相手に対して失礼のないよう、慎重に言葉を選びながら、簡潔でわかりやすい文書を作成することが大切です。社内で決められたフォーマットがある場合は、そのフォーマットを利用することで、適切な内容で迅速に文書を作成することができます。
社外文書を作成する際には、次のようなことを心がけましょう。

◆読み手に対して敬意を表す
社外文書では、尊敬語、謙譲語、丁寧語などの敬語を正しく使うことが重要です。使い慣れないと間違った使い方をしてしまうだけでなく、かえって不自然な文章になることもあります。敬語を使う場合は、自分と相手の関係を踏まえ、適切な表現を使い分けるようにします。

また、社外文書では、人や物に対して敬意を表すための丁寧な表現もよく使います。基本的な表現はしっかり身に付けておきましょう。

よく使う表現は、次のとおりです。

対象	相手の表現	自分の表現
人	○○様、貴殿、各位	私、私ども、小職
会社	貴社、御社	当社、弊社、小社
部署	貴部、貴課	当部、当課
店	貴店	当店
意見	ご意見、ご高案、ご所見、貴案	私見、所感、所見、私案
手紙	ご書面、貴信、貴書、お手紙	書簡、書面、書中、手紙
物品	結構なお品、ご佳品、お品物	粗品、つまらないもの、心ばかりの品

◆慣用語を適切に使う

慣用語は、特定の場面でよく使う決まり文句のようなもので、社外文書ではよく使われます。文書の内容に応じて、適切なものを選んで使うようにします。ただし、頻繁に会話しているような相手に対して使うと、逆に不自然に感じられてしまうこともあります。

よく使う慣用語は次のとおりです。常にこのとおりに表現しなければならないというものではありませんが、基本形として覚えておくとよいでしょう。

目的	慣用語の使用例
お礼	格別のご厚情をいただき、感謝申し上げます。 数々のご高配に預かり、心より御礼申し上げます。
お詫び	ご迷惑を心よりお詫び申し上げます。 何卒ご容赦くださいますよう、お願い申し上げます。
断り	誠に残念ながら、貴意に添いかねるとの判断になりました。 あしからずご了承くださいますよう、お願い申し上げます。
依頼	ご回答をお待ち申し上げております。 ご無理を承知で、何卒ご了承賜りたく存じます。
報告	まずは書面にてご報告申し上げます。 とりいそぎご一報申し上げます。
案内	とりあえずご案内まで。 是非ご高覧いただきたく、ご案内申し上げます。
回答	とりいそぎご回答申し上げます。 下記のとおりご回答申し上げます。
挨拶	略儀ながら書中にて失礼いたします。 今後ともご指導の程、よろしくお願い申し上げます。

時候のあいさつ

社外文書では、本文の最初にあいさつが入ります。時候のあいさつには次のような四季折々のあいさつがあり、文書に季節感を添えたり、親しみを持たせたりする効果があります。相手の立場や地位、相手との関係などを考慮しながら、うまく使い分けましょう。

また、文章の内容とのバランスも大切です。無理に堅苦しい表現を使うと、言葉だけがうわすべりしてしまい、逆に心がこもっていないように感じられることもあります。

●一般的な時候のあいさつ

月	一般的なあいさつの例	やや打ち解けたあいさつの例
1月	厳寒の候、大寒の候、新春の候	寒さ厳しい折から、
2月	立春の候、余寒の候、梅花の候	立春とは名ばかりですが、
3月	早春の候、浅春の候、春分の候	だいぶ春めいてまいりましたが、
4月	春暖の候、陽春の候、桜花の候	桜の花も咲きそろい、
5月	新緑の候、薫風の候、初夏の候	若葉かおるころとなりましたが、
6月	梅雨の候、向暑の候、短夜の候	うっとうしい季節になりましたが、
7月	盛夏の候、炎暑の候、酷暑の候	暑さ厳しい折から、
8月	残暑の候、晩夏の候、秋暑の候	風の音にも秋の訪れを感じる季節となり、
9月	初秋の候、新秋の候、新涼の候	さわやかな季節となり、
10月	秋冷の候、錦秋の候、仲秋の候	秋もいよいよ深まってまいりましたが、
11月	晩秋の候、向寒の候、初霜の候	寒さが身にしみるころとなりましたが、
12月	寒冷の候、師走の候、初冬の候	暮れもおしせまってまいりましたが、

STEP 3 ビジネス文書作成のポイント

1 ビジネス文書の作成手順

ビジネス文書の作成は、はじめは難しく感じるかもしれませんが、基本的なフォーマットがあり、決まりごとも多いため、慣れてくればそれほど難しくありません。一般的なビジネス文書の作成手順は、次のとおりです。

1 目的やテーマを明確にする
- 作成する文書の種類を確認する。
- どのような目的で何について書くかを明確にする。
- 読み手を特定する。

2 必要な情報を収集する
- 明確にした内容にもとづいて情報を収集する。
- 収集した情報から文書の中で使えそうな情報を拾い出す。
- 数値などは信頼できる情報源をもとに正確な数値を調べる。

3 結論や全体像を明確にする
- 文書の中で最も伝えたいことを明確にする。

4 構成を組み立てる
- 読み手の立場で、文書の効果的な構成を考える。
- 文書全体の構成を決める。

5 文書を作成する
- 組み立てた構成に従って文章を書く。
- できるだけ短い文章で簡潔にまとめる。

6 作成した文書を校正する

- 誤字・脱字がないか、簡潔にまとめられているかを確認する。
- 問題が見つかれば修正する。

7 最終チェックを行う

- 提出する前に出力し、もう一度確認する。
- 必要に応じて第三者に確認してもらう。
- 必要に応じて上司に承認してもらう。

2 ビジネス文書の書き方の基本

ビジネス文書の基本は、「正確」「簡潔」「明確」の3つです。どれかひとつでも欠けると、読み手は間違った解釈をしてしまったり、理解できなかったりします。
正確、簡潔、明確なビジネス文書を作成するために、次のような点を心がけましょう。

■ひとつの文書にひとつの用件

ひとつの文書に複数の用件が盛り込まれていると、読み手が混乱してしまうおそれがあります。基本的に、ひとつの文書にはひとつの用件というように、用件ごとに文書を作成します。また、作成後にテーマ別にファイリングできるため、管理しやすいというメリットもあります。

■必要最小限の文章量

読み手ができるだけ短い時間で内容を把握できるように、必要最小限のボリュームにまとめます。長い文章は、なかなか読む気が起こらないものです。1文をできるだけ短くすると同時に、必要以上に文書の枚数が多くならないように注意します。

■読み手の行動を喚起する文章

ビジネス文書は、読み手に内容を理解してもらうだけでなく、その先に、なんらかの行動を喚起する目的で作成されます。読み手が誰であるのかを意識するとともに、最後まで目的を見失わないようにし、文書で何を伝えなければならないのか、読み手に何を求めるのかを考えるようにしましょう。また、読み手の知識レベルを考慮することも大切です。

■誰が読んでもわかる文章

ビジネス文書は、誰が読んでもすんなり理解でき、同じように解釈できるのが理想です。あいまいな表現や複雑な文章は読み手の正しい理解を妨げるため、できるだけ簡潔でわかりやすい文章を心がけます。

■結論または全体像の明示

書き手が最も伝えたいことは、読み手が最も知りたいことでもあります。何についての文書なのか、何を伝えようとしているのかがすぐに把握できるように、結論や全体像などは最初に提示するようにしましょう。説得力を高める意味でも、また、忙しい相手に配慮する意味でも、重要なポイントです。

■事実と意見の区別

事実と意見をはっきり区別できないような文章は好ましくありません。事実を伝えたあとで、「私見では〜」「私は〜と考える」などと書き、事実と自分の意見は分けて書くようにしましょう。また、事実については、反論の余地がないことを確認した上で、必要に応じて具体的な根拠やデータを示しながら正確に説明します。強調したいからといって、無理に誇張してはいけません。

3 読みやすい文書を作成するポイント

文章の要点を見やすく整理するとともに、読みやすさに配慮することを心がけます。読みやすい文書を作成するためのポイントは、次のとおりです。

■表題や見出しを工夫する

本文より前に読み手の目に入るのが、表題や見出しです。表題や見出しにインパクトを持たせることで、読み手の関心を高めるだけでなく、何について書かれているのか、何を伝えようとしているのかをすばやく伝えることができます。そのため、できるだけ少ない文字数で、簡潔に文書の内容を表現することが大切です。

悪い例	良い例
説明会のご案内	新システム説明会のご案内
発売延期のお知らせ	商品A発売延期のお知らせ
登録・変更のお願い	ID/パスワード登録・変更のお願い

■メリハリを付ける

だらだらと区切りのない文章は、読んでいてわかりにくいだけでなく、読もうという気持ちが失せてしまいます。1文はできるだけ短くシンプルにまとめ、メリハリのある文章を心がけましょう。ただし、短い文の羅列はかえって稚拙な印象を与えてしまうこともあるため、短くすることにこだわりすぎてもいけません。全体のバランスを見ながら調整していきます。

文章にメリハリを付けるためのポイントは、次のとおりです。

◆接続詞を効果的に使う

「しかし」「ところで」「たとえば」「あるいは」などの「**接続詞**」は、長い文章を分割して1文を短くしたり、読み手に次の展開を予測させたりする重要な役割を担います。1文の中に2つの事柄が含まれている場合には、接続詞を使って2文に分けると、読みやすくなります。

＜例＞

- …実施したから、売上が…。　→　…実施した。だから売上が…。
- …実施したため、売上が…。　→　…実施した。そのため、売上が…。
- …実施したのに、売上が…。　→　…実施した。ところが、売上が…。

あまり接続詞を多用しすぎると文章が単調になってしまい、かえって逆効果になることがあります。また、もともと1文が短い場合は、無理に2文に分けないほうがよいこともあります。

◆読点を効果的に使う

「**読点**」は、文の区切りを明確にし、文章を読みやすくするために使います。

使い方	例
接続詞の後ろに入れる	しかし、〜でした。
主語と述語が複数ある場合に、文を区切るために入れる	○○は〜で、○○は〜である。
原因・理由・動作などの区切りに入れる	○○したら、○○になる。
列挙するときの区切りに入れる	○○、○○、○○
漢字やひらがなが続いて、読みにくかったり読み間違えたりするのを防ぐために入れる	〜を使うと、より便利である。

◆指示語を効果的に使う

「この」「その」「これらの」「こうした」などの「**指示語**」は、1文の中に同じ言葉が繰り返し登場するのを避け、より簡潔な文章にするために使います。ただし、指示語が何を指しているのかわからないようでは、意味がありません。指示語を使わないほうがわかりやすい場合もあるため、注意して使うようにしましょう。

◆不要な要素は排除する

なくても差し支えないような接続詞、修飾語、その他の表現は、いたずらに文章を長くするだけで、場合によっては読み手の理解を妨げる可能性もあります。不要な要素はできるだけ排除し、すっきりとした文章にします。

■5W2Hを意識する

When（いつ）、Where（どこで）、Who（誰が）、What（何を）、Why（なぜ）、How（どのように）、How much（いくらで）の7点（5W2H）を意識して書きます。

■表現や文体を統一する

ひとつの文書全体で用語や表現、文体が統一されていないと、読みにくい文章になってしまいます。たとえば、「**常体（である調）**」と「**敬体（ですます調）**」の混在、「**表す**」と「**表わす**」といった送り仮名の揺れは、読んでいて気になるものです。

統一感のある文書は、読み手に安心感や信頼感を与えることができます。ビジネス文書における用語の使い方や表記の仕方などについて、統一基準を設けている会社も少なくありません。統一基準がない場合でも、ある一定の基準に従って、ひとつの文書内で統一を図るように心がけましょう。

統一性に考慮すべき主なポイントは、次のとおりです。

- ●語尾の扱い（常体か敬体か、あるいは特別敬体か）
- ●漢字とひらがなの使い分け
- ●送り仮名の付け方
- ●外来語の表記（特に長音「ー」の扱い）
- ●英数字の表記（半角か全角か）
- ●数字の書き方（算用数字か漢数字か）
- ●記号の使い方

＜悪い例＞

2010年4月にリリースした新商品Aについて、サポートセンターへの問い合わせが急増しています。対応が追いつかず、回答を待たせているユーザーからのクレームも相次いでいるため、下記のとおり改善を提案したい。なお、具体的な問合せの内容については、別紙を参照のこと。

［改善の目的］
- ●サービス品質の向上
- ●ユーザの満足度の向上
- ●開発部門へのフィードバックの迅速化

第1章　ビジネス文書の基本を知ろう

【改善点】
- サポートセンタの人員を増強する
- 教育制度の見直しによるサポートスキルの強化
- ホームページにFAQを掲載することを検討したい

↓

<良い例>

2010年4月にリリースした新商品Aについて、サポートセンターへの問い合わせが急増している。対応が追いつかず、回答を待たせているユーザーからのクレームも相次いでいるため、下記のとおり改善を提案したい。なお、具体的な問い合わせの内容については、別紙を参照のこと。

【改善の目的】
- サービス品質の向上
- ユーザーの満足度の向上
- 開発部門へのフィードバックの迅速化

【改善点】
- サポートセンターの人員の増強
- 教育制度の見直しによるサポートスキルの強化
- ホームページへのFAQの掲載

POINT ▶▶▶
文体の統一

文体は文書全体で統一します。一般的に、社内文書では「いる」「ある」「思う」「願いたい」などの常体を使い、社外文書では「います」「あります」「思います」「お願いします」などの敬体、または「おります」「ございます」「存じます」「お願いいたします」などの特別敬体を使います。

■主語と述語を明確にする

「誰が(は)」「何が(は)」を示す「**主語**」と「どうする」「どうした」「どうなる」「〜である」を示す「**述語**」は、文章を構成する要素として最低限必要なものです。この2つが明確になっていない文章は、正確に意味が伝わりません。

主語と述語の使い方のポイントは、次のとおりです。

◆主語と述語を近くに書く

主語と述語を近くに書くことで、「誰が」「どうした」、「何が」「〜である」などが、読み手に明確に伝わるようになります。

悪い例	良い例
当社の経営は、情報技術を活用しない限り、赤字になるだろう。	情報技術を活用しない限り、当社の経営は赤字になるだろう。

◆述語を省略しない

述語の一部を省略してはいけません。省略すると、意味がわかりにくくなったり、意味が通じなくなったりします。

悪い例	良い例
商品Aの特長は、使いやすい。	商品Aの特長は、使いやすい点である。

◆主語と述語を対応させる

読み手が主語を容易に推測できる場合に限り、主語を省略することができます。1文の中で主語が変わる場合や複数文でそれぞれ主語が異なる場合は、主語を省略するべきではありません。

悪い例	良い例
商品Yは初心者用である。来月、上級者用として開発する。	商品Yは初心者用である。来月、上級者用として商品Zが開発される。

> **POINT ▶▶▶**
>
> **修飾語の使い方**
>
> 「新しくなった〜」「春らしい〜」「最新動向を踏まえた〜」などの「修飾語」は、文章をわかりやすく表現するために欠かせない言葉です。ただし、使い方を間違えると、かえってわかりにくい文章になってしまいます。また、長すぎる修飾語も理解を妨げる原因となります。
> 修飾語の使い方のポイントは、次のとおりです。
> - 修飾語と修飾される語句は近くに書く
> - 修飾語を多用しない
> - 長い修飾語から順に記述する

■読みやすい構成を考える

全体の構成や見た目を工夫することで、さらに読みやすい文書に仕上げることができます。
次のような点を工夫してみましょう。

◆構成パターンを決める

どのような流れで文章を展開させると最も効果的かを考えます。

ビジネス文書を構成する要素には、大きく分けて「**概論**」「**各論**」「**まとめ**」の3つがあります。「**概論**」は、全体の要約、要点、問題提起、重要事項、結論などであり、「**各論**」は、概論を受けて展開される個別の説明、詳細説明、根拠、理由、対策であり、最後の「**まとめ**」は、全体のまとめ、結論、重要事項の繰り返し、ポイントの整理などです。たとえば、概論で問題提起して各論で対策を提示するといったように、文書の目的や内容に合わせて、最適な組み合わせを考えて構成します。

基本的な構成パターンには、次のようなものがあります。一般的に、ビジネス文書では①と②の構成パターンがよく使われます。

```
①概論(結論を含むことがある)→各論
②概論→各論→まとめ(結論)
③概論→まとめ(結論)
```

◆段落を分ける

どんなに内容がすばらしくても、ぎっしりと文字が詰まっている文書は読みにくく、読み手もうんざりしてしまうものです。話の流れが変わるところや区切りのよいところで、改行したり空白行を入れたりすると、読み手は段落ごとに内容を確認でき、理解しやすくなります。ただし、ひとつの段落の中に複数のテーマを盛り込まないように注意します。テーマはひとつにしぼり、1段落の文章量が多くなりすぎないよう、4文～5文程度を目安にするとよいでしょう。また、最も伝えたいことは、最初の段落に盛り込むようにします。

いくつかの段落に分けて文書を構成する場合には、次のような話の展開が考えられます。

- ●時間の流れに沿って説明する
- ●重要度の高いものから順に説明する
- ●最初の段落で意見を述べ、次の段落以降で理由を書く
- ●最初の段落で結果を紹介し、次の段落以降で原因を究明する
- ●最初に問題や課題を提起し、次の段落以降で解決策を提示する
- ●上から下、左から右、前から後ろなど、空間を移動するようにして説明する

◆箇条書きを使う

箇条書きにして要点をまとめると、文章にメリハリを付けることができ、重要な情報が読み手の目に留まりやすくなります。その際、1項目に盛り込む要点はひとつにします。

また、箇条書きには、項目名を並べるもの、長めの文章を並べるもの、箇条書きにした項目ごとに説明文を入れるもの、項目名の後ろにコロン(:)を付けて説明文を加えるもの、文中に埋め込むものなどがあります。これらは、文章の内容や強調したいポイントに応じて使い分けるようにしましょう。読み手は上から順に重要な情報であるととらえるため、箇条書きの順序に配慮することも大切です。

＜悪い例＞

ビジネスユーザー向けのショールームを主要拠点に開設し、最先端のITスキルと高度なプレゼンテーション技術を駆使して、デモンストレーション、各種コンサルティング、お客様のプランに応じた見積りと提案、お客様のビジネス要件にもとづいた導入効果の検証を行う。

＜良い例＞

ビジネスユーザー向けのショールームを主要拠点に開設。最先端のITスキルと高度なプレゼンテーション技術を駆使して、下記のサービスを提供する。

【サービス内容】
・デモンストレーション
・各種コンサルティング
・お客様のプランに応じた見積りと提案
・お客様のビジネス要件にもとづいた導入効果の検証

■書体や文字組みを検討する

「**書体**」とは、特定のデザインで統一された文字の集まりのことです。「**フォント**」ともいいます。視覚的に強い印象を与える書体は表題や見出しに使い、可読性のよい書体は本文に使うなど、効果的に使い分けることで、文章にメリハリを付けることができます。

また、適切な書体、大きさ、文字数、行数、行間など、読みやすい文字の配置を考えることも大切です。この作業を「**文字組み**」といい、見た目の印象だけでなく、文章の読みやすさを大きく左右します。

> **POINT ▶▶▶**
> **用紙の向きや文字の方向**
> ビジネス文書は、A4用紙を縦方向に使って、横書きで書くのが一般的です。ただし、儀礼的な挨拶状や案内状などでは、A4用紙を横方向に使って、縦書きで書く場合もあります。

STEP 4 作成後の最終チェック

1 校正の重要性

「校正」とは、誤字・脱字や内容に関する誤り、文章の読みにくさなどを確認し、問題点を正すことです。作成した文書を一度提出してしまったら、容易に回収することはできません。ビジネス文書を作成したら、第三者に確認してもらう前に必ず目を通し、間違いがないかどうか、読みにくくないかどうかを見直します。

その際、「**たぶん間違いはないだろう**」ではなく、「**どこかに間違いがあるはず**」という気持ちで臨むことが大切です。特に社外文書は、「**会社を代表して書いている**」という認識を持ち、他人が作成した文書のつもりで、慎重に確認しましょう。また、一度確認しただけでは、間違いを見過ごしてしまうこともあります。提出後に恥ずかしい思いをしたり、信用を失ったりすることのないよう、何度も繰り返し確認するぐらいの慎重さが必要です。

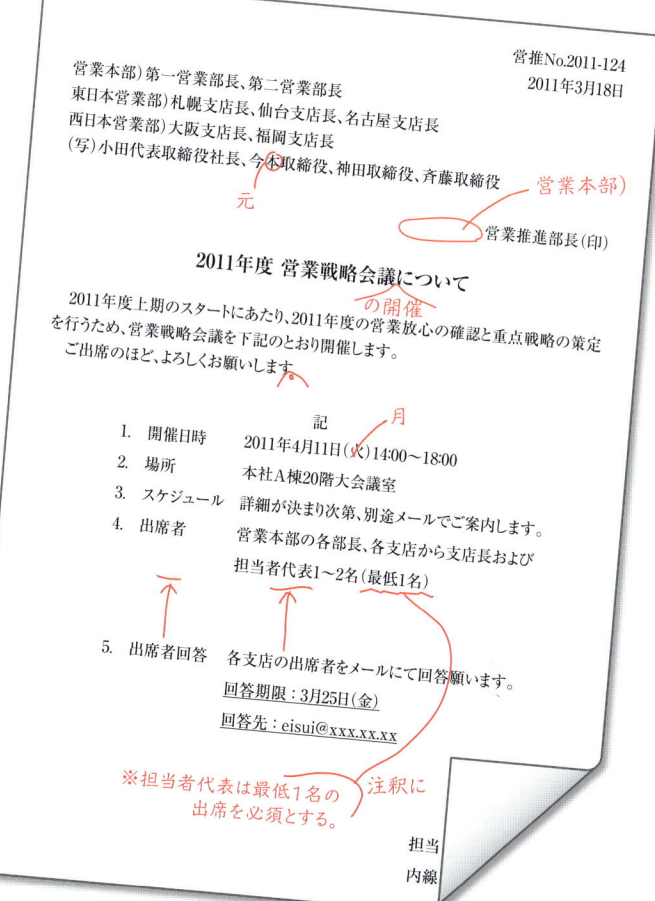

2 主なチェックポイント

作成したビジネス文書の主なチェックポイントは、次のとおりです。

対象	チェックポイント
記載内容	・目的が明確になっているか ・読み手は明確になっているか ・ひとつの文書に複数の用件が盛り込まれていないか ・事実は明確な根拠や理由があるものか ・事実が正確に説明されているか ・必要な情報はすべて盛り込まれているか ・事実と意見をはっきり区別しているか ・主観による憶測や判断が入っていないか ・受信者の会社名を省略していないか ・発信日が正しく記載されているか
読みやすさ	・最も伝えたいことが明確になっているか ・概論や各論の展開方法が適切か ・誰が読んでも同じように解釈できるか ・読み手が短時間で内容を把握できるか ・1文が長すぎないか ・表題や見出しは簡潔に内容を表現しているか ・5W2Hを意識しているか ・主語と述語が明確になっているか ・修飾語や接続詞などの使い方は適切か ・読点の位置は適切か ・不要な言葉や表現、情報がないか ・箇条書きの使い方は適切か ・段落の分け方は適切か ・ひとつの段落に複数のテーマが盛り込まれていないか ・ひとつの段落のボリュームが多すぎないか ・表題や見出しが読みやすいか ・文字は適切なサイズや書体が選択されているか ・バランスのよい文字組みになっているか ・適切な場所で改行したり空白行を入れたりしているか ・余白は十分か
言葉や表現	・誤字や脱字がないか ・文書内で用語や表記、文体が統一されているか ・敬称や敬語の使い方は適切か ・慣用語の使い方は適切か ・頭語と結語などの儀礼文の使い方は適切か ・わかりにくい社内用語や専門用語が使われていないか
その他	・正しいフォーマットを利用しているか ・枚数が多すぎないか ・発信者の印が押されているか

STEP 5 ビジネス文書の保管

1 保管までの流れ

社内文書および社外文書の作成後は、上司に承認してもらいます。
上司に文書を提出し、保管するまでの手順は、次のとおりです。

1 最終チェックを行う

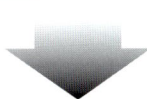

- 読み返して記載内容に間違いがないかを確認する。
- 言葉づかいや表現が適切かどうかを見直す。

2 控えを作成する

- 原紙をコピーする(原則として発信元がその控えを保管する)。

3 承認印をもらう

- 部長と課長に承認印をもらう場合は、課長から先に印をもらう。
- 控えを提出用の上に置き、控えに印をもらう(試し印の役割を果たす)。
- 提出用に印をもらう。

4 提出・保管する

- 提出用をお客様または該当部署に提出する。
- 控えを指定のファイルにファイリングする。
- 文書データを決められた場所に保管する。

2 文書の管理方法

作成した文書は、いつでも必要なときにすぐに探し出せるように、適切に管理します。紙の文書とデータ化された文書とでは、管理方法が異なります。
それぞれの管理方法のポイントは、次のとおりです。

■紙の文書の管理

紙の文書は、文書の種類や利用頻度、保管の目的などを考慮して保管場所を決め、利用頻度の高いものは、なるべく近くに保管します。ただし、機密情報や個人情報が記載された文書は、勝手に持ち出されたり利用されたりすることのないよう、鍵のかかる場所に保管し、管理責任者を置いて管理します。必要な文書を探し出すのに手間取ることのないよう、文書のタイトルなどで分類し、一覧表を作成しておくと便利です。

■データ化された文書の管理

最近では、積極的に社内の「ペーパーレス化」を推進する会社も多いため、パソコンで作成した文書を、そのまま文書データとして保管するケースも増えています。

文書データを効率よく安全に管理するポイントは、次のとおりです。

◆フォルダー名、ファイル名のルール設定

「フォルダー」とは、「ファイル」といわれる文書データを整理するのに便利な、コンピューター上の保管場所です。必要な文書を探したいとき、頼りになるのはフォルダー名やファイル名です。フォルダー名やファイル名の付け方について一定のルールを決めておくと、どのような文書が格納されているフォルダーなのか、どのような内容の文書なのかが名称からすぐに判断でき、検索だけでなく管理もしやすくなります。

◆セキュリティの確保

共有サーバーなど、複数の人がアクセスする環境に文書データを保管する場合には、セキュリティに配慮します。

◆定期的なバックアップ

バックアップとは、データをCDやDVDなどの別の媒体に複製して保管することです。パソコンのトラブルなど、なんらかの原因で文書データが消失してしまう可能性があるため、定期的にバックアップするようにしましょう。

> **POINT ▶▶▶**
> **適切な廃棄**
> 文書には、法律や会社の文書管理規程によって、保管する期間が決められています。保管する期間の過ぎた文書は、定期的に廃棄します。文書の廃棄は、ひとつ間違えば証拠隠滅や情報漏えいにもつながるため、慎重に行いましょう。

■第2章■
用件を明確に伝える通知書・依頼書を作ろう
【社内文書】

発信するタイミングが大切な通知書・依頼書の目的や役割、構成する要素、書き方のポイントなど、通知書・依頼書の作成について解説しています。

STEP1	通知書・依頼書とは	33
STEP2	通知書・依頼書の目的と役割	34
STEP3	通知書・依頼書に必要な要素	37
STEP4	通知・依頼事項を書くときのポイント	39
Case Study	悪い通知書・良い通知書	42
Let's Try	依頼書を作成してみよう	48

STEP 1 通知書・依頼書とは

1 通知書とは

「通知書」とは、社内の情報や連絡事項、決定事項などを一方的に関係者に知らせる文書のことです。「通知状」ともいいます。代表的な通知書の内容には、方針やルールの変更、新システムの導入、組織変更、人事異動、社員の慶弔などがあります。

通知書には、業務上、相手に知っておいてもらいたい重要な情報を記載し、回答を求めることはありません。受信者は特定の個人であることもあれば、複数人であることもあります。また、業務を円滑に進めるためには、古い情報を発信しても意味がないため、発信するタイミングが重要です。

> **POINT ▶▶▶**
> **案内書**
> 通知書によく似た社内文書に、案内書があります。案内書は、社員旅行の実施、社内教育の開催など、仕事に必要な情報を相手に知らせた上で参加を促すことを重視した文書のことです。

2 依頼書とは

「依頼書」とは、特定の部署やチーム、個人に何かをしてもらいたいとき、正式にお願いをする文書のことです。「依頼状」ともいいます。代表的な依頼書の内容には、アンケートへの協力や社内報への寄稿、研修会講師の派遣などがあります。

作成した依頼書を提示しながら直接相談する場合や、あらかじめ口頭で依頼した上で、確認の意味も含めて文書で正式に依頼する場合など、さまざまなケースが考えられます。いずれにせよ依頼書は、相手に対し、お願いしたいという気持ちを丁寧に伝えるための手段です。

第2章　用件を明確に伝える通知書・依頼書を作ろう【社内文書】

STEP 2 通知書・依頼書の目的と役割

1 通知書の目的と役割

知らない間に文書の保管場所が変更になり、利用したい文書がすぐに見つからなかったり、いつの間にかシステムのアップグレードが行われていたために、システムの利用方法がわからなかったりなど、必要な情報を知らないでいると、業務上さまざまな不便が生じます。日常的にやり取りされる通知書は、業務を円滑に進める上で欠かせないものです。

■通知書の目的
通知書を作成する目的には、次のようなものがあります。

◆必要な情報を正確かつ確実に伝える
情報を口頭で伝える場合は、間違って情報が伝わる可能性があります。文書にすることで、伝えたい内容を明確にし、不要な誤解や勘違い、聞き漏らしを防ぎます。

◆関係者全員が同時に情報を共有する
通知書を作成すると、ひとつの文書を通じて関係者全員が正しい情報を共有できます。複数の関係者に対し、何度も同じ説明を繰り返す手間が省けます。

◆新しい情報を社内にアピールする
通知書の内容は、内線番号の変更や人事異動といった事務的な情報ばかりではありません。たとえば、新しいシステムを導入したり現行のルールを見直したりなど、業務改善の取り組みを紹介し、社内の理解や活用を促す目的で作成する場合もあります。また、経営方針や営業方針、キャンペーンの実施などを全社的に広く通知する目的でも使われます。

■通知書の役割
通知書の役割には、次のようなものがあります。

◆業務を円滑に進める
関係者間で少しでも認識のズレがあると、どんな仕事も順調には進みません。場合によっては、「言った」「言わない」のトラブルに発展することも考えられます。こうした事態を避けるためにも、関係者全員が正しい情報を共有し、認識をひとつにすることが重要です。

◆良好な人間関係を維持する

必要な情報を知らせてもらえないとなれば、誰でも不愉快に思うものです。通知書は、相手を関係者として認識していることの証でもあります。

◆関係者のモチベーションを高める

通知書は、社内のあらゆる活動を横断的に伝える文書です。会社の方針や動きを知ることで、ひとりひとりが自分の役割を見つめ直したり、自分の取るべき行動を考えたりすることができます。

2 依頼書の目的と役割

仕事をより円滑に進めるために、他人の協力が必要になることは少なくありません。依頼書は、口頭で依頼するよりも相手に丁寧な印象を与えることができるだけでなく、依頼内容に関する認識のズレを防ぐためにも重要な文書です。

■依頼書の目的

依頼書を作成する目的には、次のようなものがあります。

◆正式にお願いをする

口頭で依頼した場合、依頼者が真剣に依頼したつもりでも、相手が本気で受け取るとは限りません。文書で正式に依頼することで、相手に対して誠意を持って「〜をしてもらいたい」という気持ちを伝えることができます。

◆依頼内容を正確かつ確実に伝える

文書を通じて依頼内容を明確にし、相手と依頼内容に関する正しい情報を共有します。これにより、「依頼した」「依頼された覚えはない」といったトラブルはもちろん、勘違いや伝え漏れ、聞き漏れを防ぎ、依頼内容について認識をひとつにすることができます。

◆仕事を進める上で必要な協力を得る

自分ひとりでは解決できない問題や、より高い成果を上げたい仕事に対して、必要な協力を得るために依頼書を作成します。また、依頼内容を客観的に整理することで、相手も協力できるかどうかの判断がしやすくなります。

■依頼書の役割

依頼書の役割には、次のようなものがあります。

◆相手に対する誠意や謙虚な姿勢を示す

文書にすることで、協力を必要としている理由や目的が明確になり、相手にも丁寧な印象を与えることができます。相手の時間を割いてもらうことを自覚し、依頼書を作成する手間を惜しまないことです。

◆相手に気持ち良く仕事をしてもらう

依頼書は、依頼を受けるかどうかの判断材料であると同時に、依頼内容に関する合意を形成する上で重要な役割を果たします。相手が依頼を引き受けたあとで「こんなはずではなかった」と後悔することのないようにします。

◆仕事でより良い成果を上げる

能力のある人の協力を適切な範囲とタイミングで得ることで、仕事の成果を高めることができます。

STEP 3 通知書・依頼書に必要な要素

1 通知書・依頼書の基本要素

通知書・依頼書を構成する基本要素は、次のとおりです。

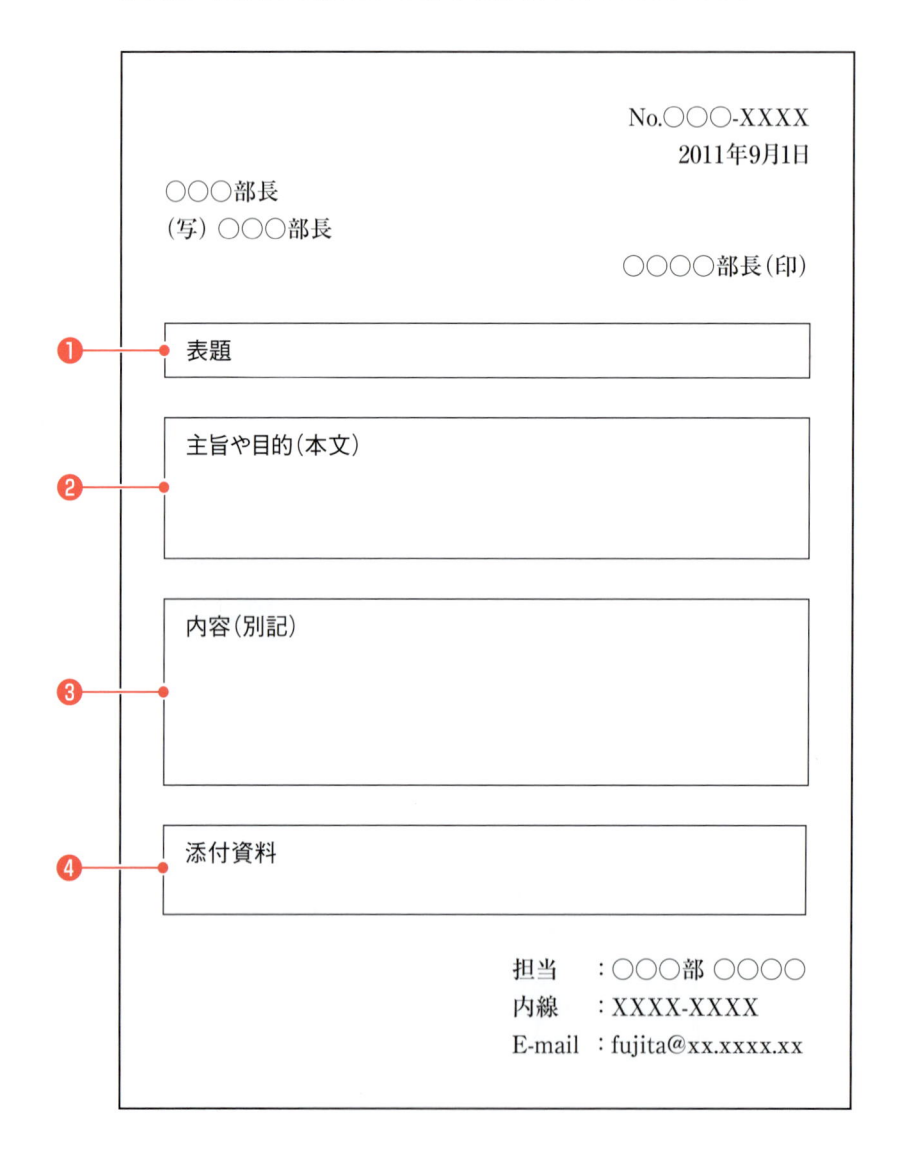

```
                                          No.○○○-XXXX
                                          2011年9月1日
○○○部長
(写) ○○○部長
                                          ○○○○部長(印)

❶ ┌─────────────────────────────┐
   │ 表題                                │
   └─────────────────────────────┘

❷ ┌─────────────────────────────┐
   │ 主旨や目的(本文)                    │
   │                                     │
   │                                     │
   └─────────────────────────────┘

❸ ┌─────────────────────────────┐
   │ 内容(別記)                          │
   │                                     │
   │                                     │
   │                                     │
   └─────────────────────────────┘

❹ ┌─────────────────────────────┐
   │ 添付資料                            │
   └─────────────────────────────┘

                          担当  ：○○○部 ○○○○
                          内線  ：XXXX-XXXX
                          E-mail ：fujita@xx.xxxx.xx
```

第2章 用件を明確に伝える通知書・依頼書を作ろう【社内文書】

❶表題

通知・依頼したい内容がひと目でわかるような表題を記載します。

＜例＞

電気設備工事に伴う入室制限について B支社移転計画について 社内報5月号への取材協力のお願い インターネット利用に関する調査協力のお願い

❷主旨や目的（本文）

通知・依頼したいことについて、主旨や目的をできるだけ簡潔に記載します。社内向けの通知書・依頼書の場合は、頭語や結語、時候のあいさつなど、前文、末文を書く必要はありません。通知・依頼の具体的な内容は別記に記載し、本文中で「下記のとおり」と書いて、別記があることを知らせます。

＜例＞

来る2011年10月9日（日）、Aビルの電気設備工事に伴い、一部のフロアで一時的にオフィスへの入室が不可となります。休日出勤を予定されている方は、下記の時間帯は入室できませんので十分ご注意ください。

❸内容（別記）

通知・依頼の主旨や目的を受けて、その具体的な内容を記載します。中央揃えで「記」と記載し、続いて日付や場所、連絡事項などの必要な項目を箇条書きでまとめます。

＜例＞

記 　工事日　　　　：2011年10月9日（日） 　対象フロア　　：3階～5階 　入室規制時間帯　：10時～13時

❹添付資料

通知書・依頼書に添付する資料がある場合は、明記します。

> **POINT ▶▶▶**
> **通知書・依頼書のフォーマット**
> 通知書・依頼書を作成するとき、会社で独自のフォーマットが用意されている場合は、それに準じます。

STEP 4　通知・依頼事項を書くときのポイント

1　通知事項を書くときのポイント

通知事項を書くときのポイントは、次のとおりです。

■漏れなく正確に書く

通知書は、業務を円滑に進めるために作成されます。したがって、不正確な情報やあいまいな情報を発信してしまうと、業務に支障が出たり、思わぬ失敗を招いたりする原因となります。また、情報が不足していて不明点や疑問点が出てくるようでは、通知書を作成する意味がありません。

発信してしまった情報の訂正や補足には、手間もかかります。わかりやすく簡潔にまとめるのはもちろん、必要な情報を漏れなく正確に書くことが大切です。When（いつ）、Where（どこで）、Who（誰が）、What（何を）、Why（なぜ）、How（どのように）、How much（いくらで）の7点（5W2H）を意識して書くとよいでしょう。

■タイミングを見極める

通知書に記載される情報の中には、知らずにいると業務に支障が出るようなものも少なくありません。内線番号の変更や営業所の移転、設備点検に伴う停電などは、その代表的な例です。事前に知ることができたとしても、それが直前であった場合には予定の変更を余儀なくされるなど、対応が難しくなることもあります。通知書の目的を確実に達成するためにも、適切なタイミングを見極めて作成しましょう。

■目に留まる工夫をする

相手に知っておいてほしい情報がひと目で把握できるように、記号を使って強調するなど、読みやすくする工夫が必要です。本文で概要を説明し、具体的な内容は別記に記載するとよいでしょう。また、複雑な組織体制や地図情報など、言葉だけでうまく伝わらない情報は、図を使うなどしてわかりやすく説明します。

■相手が納得するように書く

通知する内容に応じて、理由や背景の説明も加えるようにします。理由や背景がわからないと、かえって不安を煽る結果になったり余計な憶測を呼んだりすることも考えられます。

> **参考** 通知事項に応じた通知書の書き方
>
> 通知書にもさまざまな種類があります。よくある通知事項について、考慮すべきポイントを確認しておきましょう。
>
> ●**移転の通知**
> 移転に伴う業務への影響を踏まえ、移転前の連絡先がいつまで使えるのか、移転先での業務がいつから開始になるのかを明らかにします。また、変更になるものだけでなく、メールアドレスなど、継続して使えるものも記載しておきます。
>
> ●**会議開催の通知**
> 日程だけでなく、当日の議題も明記します。また、事前に目を通しておくべき資料があれば、添付するようにしましょう。
>
> ●**組織変更の通知**
> 変更前と変更後の比較ができるようにし、どこかどう変わったのかが明確に伝わるようにします。また、組織の役割や、組織変更の背景にある戦略なども明らかにします。人事異動の通知についても同様です。
>
> ●**各種対策の通知**
> 対策の必要性を理解してもらうため、必ず理由や背景を記載します。対策を実施しない場合に想定されるリスクについても、触れておくとよいでしょう。

2 依頼事項を書くときのポイント

依頼事項を書くときのポイントは、次のとおりです。

■低姿勢を心がける

相手の協力を必要としているため、「**お願いをする**」という姿勢を忘れてはいけません。「**やってくれ**」といった命令的な表現や高圧的な態度が見えれば、相手の印象を悪くしてしまいます。「**お願いしたい**」という気持ちがきちんと伝わるように、礼儀をわきまえた丁寧な文章を心がけましょう。相手に対する尊敬の気持ちを持つことが大切です。

■目的を明確に伝える

依頼書には、相手の心を動かすための説得力が必要です。そもそも何のために依頼したいのか、どのような結果を望んでいるのかを明らかにするようにします。相手も、なぜ自分の力を必要としているのかがわかれば、安心して協力することができます。

■依頼内容を具体的に提示する

依頼内容が不明確だったり、理解できなかったりすると、相手は引き受けるかどうかの判断ができません。依頼したい内容は、5W2Hを意識しながら、できるだけ具体的に過不足なく記載するようにします。特に、作業範囲をあいまいにしてしまうと、「ここまでやってくれると思っていた」「これは私の担当ではない」などと、あとになって問題になりかねません。

■相手の状況に配慮する

依頼書は、最終的に依頼を引き受けてくれるかどうか、相手の回答を待つことになります。回答期限を指定する場合も、相手の状況に配慮するように心がけましょう。

依頼事項に応じた依頼書の書き方

参考 依頼書にもさまざまな種類があります。よくある依頼事項について、考慮すべきポイントを確認しておきましょう。

●アンケート調査の依頼
回答方法がわからないと協力しにくいものです。迷ってしまわないようにわかりやすく説明します。また、調査の目的や方法、個人情報の取り扱い、回答期限などを明らかにします。

●原稿執筆や講師の依頼
社内報への寄稿や社内向け講習会への講師を依頼する場合は、基本的にテーマは依頼者が用意します。相手に決めてもらうような投げやりな姿勢ではいけません。過去に依頼したケースの中からサンプルを用意するのも、ひとつの方法です。

Case Study 悪い通知書・良い通知書

実際のビジネスシーンを想定して、通知書の悪い例と良い例を比べてみましょう。

▶▶▶ 会議開催の通知書を作成することに！

各種スポーツ用品の製造および販売を行うABCスポーツ株式会社本社営業推進部に所属する富士賢治さんは、全国各地に散らばる支店の営業活動の取りまとめやサポートを行っています。

富士さんは、上司から「2011年度のスタートにあたって、**営業戦略会議を行うから、通知書を作成してください**」と指示されました。

会議についてすでに決定している事項は、次のとおりです。

- 会議の名称は「2011年度営業戦略会議」とする。
- 会議の目的は、2011年度の営業方針の確認と、重点戦略の策定を行うことである。
- 会議は、2011年4月11日(月)14:00～18:00に、本社A棟20階の大会議室で行う。
- 会議当日の詳細スケジュールは、別途メールで連絡する。
- 営業本部の各部長と、各支店からは支店長および担当者代表1～2名に出席してもらうようにする。担当者代表は、最低1名の出席を必須とする。
- 各支店の出席者を3月25日(金)までに、メールアドレス「eisui@xxx.xx.xx」宛に連絡する。

なお、通知書の作成要綱は、次のとおりとします。

- 発信番号は「営推No.2011-124」を取得済みである。
- 発信日は「2011年3月18日」とする。
- 受信者は、部長と支店長の全員とする。また、代表取締役社長と取締役には写しを送付する。受信者は、次の職制表を参考にすること。

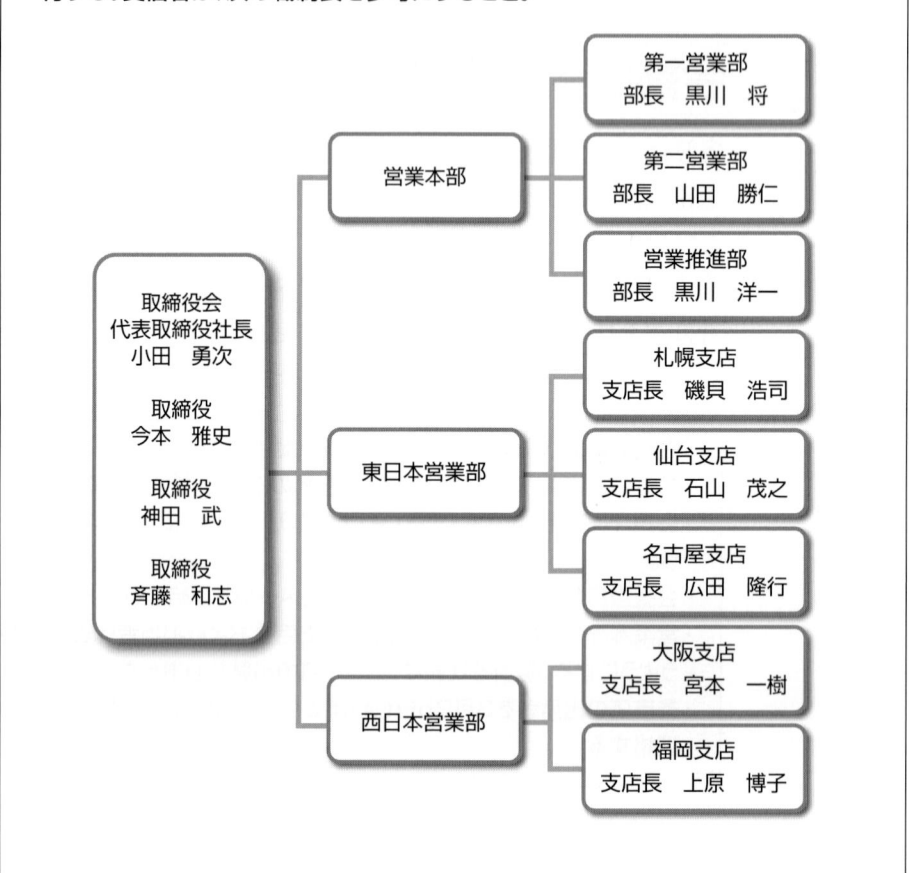

```
取締役会                         ┌ 第一営業部
代表取締役社長                    │   部長　黒川　将
　小田　勇次     ┌ 営業本部 ─────┼ 第二営業部
                 │               │   部長　山田　勝仁
取締役           │               └ 営業推進部
　今本　雅史     │                   部長　黒川　洋一
                 │               ┌ 札幌支店
取締役           │               │   支店長　磯貝　浩司
　神田　武      ─┼ 東日本営業部 ─┼ 仙台支店
                 │               │   支店長　石山　茂之
取締役           │               └ 名古屋支店
　斉藤　和志     │                   支店長　広田　隆行
                 │               ┌ 大阪支店
                 └ 西日本営業部 ─┤   支店長　宮本　一樹
                                 └ 福岡支店
                                     支店長　上原　博子
```

- 発信者は「営業推進部長」とする。
- 担当者は「富士さん」で、内線番号は「211-73115」である。

さて、富士さんはこの情報をもとに、どのような通知書を作成したのでしょうか。

✕ この通知書の悪いところは？

富士さんが作成した通知書を上司に提出したところ、きちんと見直してからもう一度提出するように言われました。
どのような点が問題なのかを考えてみましょう。

＜富士さんの作成した通知書＞

>   営推No.2011-124
>   2011年3月18日
>   営業推進部長（印）
>
> 営業本部　黒川将部長（第一営業部）、
> 　　　　　山田勝仁部長（第二営業部）
> 東日本営業部　磯貝浩司札幌支店長、石山茂之仙台支店長、
> 　　　　　　　広田隆行名古屋支店長
> 西日本営業部　宮本一樹大阪支店長、上原博子福岡支店長
> （写）代表取締役社長、取締役各位
>
> 　　　　　　　　　　会議開催のお知らせ
>
> 　2011年度上期のスタートにあたり、2011年度の営業方針の確認と重点戦略の策定を行うため、2011年4月11日（月）14:00～18:00、本社A棟20階の大会議室にて、営業戦略会議を開催いたしたいと存じます。営業本部の各部長と、各支店からは支店長および担当者代表1～2名（最低1名）の出席をお待ち申し上げております。
> 　出欠の可否は、3月25日（金）までに、メールアドレスeisui@xxx.xx.xx宛にご連絡いただけますよう、よろしくお願い申し上げます。なお、スケジュールは詳細が決まり次第、別途メールでご案内いたします。
>
> 　　　　　　　　　　　　　　　　　　　　　　　　　　以上
>
> 　　　　　　　　　　　　　　　　　　　担当：富士
> 　　　　　　　　　　　　　　　　　　　内線：211-73115

◎ こうすれば良い通知書になる！

富士さんは作成した通知書を書き直しました。
良い通知書を作成するためのポイントを確認してみましょう。

<良い例>

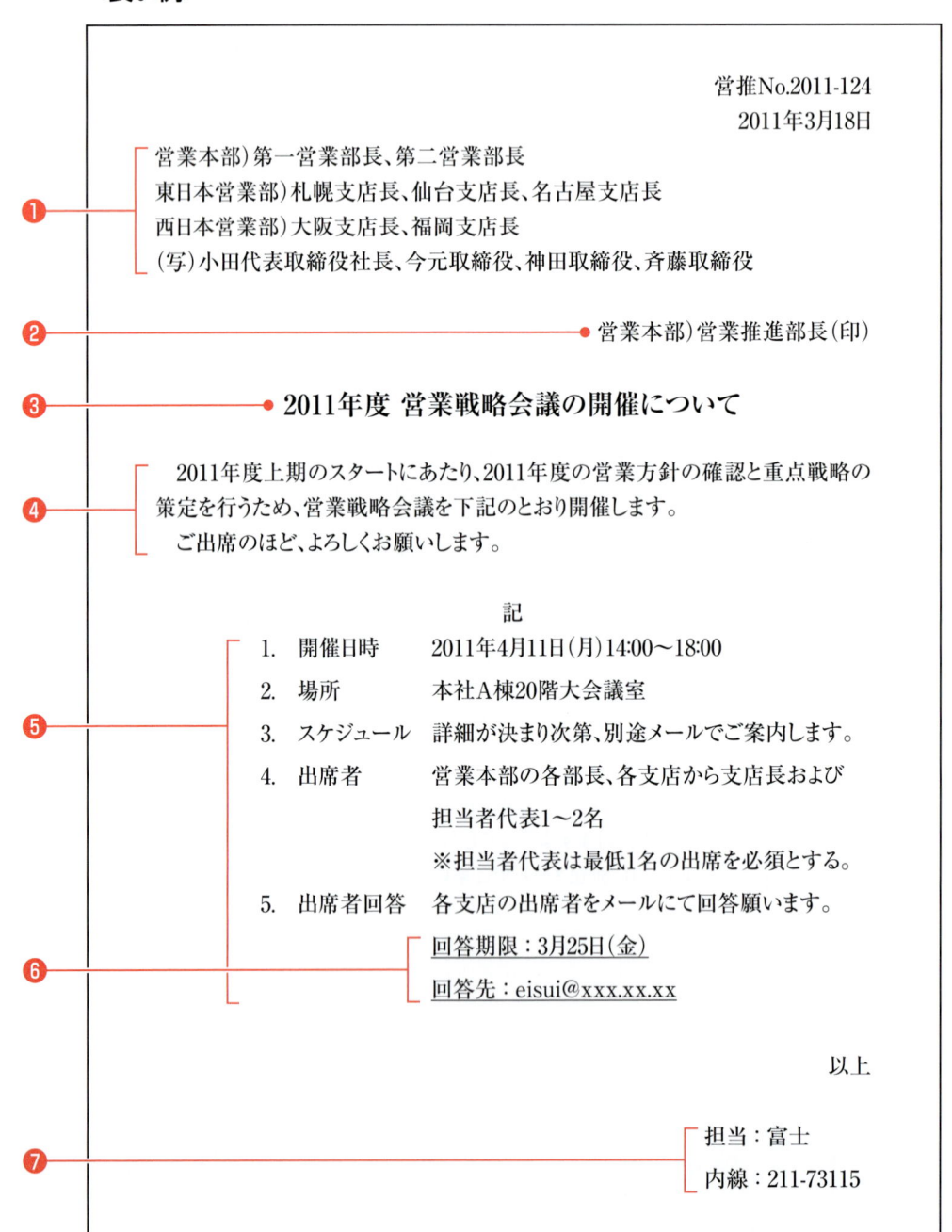

営推No.2011-124
2011年3月18日

❶
営業本部）第一営業部長、第二営業部長
東日本営業部）札幌支店長、仙台支店長、名古屋支店長
西日本営業部）大阪支店長、福岡支店長
（写）小田代表取締役社長、今元取締役、神田取締役、斉藤取締役

❷　　　　　　　　　　　　　　　　　　　　　　　　営業本部）営業推進部長（印）

❸　　　　　　　　　**2011年度 営業戦略会議の開催について**

❹　2011年度上期のスタートにあたり、2011年度の営業方針の確認と重点戦略の策定を行うため、営業戦略会議を下記のとおり開催します。
　ご出席のほど、よろしくお願いします。

記

❺
1. 開催日時　　2011年4月11日(月)14:00～18:00
2. 場所　　　　本社A棟20階大会議室
3. スケジュール　詳細が決まり次第、別途メールでご案内します。
4. 出席者　　　営業本部の各部長、各支店から支店長および
　　　　　　　担当者代表1～2名
　　　　　　　※担当者代表は最低1名の出席を必須とする。
5. 出席者回答　各支店の出席者をメールにて回答願います。

❻
回答期限：3月25日(金)
回答先：eisui@xxx.xx.xx

以上

❼
担当：富士
内線：211-73115

第2章　用件を明確に伝える通知書・依頼書を作ろう【社内文書】

❶受信者名

職制表から部署名と役職名を確認して、受信者名を記載します。この例では発信者名を「**営業推進部長**」とするため、受信者名にも個人名は入れずに統一します。また、同じ部署に複数の受信者がいる場合は、上位の部署名を「( )」で区切るなどして、わかりやすく表記します。

社内文書では、受信者名は次のように記載するのが一般的です。

<例>

○	第一営業部長	→	役職名だけを記載する
○	第一営業部　黒川部長	→	部署名と個人名(役職名)を記載する
×	黒川第一営業部長		

また、受信者の人数が多い場合は長くなり過ぎないように、上位の部署名などは省略してもかまいません。

次のように記載してもよいでしょう。

<例>

第一営業部長、第二営業部長
札幌支店長、仙台支店長、名古屋支店長、大阪支店長、福岡支店長

<例>

部長各位
支店長各位

写しは受信者名の一覧の下に、「(写)」に続けて役職名を記載します。この例では取締役が3名いるため、代表取締役社長と取締役は個人名で記載しています。なお、会社で社内文書に関する規程が設けられている場合は、それに準じましょう。

❷発信者名

受信者名に上位の部署名を入れた場合は、発信者名にも同様に入れます。また、発信者名は受信者名より下に記載します。

❸表題

何の会議が開催されるのかがひと目で伝わる表題にし、中央に本文より大きい文字で記載します。

❹本文

不要な表現はできるだけ排除し、用件だけを簡潔に記載します。日時や場所などの詳細な情報は、本文の中で記載すると見落としてしまう可能性があります。**「下記のとおり」**と書き、別記に記載しましょう。また、社内文書では、必要以上に敬語を使う必要はありません。

この例では、通知書の目的を明らかにするために、本文の最後に会議への出席を促す一文を添えています。

❺別記

会議の日程や場所などの詳細な情報を箇条書きにします。項目が多い場合は読みやすくするため、行間を空けるなどの工夫も必要です。

また、不明な点を残さないように、注釈で補足説明を加えておきます。注釈は「※」に続けて記載するのが一般的です。

❻重要な内容・注意すべき内容

受信者に対して注意を促したい情報は、目立つように強調するとよいでしょう。この例では、回答期限と回答先のメールアドレスを強調しています。

❼担当者名

担当者の記載が複数行にわたる場合は、行頭をそろえます。

Let's Try 依頼書を作成してみよう

実際のビジネスシーンを想定して、依頼書を作成してみましょう。
※「作成例と解説」は別冊P.1に記載しています。

▶▶▶ 社内報への寄稿の依頼書を作成することに!

あなたは、医療機器の販売および保守サポートを行う株式会社ABCメディカルの本社総務部に所属し、社内報の制作を任されています。
4月号の内容を検討していたあなたは、新入社員に会社のことを知ってもらうため、各部署の先輩社員に寄稿してもらうことにしました。しかし、誰に執筆してもらうべきか、総務部では判断できません。そこで、執筆者の選考も含め、各部署の部長およびセンター長経由で社内報への寄稿を依頼することにしました。
あなたが依頼したい内容は、次のとおりです。

- 社内報「Challenge」4月号の発行日は、2011年4月18日(月)を予定している。
- 今回は、コラム「現場探訪」の特別編を企画している。ここに各部署を代表する社員からのメッセージを掲載し、新入社員にエールを送るという企画である。
- 各部署が選考した社員1名に寄稿してもらう。執筆者は入社3年〜5年の社員とし、選考は各部署に一任する。
- 原稿のテーマは「未来へ」。各部署の特徴や活動内容を紹介するとともに、新入社員に期待することについて考えを述べる。文字数は600文字前後とし、Wordで作成する。
- 完成イメージの参考資料として、社内報「Challenge」2010年9月号を添付する。
- 原稿の締め切りは3月7日(月)とし、Wordファイルをメールアドレス「soumu1@xxx.xx.xx」宛に送付してもらう。

なお、依頼書の作成要綱は、次のとおりとします。

・発信番号は「総務No.2011-013」を取得済みである。
・発信日は「2011年2月10日」とする。
・受信者は、各部署の部長およびセンター長とする。受信者は、次の職制表を参考にすること。

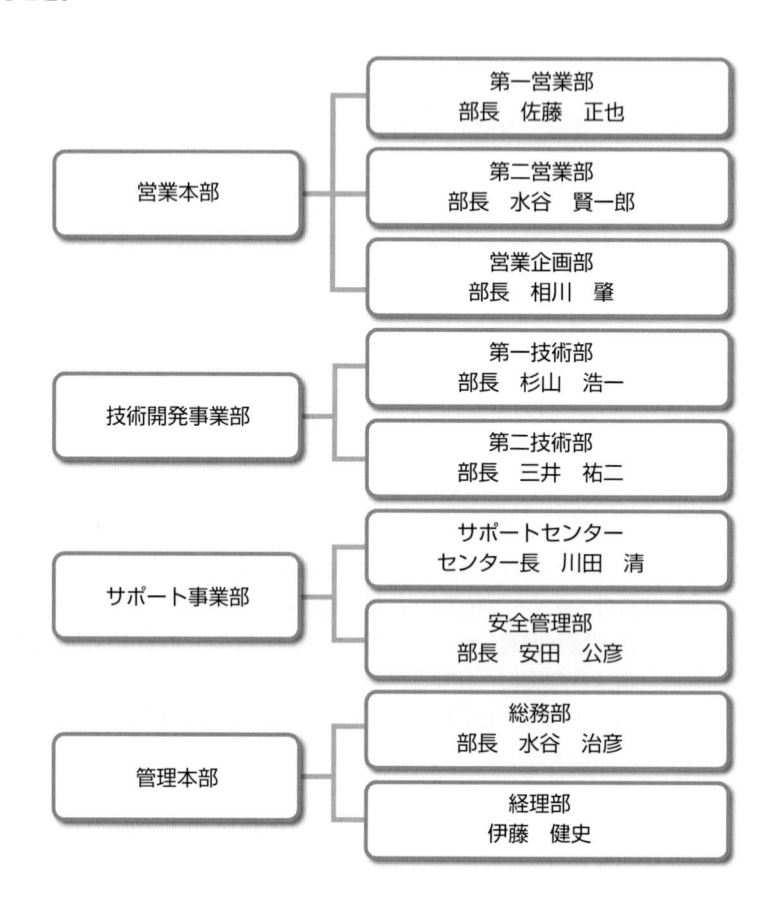

```
営業本部 ─┬─ 第一営業部  部長 佐藤 正也
          ├─ 第二営業部  部長 水谷 賢一郎
          └─ 営業企画部  部長 相川 肇

技術開発事業部 ─┬─ 第一技術部  部長 杉山 浩一
                └─ 第二技術部  部長 三井 祐二

サポート事業部 ─┬─ サポートセンター  センター長 川田 清
                └─ 安全管理部  部長 安田 公彦

管理本部 ─┬─ 総務部  部長 水谷 治彦
          └─ 経理部  伊藤 健史
```

・発信者は「総務部長」とする。
・担当者はあなたで、内線番号は「1258」、メールアドレスは「abc@xxx.xx.xx」である。

■第3章■
社内会議の議事録を作ろう
【社内文書】

会議内容を記録する重要な文書である議事録の目的や役割、構成する要素、書き方のポイントなど、議事録の作成について解説しています。

STEP1　議事録とは ……………………………………………… 51
STEP2　議事録の目的と役割 …………………………………… 52
STEP3　議事録に必要な要素 …………………………………… 54
STEP4　討議・決定事項を書くときのポイント …………… 57
Case Study　悪い議事録・良い議事録 ……………………… 60
Let's Try　議事録を作成してみよう ………………………… 66

STEP 1 議事録とは

1 議事録とは

「議事録」とは、会議が終わったあとに、出席者の発言内容や議論の経緯、決定事項、連絡事項などを記録し、関係者に知らせるための文書のことです。記録するといっても、出席者のやり取りを一字一句記録するのではなく、会議の要点を抽出してまとめたものになります。

会社では毎日のように、さまざまな会議が開かれています。それらは目的、出席者、規模、議題、開催方法もさまざまですが、複数の人間が一堂に会して、意見を交換したり重要な事柄を決定したりする場であることに変わりはありません。誰がどのような発言をしたのか、どのような経緯で結論が導き出されたのかといったことは、時間の経過とともに記憶から薄れてしまい、あとから正確に思い出そうとしてもなかなか難しいものです。出席者が多い場合や話し合うべきことが複数ある場合などはなおさらでしょう。そこで、議事録が重要になってきます。

議事録が必要な会議の前には、議事録の作成者をあらかじめ決定しておきます。一般的には、若手社員が作成を担当することが多いようですが、単なるメモとは異なり、完成度の高い議事録を作成するのは決して簡単ではありません。議題に関する前提知識や理解力はもちろんのこと、情報を取捨選択する力、効率よく議事録を作成するための準備や心得も必要になってきます。

> **POINT ▶▶▶**
> **法定会議の議事録**
> 「法定会議」といわれる株主総会や取締役会などでは、議事録の作成が法律で義務付けられており、議事録は会議開催の事実を証明する重要な文書とされています。議事録の不備が認められた場合には、罰則が科されます。

STEP 2 議事録の目的と役割

1 会議の種類と目的

会議には、目的に応じてさまざまな種類があります。議事録を作成する際には、会議の目的を意識することが重要です。目的が異なれば議事録に記録すべき内容も少しずつ変わってくるからです。
会議の種類と目的には、次のようなものがあります。

種類	目的
伝達会議	仕事に必要な情報を関係者に伝達する。
調整会議	何かを決定する前に、事前に関係者の意見を調整しておく。
企画会議	アイディアを持ち寄り、新しい価値を創造する。
進捗会議	仕事の進捗状況を報告し合い、課題があれば解決策を考える。
決定会議	賛成意見、反対意見を聞いて、意思決定を行う。

2 議事録の目的と役割

議事録は記録に残すことに大きな意味があります。毎回、前回の決定事項を全員で確認する手間が発生したり、前回の欠席者が異議を唱えて議論が振り出しに戻ったりといったように、非効率な話し合いを繰り返すことは会社にとって大きなロスになります。議事録を作成することによって、こうした不毛な時間を排除することができます。

また、議事録は作成したあとが重要です。ただ大切に保管しておくだけでは意味がありません。会議は、仕事の進め方や今後の方針などを決めるために行われるため、そこでの決定事項が記載された議事録は、関係者の次の行動を左右する重要な文書であるといえます。

■議事録の目的

議事録を作成する目的には、次のようなものがあります。

◆決定事項を関係者と共有する

会議の出席者はもちろん、欠席者にも会議の内容を知らせることで、関係者全員で情報を共有し、会議の内容について認識をひとつにすることができます。

議事録を通じて、出席者は、決定事項にもとづいてやるべきことや、未決事項について検討すべきことなどを確認できます。また、その場にいなかった欠席者にとっては、議論の過程や決定事項、未決事項、連絡事項を効率よく把握するための貴重な文書となります。

◆会議の内容を報告する

議事録には、第三者への公開が容易になるという特徴があります。会議に出席していない意思決定者が、立場上、会議の内容を把握しておきたい場合もあるでしょう。このような場合に議事録があれば、重要な会議での決定事項をいち早く知ることができます。また、必要に応じて意見を述べたり、問題点を指摘したり、具体的な指示を出したりなど、適切なタイミングで影響力を発揮することも可能になります。

■議事録の役割

議事録の役割には、次のようなものがあります。

◆効率よく議論を進める

毎回、会議の記録を残すことで、関係者のあいまいな記憶に振り回されることがなくなります。前回の決定事項を起点に、次の話し合いをスムーズに進めることができます。

◆次の行動につなげる

議事録には、決定事項だけでなく、未決事項や連絡事項も記載されるため、次の段階に向けてやるべきこと、検討すべきことを各自が確認しやすくなります。また、会議の内容を冷静に見つめ直すことで、新しい考えが浮かんだり、より良い方法や問題点が見えてきたりすることもあります。このように議事録は、単に情報を共有するだけでなく、関係者の次の行動を促す重要な役割を果たします。

◆コミュニケーションを円滑にする

議事録を通じて議論の経緯を知ることで、その場では見えなかった個人の能力や考え方について、客観的に把握したり分析したりすることも可能になります。相手をより深く理解することは、その後のコミュニケーションを円滑にし、仕事の成果に貢献する良好な人間関係を実現する上でも重要です。

◆トラブルを回避する

会議での決定事項は、出席者の合意によって導き出されたものです。しかし、議事録のないところで「言った」「言わない」のトラブルに発展する恐れや「私は賛成した覚えはない」などと言う人が現れかねません。こうしたトラブルを回避するためにも、議事録が役立ちます。

STEP 3 議事録に必要な要素

1 議事録の基本要素

議事録に記載する項目には、会議の目的には関係なく必要なものと、会議の内容に応じて記載するものとがあります。
議事録を構成する基本要素は、次のとおりです。

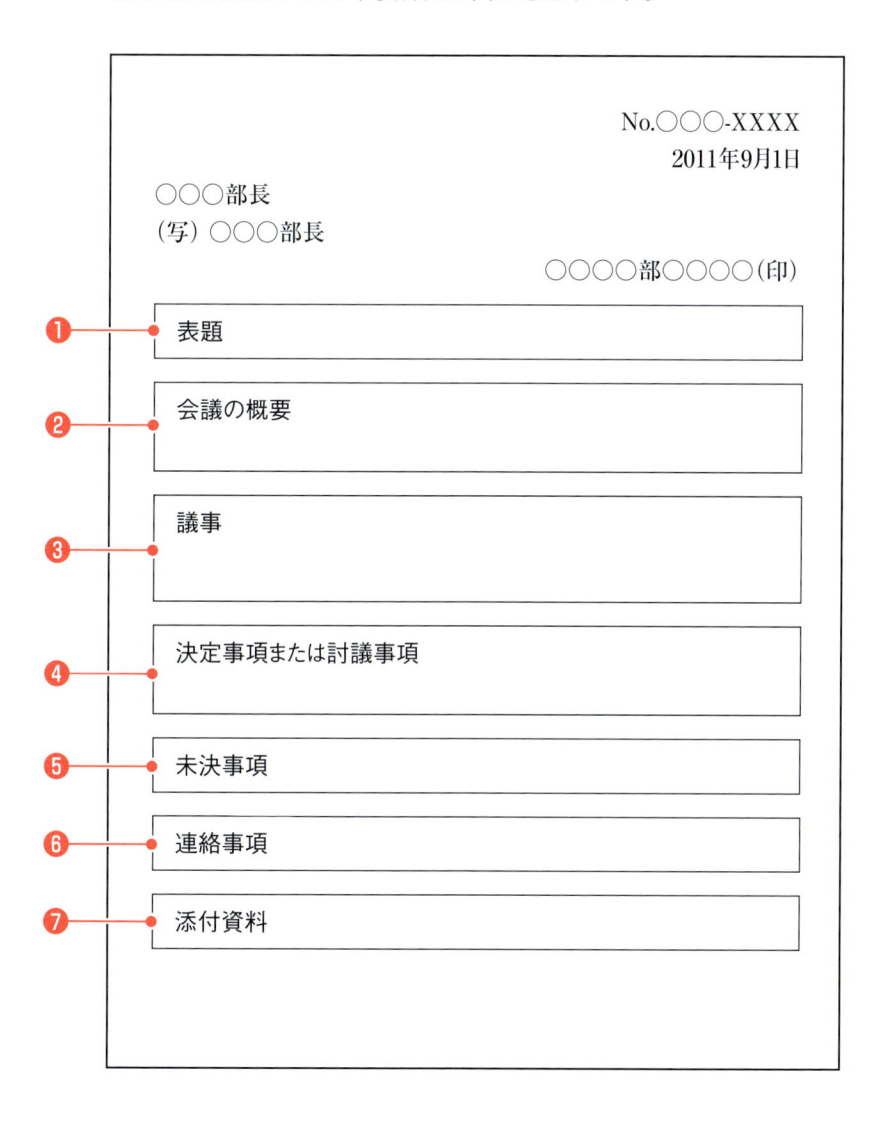

```
                                    No.○○○-XXXX
                                        2011年9月1日
   ○○○部長
   （写）○○○部長
                              ○○○○部○○○○（印）

❶ ── 表題

❷ ── 会議の概要

❸ ── 議事

❹ ── 決定事項または討議事項

❺ ── 未決事項

❻ ── 連絡事項

❼ ── 添付資料
```

❶表題

会議名の後ろに「**議事録**」と記載します。

<例>

```
2011年3月度営業報告会議議事録
```

❷会議の概要

会議が開催された日時と場所、会議の議題、出席者名、欠席者名などを箇条書きで記載します。開催の主旨や目的などを含めることもあります。また、出席者名の最後に記録担当者の名前を書き、個人名の後ろに「**(記)**」または「**(記録)**」と記載します。「**書記(記録者名):○○**」と書く場合もあります。一般的に議事録の作成担当者が記録を担当します。

<例>

```
●日   時：2011年3月1日(火)10:00～12:00
●場   所：A会議室
●議   題：2011年度営業活動方針策定
●出席者：今井部長、門田課長、溝口主任、横田、山川、田中(記)
●欠席者：山田
```

❸議事

「議事」とは、会議で話し合われた項目のことです。「**議案**」ともいいます。次のように、箇条書きにするのが一般的です。

<例>

```
【議事】
 1. 現行システムの問題点
 2. 新システムに求められる要件
 3. セキュリティ強化に向けた施策
```

❹決定事項または討議事項

それぞれの議事について会議で決定した内容を記載します。ここが議事録の中心部分となります。項目名を「**決定事項**」とした場合は決定した内容だけを簡潔に記載しますが、決定までのプロセスも含める場合は「**討議事項**」とします。

❺未決事項

保留になった項目や引き続き検討が必要な項目について記載します。決定事項とは分けて記載します。

❻連絡事項

次回会議の開催日や次回の会議までに各自が準備すべき資料などは、連絡事項として記載します。必要のない場合は省略します。

❼添付資料

議事録に添付する資料がある場合は、明記します。

> **POINT ▶▶▶**
> **必要に応じて記載する要素**
> 必要に応じて記載する要素には、次のようなものがあります。これらは、会議の内容を踏まえて、議事録に盛り込むべきかどうかを適宜判断します。
> - 途中出席者名および途中退席者名
> - 議長名
> - 決定事項に影響を与えた発言とその発言者
> - 質疑応答
> - 会議での配布資料
> - 特記事項

> **POINT ▶▶▶**
> **議事録のフォーマット**
> 議事録を作成するとき、会社で独自のフォーマットが用意されている場合は、それに準じます。

STEP 4 　討議・決定事項を書くときのポイント

1　議事録作成の前にしておくこと

議事録の作成にあたっては、事前の準備や心構えが大切です。議事録を作成する前に、次のような準備をしておきましょう。

■会議の概要を把握する
会議の日時や場所、目的、議題、議事、出席者、会議後の議事録の配布先などを確認します。これらの情報は当日になって変更されることが少ないため、あらかじめ記載しておくと、会議後の議事録の作成がスムーズです。

■必要な情報を収集する
会議の内容を理解できないようでは、完成度の高い議事録は望めません。議題に関する情報を収集し、前提知識を身に付けた上で会議に臨みます。事前に配布資料を入手できた場合には必ず目を通し、しっかり理解しておくようにしましょう。不明点があればメモしておき、会議の当日に明らかにします。

■会議中はしっかりメモを取る
会議中はメモを取ることに集中します。メモを取る段階で重要な情報とそうでない情報を見極める必要はなく、できるだけ漏れなく記録します。特に、日時や金額、数量などの数値は、聞き逃したり、聞き間違えたり、あるいは書き間違えたりしないように細心の注意を払いましょう。
また、発言の内容が理解できない場合は、積極的に質問して不明点を残さないようにします。ただし、事前に情報収集しておけば済むような質問は好ましくありません。会議のスムーズな進行を妨げることのないように注意します。
あとで議事録を作成する際に、誰の発言かを思い出せるようにしておくことも重要です。発言者ごとにマークを付けるなど、工夫してみるとよいでしょう。
なお、次のような発言を記録する必要はありません。

- 議長や進行役からの挨拶
- 配布資料や専門用語に関する一方的な説明
- 決定事項に関係のない意見
- 個人的な感想
- 雑談
- 「これはオフレコですが…」と前置きされた内容

2 討議事項を書くときのポイント

討議事項を書くときのポイントは、次のとおりです。

■要点を押さえる

決定までのプロセスを長々と説明するのではなく、決定事項に影響を与えたやり取りや発言を中心に、要点だけを簡潔に記載します。決定事項には直接関係のない不要な情報を排除しつつ、具体性を失わないように注意して書きましょう。また、賛成意見だけを取り上げるのではなく、必要に応じて反対意見や少数意見にも触れるようにします。その上で、反対意見を否決した理由について書くとよいでしょう。

■流れを作る

会議では、一度終わったはずの話が、あとになって蒸し返されることも少なくありません。したがって、発言の順に議事録をまとめることが難しい場合もあります。次の点にもとづいて発言の内容を整理し、全体の流れを考えるとよいでしょう。

> 1) ひとつの議事に対して、大きく分けていくつの話が出たか
> 2) それぞれの話の間にどのような関係性があるか
> 3) それらをどのような順序で並べると、読み手が理解しやすいか

■中立的な立場で書く

議事録の作成者にも自分の意見があるかもしれません。しかし、議事録は自分の意見を述べるためのものではありません。たとえ自分が反対意見であろうと、中立的な立場で作成し、公正な視点で記録を残すことが重要です。

■箇条書きを使う

議事録は、議事ごとに話し合われた内容をまとめるのが一般的です。しかし、決定事項だけを書く場合と異なり、決定までのプロセスを書く場合は文章が長くなりがちです。箇条書きを使って要点をまとめると、読み手が内容を把握しやすくなります。

■配布先を意識する

議事録の配布先は、議題について詳しい人とは限りません。配布対象に含まれる人の役職、仕事上の役割、前提知識などにも考慮して議事録を作成します。

3 決定事項を書くときのポイント

決定事項を書くときのポイントは、次のとおりです。

■漏れなく正確に書く
議事録は、関係者の次の行動を左右する重要な文書です。事実と異なることが記載されていた場合に、出席者は間違いだと気付いても、欠席者はそこに書かれていることを信じるしかありません。また、あいまいな書き方では人によって解釈が異なってくることも考えられます。関係者の認識にズレが生じないよう、決定したことを漏れなく正確に書くことが重要です。

■理由や目的を明確にする
たとえば、「定期的に社内講習会を実施する」とだけ書かれていると、「なぜ定期的に実施するのか」「何のために実施するのか」といった疑問がわいてきます。読み手が決定事項に納得できるように、必要に応じて理由や目的を記載します。

■決定事項と未決事項は区別する
決定事項と未決事項を混在させてしまうと、読み手が誤解したり混乱したりする原因となります。未決事項は決定事項の後ろに分けて記載します。

> **POINT ▶▶▶**
> **議事録の作成と配布のタイミング**
> 会議終了後は、すみやかに議事録を作成しましょう。簡単な議事録であれば、できるだけ会議の当日に作成します。また、作成後はすみやかに配布することが大切です。欠席者や会議の報告をすべき関係者など、配布先に漏れがないように注意します。会議の内容によっては、共有サーバーに議事録のデータを置き、必要に応じて自由に閲覧できるようにしてもよいでしょう。

参考　会議の種類に応じた議事録の書き方
会議の種類に応じた議事録の書き方のポイントは、次のとおりです。

●伝達会議
「誰が」「誰に対して」「何を」伝達したかを明らかにします。

●調整会議
出席者からどのような意見が出たのか、どのような約束がなされたのかを明らかにします。

●企画会議
会議で出されたアイディアを漏れなく報告するとともに、次に検討すべきことを明らかにします。

●進捗会議
進捗状況を簡潔に報告するとともに現状の課題を明らかにし、その解決策を強調します。

●決定会議
決定までのプロセスに触れながら、決定したことを中心に記載します。

Case Study　悪い議事録・良い議事録

実際のビジネスシーンを想定して、議事録の悪い例と良い例を比べてみましょう。

▶▶▶ 社内会議の議事録を作成することに！

各種スポーツ用品の製造および販売を行うABCスポーツ株式会社本社営業推進部に所属する富士賢治さんは、全国各地に散らばる支店の営業活動の取りまとめやサポートを行っています。

富士さんは、上司から「営業推進部3月度拡販戦略会議を行うから、会議終了後に議事録を作成し、営業推進部全員に配信してください」と指示されました。

富士さんがメモした会議の内容は、次のとおりです。

【3月度拡販戦略会議メモ】

2011年3月1日(火)10:00〜12:00　A-2会議室
議題　「営業推進部3月度拡販方針と重点施策」

出席：営業推進部 黒沢部長、石神課長、金田主任、横井、山下、田中が出席
欠席：上田、水上
議事：2月度拡販施策の検証、3月度拡販方針の確認、3月度重点施策の検討の3点。

2月度拡販施策の検証（横井）
全体的に売上は堅調。特に西日本営業部の大阪支店、福岡支店の伸びが大きく、いずれも前年同月比20〜25％増。
「西日本地域で試験的に始めたモバイル会員限定割引キャンペーンの効果が大きく貢献したのでは？」（石神課長）

3月度の拡販方針の確認（金田主任）
3月度も2月度の拡販方針を継続して実行。ポイントカードシステムを核にしたマーケティング戦略に注力する。→異論なし
「各支店からは、より魅力的なポイントカードシステムの実現をお願いしたいという声が上がっている。特にここ最近、D社が各地でイメージアップ戦略を展開しているらしい。」（横井）
「イメージアップ戦略と言えば、E社もかなり力を入れてきている。」（田中）
「でも、D社もE社もまだまだ成功しているとは言えない状況だと思う。当社が断然有利では？」（山下）

60

> 3月度重点施策の検討（金田主任）
> ・西日本地域でのモバイル会員限定キャンペーンを、東日本地域でも実施。特に若年層にターゲットを絞り、地域に密着した情報を発信していく。
> ・引き続き当社Webサイトの商品紹介ページへの集客を強化。Webサイトからリアル店舗への誘導力アップを目指す。
>
> ＜その他Q&A＞
> 「昨今のゴルフブームにはどう対応していく?」（山下）
> 「各地域のフリーペーパーと連携してゴルフ特集を組むなどして、当社の取り組みをアピールできればよいだろう。」（石神課長）
> 「地域によって関心の高いスポーツにも違いがあるのでは?」（黒沢部長）
> 「一度、各地域のスポーツへの関心度について市場調査をしてみては?」（横井）←黒沢部長が調査の検討を指示。
>
> ・金田主任よりまとめ。
> ・4月度拡販戦略会議　2011年4月6日（水）10:00〜12:00

なお、議事録の作成要綱は、次のとおりとします。

> ・発信番号は「営推No.2011-115」を取得済みである。
> ・発信日は「2011年3月1日」とする。
> ・受信者は営業推進部の全員とする。また、支店長全員に写しを送付する。
> ・担当者は「富士さん」である。

さて、富士さんはこのメモから、どのような議事録を作成したのでしょうか。

✕ この議事録の悪いところは?

富士さんが作成した議事録を上司に確認してもらったところ、きちんと見直してからもう一度提出するように言われました。
どのような点が問題なのかを考えてみましょう。

<富士さんの作成した議事録>

営推No.2011-115
2011年3月1日

出席者各位、(写)支店長各位

営業推進部長(印)

営業推進部3月度拡販戦略会議議事録

- ●日　　時　：2011年3月1日(火)10:00～12:00
- ●場　　所　：A-2会議室
- ●議　　題　：3月度拡販方針と重点施策
- ●出 席 者　：黒沢部長、石神課長、金田主任、横井、山下、田中

【議事】
2月度拡販施策の検証、3月度拡販方針の確認、3月度重点施策の検討

【決定事項】
●2月度拡販施策の検証について
全体的に売上は堅調。特に西日本営業部の大阪支店、福岡支店の伸びが大きく、いずれも前年同月比20～25%増。「西日本地域で試験的に始めたモバイル会員限定割引キャンペーンの効果が大きく貢献したのでは?」とのこと(石神課長より)。
●3月度の拡販方針について
3月度も2月度の拡販方針を継続して実行し、ポイントカードシステムを核にしたマーケティング戦略をより強化します。この方針について出席者の異論はありませんでした。実際に、各支店からは、より魅力的なポイントカードシステムの実現をお願いしたいという声が上がっているそうです(横井)。特にここ最近、D社やE社がイメージアップ戦略を強化している様子。ただし、依然として当社が断然有利との見方もあります(山下)。
●3月度重点施策について
西日本地域でのモバイル会員限定キャンペーンを、東日本地域でも実施します。特に若年層にターゲットを絞り、地域に密着した情報を発信していくことになりました。また、当社Webサイトの商品紹介ページへの集客を強化し、Webからリアル店舗への誘導力アップを目指します。
●昨今のゴルフブームについて
各地域のフリーペーパーと連携してゴルフ特集を組むなどして、当社の取り組みをアピールする方法も考えられます。ただし、地域によって関心の高いスポーツにも違いがあることも予想されるため、まずは各地域のスポーツへの関心度について市場調査を実施してみる必要があるといえます。

【4月度拡販戦略会議予定】
2011年4月6日(水)10:00～12:00

以上

担当：富士

こうすれば良い議事録になる！

富士さんは作成した議事録を書き直しました。
良い議事録を作成するためのポイントを確認してみましょう。

<良い例>

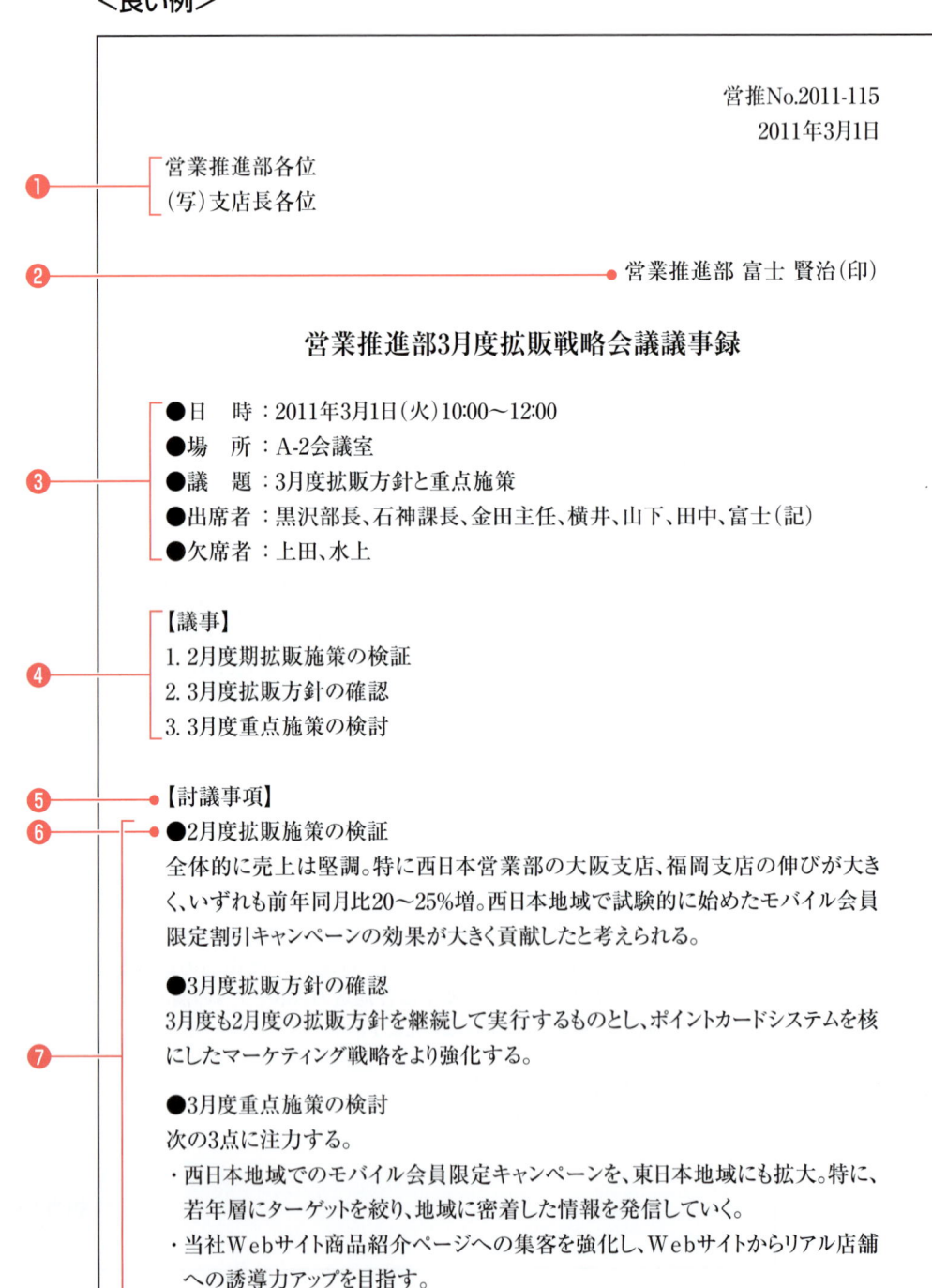

営推No.2011-115
2011年3月1日

❶ 営業推進部各位
　（写）支店長各位

❷ 　　　　　　　　　　　　　　　　　　　　　　　営業推進部 富士 賢治（印）

営業推進部3月度拡販戦略会議議事録

❸
- ●日　　時：2011年3月1日（火）10:00～12:00
- ●場　　所：A-2会議室
- ●議　　題：3月度拡販方針と重点施策
- ●出席者：黒沢部長、石神課長、金田主任、横井、山下、田中、富士（記）
- ●欠席者：上田、水上

❹
【議事】
1. 2月度期拡販施策の検証
2. 3月度拡販方針の確認
3. 3月度重点施策の検討

❺【討議事項】

❻ ●2月度拡販施策の検証
全体的に売上は堅調。特に西日本営業部の大阪支店、福岡支店の伸びが大きく、いずれも前年同月比20～25％増。西日本地域で試験的に始めたモバイル会員限定割引キャンペーンの効果が大きく貢献したと考えられる。

❼
●3月度拡販方針の確認
3月度も2月度の拡販方針を継続して実行するものとし、ポイントカードシステムを核にしたマーケティング戦略をより強化する。

●3月度重点施策の検討
次の3点に注力する。
- ・西日本地域でのモバイル会員限定キャンペーンを、東日本地域にも拡大。特に、若年層にターゲットを絞り、地域に密着した情報を発信していく。
- ・当社Webサイト商品紹介ページへの集客を強化し、Webサイトからリアル店舗への誘導力アップを目指す。

> 【未決事項】
> 昨今のゴルフブームを受け、具体策な施策を練る前に、各地域のスポーツへの関心度について市場調査の実施を検討。本件は横井が担当する。
>
> 【4月度拡販戦略会議予定】
> 2011年4月6日（水）10:00～12:00
>
> 　　　　　　　　　　　　　　　　　　　　　　　　　　　　　　　　以上

❽

❶受信者名

受信者が出席者だけである場合は「**出席者各位**」でも問題ありませんが、今回の受信者は「**営業推進部の全員**」であるため、「**営業推進部各位**」と記載します。また、写しは受信者名の一覧の下に、「**（写）**」に続けて記載します。この例では、「**支店長各位**」としていますが、次のように記載してもよいでしょう。

＜例＞

> （写）札幌支店長、仙台支店長、名古屋支店長、大阪支店長、福岡支店長

＜例＞

> （写）東日本営業部）札幌支店長、仙台支店長、西日本営業部）大阪支店長、福岡支店長

受信者名に上位の部署名を入れた場合は、発信者名にも同様に入れます。この例では、「**営業本部）営業推進部 富士 賢治**」となります。

❷発信者名

議事録の場合は、発信者名に議事録の作成者の名前を記載します。どこの誰かがわかるように、個人名だけでなく、部署名も含めるようにします。

❸会議の概要

会議が開催された日時と場所、会議の議題、出席者名、欠席者名などを正しく記載します。出席者には議事録の作成者も含めます。出席者の最後に自分の名前を書き、個人名の後ろに「**（記）**」または「**（記録）**」と記載します。「**書記（記録者名）：○○**」と書く場合もあります。欠席者がいた場合は忘れずに記載しましょう。また、出席者名は、議事の内容と関係の深い部署や個人から順に書くとよいでしょう。

❹議事

議事は読点などで区切らずに箇条書きにし、行頭に番号を振るとよいでしょう。

❺討議事項

この例では、決定までのプロセスや会議で伝達された内容などを含めているため「討議事項」としています。決定したことだけを記載する場合は、「**決定事項**」とします。

❻見出し

討議事項は、議事ごとにまとめます。議事に列記したものと、見出しを合わせるようにしましょう。

❼議事録に記載すべき内容

メモした内容をすべて議事録に盛り込もうとすると、会議の要点がぼやけてしまい、読み手が会議の内容を把握しにくくなってしまいます。議事の本筋に関係ない話や個人の主観的なコメントなどは削除し、簡潔にまとめます。要点を抽出して箇条書きにするなど、読みやすくする工夫が必要です。文体は、一般的に常体を使用します。

また、決定事項に重要な影響を与えた発言以外は、議事録に記録する必要はありません。

❽未決事項

未決事項は、討議事項や決定事項の後ろに分けて記載します。

Let's Try 議事録を作成してみよう

実際のビジネスシーンを想定して、議事録を作成してみましょう。
※「作成例と解説」は別冊P.4に記載しています。

▶▶▶ 社内会議の議事録を作成することに!

あなたは、精密機器の製造および販売を行う株式会社ABC工業の人事部に所属し、社員教育の企画・実施を担当しています。
今期は、社員教育の一環であるビジネスマナー研修の充実が課題です。まずは課題解決に向けて現状の問題点を洗い出そうと、意見交換を目的とした会議を開催することになり、あなたは議事録の作成を依頼されました。
あなたがメモした会議の内容は、次のとおりです。

【第1回ビジネスマナー研修検討会議メモ】

2011年4月12日(火)16:00～18:00　西棟B会議室
議題　「ビジネスマナーの強化点と改善策」

出席:総務部)森田、広報部)勝又、人事部)西田主任、飯村、営業部)千田主任、開発部)広瀬主任
欠席:システム部の黒田主任は顧客対応のため欠席
議事:社員のビジネスマナーの実態、社員教育における強化ポイント、改善に向けた施策の3点。

ビジネスマナーの実態
(=社員全般のビジネスマナーについて日頃感じていること)
・社内か社外かに関係なく、相手への配慮が欠けていると感じる行動が多く見受けられる。実際にトラブルにつながったケースもある。(森田)
・来客されているお客様に対して失礼と思われる行動が多く見受けられる。ブランドイメージを損なわないような正しい顧客対応を徹底すべき。(勝又)
・知識はあっても、実践の場に活かせていない人が多い。応用がきかない。特に言葉づかい。(飯村)
・プレゼンテーションの能力が不足している。自分の考えを的確に伝えたり、説得したりするのが苦手。(千田主任)
・営業部の千田さんに同感。文書なら正確に作成できても、会議の場などで自己主張ができない。(広瀬主任)

社員教育における強化ポイント
・教育で学んだことが実践で確実に使えるものになっていないという印象。教育で重要なポイントになるのは"実践力"か？（西田主任）→一同、同意
・あいさつ、服装と身だしなみ、就業ルールの遵守、ビジネス会話、訪問時・来客時の応対、電話応対、メールの送受信、プレゼンテーションなど、それぞれについて"実践力"を磨く必要あり。
※下線は優先順位の高いものとして全員の認識が一致。

改善に向けた施策
・座学だけでなく、実践形式の教育プログラムを重視すべき。（勝又）
・それぞれの業務の現場に即したシチュエーションを設定するなど、多様な教育ニーズへの柔軟な対応が必要。（千田主任）
・外部から経験豊富な講師を招いてはどうか？（広瀬主任）
・ビジネスマナーの指導方法に関する中堅社員への教育も必要。（飯村）

・具体的な施策については、次回までに人事部 飯村が骨子をまとめ提案を行う。
・次回の第2回ビジネスマナー研修検討会議　2011年4月19日(火)16:00～18:00

なお、議事録の作成要綱は、次のとおりとします。

・発信番号は「人事No.2011-303」を取得済みである。
・発信日は「2011年4月13日」とする。
・受信者は欠席者を含む関係者全員とする。また、すべての部署の部長全員に写しを送付する。
・担当者はあなたである。

■第4章■
仕事の状況を正確に伝える報告書を作ろう
【社内文書】

仕事の進捗状況や結果を伝える報告書の目的や役割、構成する要素、書き方のポイントなど、報告書の作成について解説しています。

STEP1　報告書とは ……………………………………… 69
STEP2　報告書の目的と役割 …………………………… 70
STEP3　報告書に必要な要素 …………………………… 73
STEP4　報告事項を書くときのポイント………………… 76
Case Study　悪い報告書・良い報告書 ………………… 79
Let's Try　報告書を作成してみよう …………………… 85

STEP 1 報告書とは

1 報告書とは

「**報告書**」とは、仕事の指示を出した人に対して、仕事の進捗状況や結果などについて説明するための文書のことです。報告は口頭で済ますこともありますが、口頭で行うべきか文書で行うべきかについては、ケースバイケースで判断します。また、口頭での報告と文書での報告の両方を必要とする場合もあります。
文書での報告が必要なケースには、次のようなものがあります。

- ●定期的な報告：日報、月報、年報、営業活動報告書、監査報告書など
- ●必要に応じて発生する報告：出張報告書、調査報告書、イベント実施報告書など
- ●問題に関する報告：事故報告書、クレーム処理報告書など

2 報告のタイミング

指示された仕事が完了したら、すみやかに報告を行います。報告の内容は、必ずしも望ましいものばかりではありません。計画どおりに仕事が進まないとき、指示された方法では限界があるとき、緊急事態が発生したとき、複数の指示が重なったときなどは、いち早く報告して必要な指示をあおぎます。また、長期間にわたる仕事の場合は、たとえ順調に進んでいても進捗状況を定期的に報告するようにします。

> **POINT ▶▶▶**
> **報告書とレポートの違い**
> 報告書では仕事の進捗状況や結果について主観を交えずに正確に報告します。それに対してレポートは、進捗状況や結果について個人的な見解を述べたり、改善策を提案したりといったように、自己主張の比重が大きいのが特徴です。また、レポートには決まったフォーマットがなく、比較的自由に書くことができます。

STEP 2 報告書の目的と役割

1 報告の種類と目的

報告には、目的に応じてさまざまな種類があります。報告書を作成する際には、報告の目的を意識することが重要です。目的が異なれば、報告書に記載すべき内容も少しずつ変わってくるからです。
報告の種類とその目的には、次のようなものがあります。

種類	目的
活動報告（日報、月報、年報）	上司や関係者に対し、日単位、月単位、年単位などで、具体的な活動内容とその結果を報告する。
出張報告	出張を指示した人に対し、出張先での業務内容と、出張による成果を報告する。
研修会受講報告	研修会の受講を指示した人に対し、受講内容と受講による成果を報告する。
調査報告	関係者に対し、市場調査やアンケート調査などの集計結果、分析結果を報告する。
事故報告	関係者に対し、事故や災害が発生した場合に、被害状況や対策状況、復旧状況などを報告する。
クレーム報告	関係者に対し、消費者や取引先からのクレームの内容や対応状況を報告する。

2 報告書の目的と役割

ビジネスシーンにおける報告は、関係者とのコミュニケーションや仕事を円滑に進めるために必要不可欠な要素とされています。一般に会社での仕事は上司の指示・命令のもとで進んでいくため、報告書は、指示を出した人に仕事の進捗状況や結果を説明するための重要な文書となります。
また、報告書は提出して終わりではありません。報告書に記載された情報をもとに、上司から指示をあおいだり、アドバイスをもらったりなど、次の仕事の進め方を決める文書でもあります。

■報告書の目的

報告書を作成する目的には、次のようなものがあります。

◆正確かつ確実に情報を伝達する

口頭で報告すると、大事なことを聞き逃したり勘違いをしたりするおそれがあります。そのため、事実を正確かつ確実に伝えたり、図表などを使った具体的な説明をしたりする場合には、文書での報告が欠かせません。口頭での報告より詳細な報告が行えます。

◆関係者と情報を共有する

報告内容を文書にすることで記録を残すことができるため、指示を出した人だけでなく、関係者間で仕事に必要な情報を共有したり、参考資料として閲覧したりすることが可能になります。報告事項に関して、関係者の意見を集めたい場合などにも役立ちます。

◆活動の記録を残す

報告書を作成しておくと、いつ、どこで、誰が、何をしたかといった情報を、いつでも簡単かつ正確に把握できるようになります。また、結果だけでなく、仕事の進捗状況や発生した問題を記録に残すことで、仕事の進め方について客観的に評価できるようになります。

◆仕事の成果をアピールする

仕事で目標を達成したり予想以上の成果が得られたりした場合には、報告書を通じてその成果をアピールできます。報告書は、第三者に自分の仕事を評価してもらうチャンスでもあります。

■報告書の役割

報告書の役割は、次のとおりです。

◆正しい意思決定を支援する

上司は報告書に書かれた進捗状況を見ながら、追加の指示を出したり、最初に出した指示に変更を加えたりします。このように、目標達成に向けた正しい意思決定を支援するのも報告書の重要な役割といえます。特に長期間にわたる仕事の場合は、どんなに順調に進んでいても、定期的な報告書の提出が必要になります。

◆**組織全体で仕事の成果を高める**

一般に報告を行うべき相手は、仕事の指示を出した人ですが、報告書には、関係者を含む第三者への公開が容易になるという特徴があります。報告書から仕事における成功要因や失敗要因を明らかにしたり、仕事を効率的に進めるためのヒントを見出したりして、それぞれが次の行動や計画に役立てることができます。これにより、組織全体で仕事の成果を高めることが可能になります。

◆**事故や問題を未然に防ぐ**

予期せぬ事故や問題が発生した場合、口頭での報告後、報告書の提出が必要になります。報告書には、発生した問題の原因や影響度などを記載します。これにより、上司や関係者間で、事故や問題に関する情報を共有できるとともに、同じような事故や問題が発生することを未然に防ぐことができます。

◆**モチベーションを維持する**

結果を問われない仕事はありません。できるだけ良い報告をしようと思えば、必然的にモチベーションも高まるものです。また、仕事の進捗状況や結果を報告する過程で、自分の活動内容を客観的に振り返ることができ、目標達成に向けて気持ちを切り換えたり、決意を新たにしたりすることが可能になります。

> **POINT ▶▶▶**
> **ホウレンソウとは**
> 上司から指示を受けたら、その時点で指示を受けた者から上司への「報告」「連絡」「相談」の義務が発生します。それぞれの一文字目をつなげて「ホウレンソウ」と呼び、この3つは仕事を円滑に進める上で不可欠なものです。

STEP 3 報告書に必要な要素

1 報告書の基本要素

報告書に記載する項目は、報告書の種類によって異なります。すべての報告書で共通ではありません。

ここでは、日報や月報などの一般的な業務報告書の基本要素を示します。

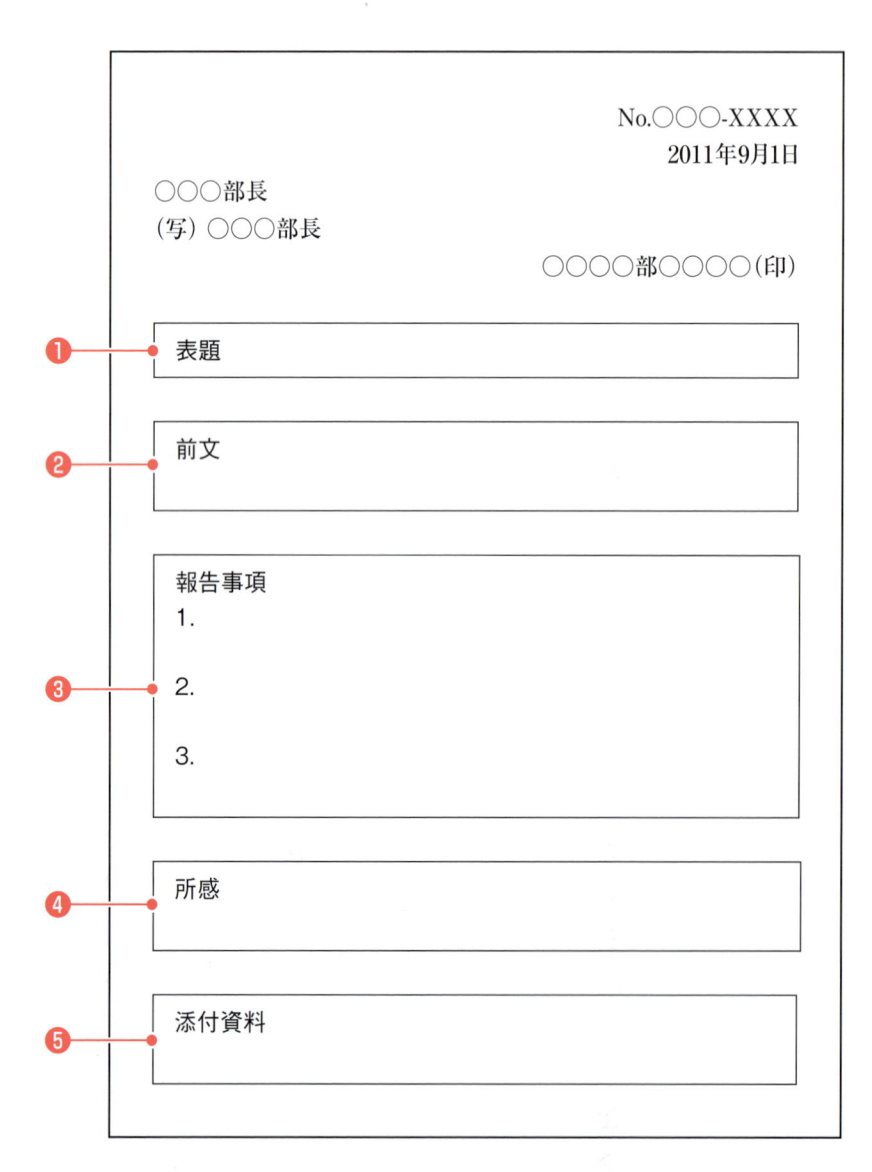

```
                                    No.○○○-XXXX
                                      2011年9月1日
○○○部長
(写) ○○○部長
                                    ○○○○部○○○○（印）
```

❶ 表題

❷ 前文

❸ 報告事項
   1.
   2.
   3.

❹ 所感

❺ 添付資料

❶表題

何についての報告かがわかるように記載します。「〜について」では、報告なのか、通知なのか、あるいは依頼なのかが判断できません。「〜報告」というように、最後に「**報告**」を付けます。

＜例＞

> ○　2011年5月度営業活動報告
> ×　営業活動報告
> ×　営業活動について

❷前文

最初に、これから何について報告しようとしているのか、どうして報告書を作成することになったのかを1行〜数行程度で簡単に説明します。前文は必ず記載するというものではなく、省略してもかまいません。省略する場合は、タイトルのすぐ下から報告事項を書き始めます。
前文は、一般的に次のように記載します。

＜例＞

> 全国営業拡販会議の開催にあたり、2011年5月度営業活動結果を、下記のとおり報告します。

❸報告事項

報告の対象となる仕事の期間、場所、目的または目標、具体的な活動内容、現在の進捗状況または結果、今後の予定などを箇条書きで記載します。報告すべき内容に合わせて「**活動内容**」「**概況**」「**結果**」「**今後の予定**」といった見出しを立てると読みやすくなります。必要な項目を過不足なく記載するようにしましょう。

❹所感

自分の意見や感想、提案を簡潔に述べます。所感は必ず記載するというものではなく、必要に応じて記載します。

❺添付資料

報告書に添付する資料がある場合は、明記します。

POINT ▶▶▶
主な報告書で記載する項目

報告の種類によって報告書に記載すべき項目は、次のように異なります。

種類	記載する項目
出張報告	出張先、出張の目的、日程、出張先での業務内容、成果、経費の精算など
研修会受講報告	受講の目的、日程、場所、研修のテーマ、受講内容、成果、今後の目標など
調査報告	調査の主旨や目的、調査日程、調査方法、調査結果（必要に応じて表やグラフなどを掲載）、総括など
事故報告	事故発生の日時、現在の状況、原因、対応状況（必要に応じて図や写真などを掲載）、今後の課題など
クレーム報告	クレーム発生の日時、発生状況、顧客情報、クレーム内容、原因、対応状況、今後の対策など

POINT ▶▶▶
報告書のフォーマット

報告書を作成するとき、会社で独自のフォーマットが用意されている場合は、それに準じます。

STEP 4 報告事項を書くときのポイント

1 報告書作成の前にしておくこと

報告書を作成する前に、次のような準備をしておきましょう。

■口頭で報告しておく

予期せぬ事故や問題が発生した場合でなくても、必要に応じて、仕事の指示を出した人に口頭で簡単な報告をしておきます。相手が不在にしている場合や離れた場所にいる場合は、電話やメールなどでもよいでしょう。その際は、別途報告書を提出することにも触れておきます。

■報告内容を整理する

いきなり報告書をまとめようとすると、なかなか難しいものです。報告すべき内容について、まずは思い付くことを箇条書きにしてみるとよいでしょう。それらを「結論(仕事の経過や結果)」「背景や原因(結論を裏付ける論拠)」「具体的な数値データ」「問題点や課題」「今後の予定」などに分類し、報告書での流れを考えていきます。

■データを整理する

報告書に記載する数値データや参考資料として添付するデータは、報告書を書く前に、あらかじめ整理・分析を済ませておきましょう。報告書の中に表やグラフを掲載する場合には、見栄えも工夫します。

2 報告事項を書くときのポイント

報告事項を書くときのポイントは、次のとおりです。

■フォーマットを活用する

フォーマットを活用すると、報告書を効率的に作成でき、記載項目の漏れなどを防ぐことができます。また、報告目的が同じである場合は、基本的に同じフォーマットを使用するようにします。こうすることで、報告を受ける側も、毎回どこに何が書いてあるのかを確認する必要がなく、過去の報告書との比較もしやすくなります。会社で決まったフォーマットがない場合は、自分でフォーマットを作り、報告事項を毎回統一するようにしましょう。

■事実を正確にわかりやすく伝える

読み手が報告内容を短い時間で把握できるように、報告内容は簡潔にまとめます。正確でわかりやすい文章を心がけ、数値データは、表やグラフを使って視覚的に表現するなど、説明文だけになり過ぎないように注意します。また、When（いつ）、Where（どこで）、Who（誰が）、What（何を）、Why（なぜ）、How（どのように）、How much（いくらで）の7点（5W2H）を意識しながら、必要な情報を漏れなく正確に書くことも大切です。もちろん、悪い報告を良く書こうとしたり報告すべき事実を隠したりしてはいけません。

■箇条書きを使う

結果に至るまでのプロセスを具体的に書くとなると、文章が長くなりがちです。箇条書きを使って要点をまとめると、読み手が内容を把握しやすくなります。

■事実と意見を区別する

事実と意見は混在させないようにしましょう。自分の意見や感想、提案は、所感の欄に別途記載します。また、事実については、具体的な根拠やデータを示しながら正確に説明します。

■すみやかに作成する

報告書を提出するタイミングが遅れると、報告が意味をなさなくなるどころか、トラブルに発展することも考えられます。たとえば、得意先からのクレームに関する報告書を、上司が受け取ったときには、すでに収拾がつかないほど事態が悪化しているおそれがあります。

報告書の役割を十分に機能させるためには、どんな悪い報告も後回しにせず、すみやかに報告書を作成することが大切です。特に日報などは、その日のうちに作成して提出するのが基本です。

参考：報告の種類に応じた報告書の書き方

報告の種類に応じた報告書の書き方のポイントは、次のとおりです。

●活動報告（日報、月報、年報）
活動内容を明らかにし、目標や実績などは数値で具体的に示します。また、前回に提出した報告書の内容と比較しやすいように、書き方を工夫します。

●出張報告
出張した目的を明らかにした上で、達成度を意識しながら書きます。その際、出張成果には、客観的な評価を記載します。

●研修会受講報告
研修会を受講した目的を明らかにした上で、達成度を意識しながら書きます。その際、受講成果には、客観的な評価を記載します。

●調査報告
報告する相手を意識し、調査結果は表やグラフなどを使ってわかりやすく表現します。また、分析を行う際は、客観的な分析になるように注意します。

●事故報告
事故や災害の発生状況を正確かつ具体的に記載し、客観的に分析した原因や現在の対応状況を明らかにします。また、所感で反省点を述べます。

●クレーム報告
客観的に分析した原因や現在の対応状況を明らかにし、クレームの内容を正確に伝えます。また、反省点は所感で述べます。

Case Study 悪い報告書・良い報告書

実際のビジネスシーンを想定して、報告書の悪い例と良い例を比べてみましょう。

▶▶▶ 月例業務報告書を作成することに！

各種スポーツ用品の製造および販売を行うABCスポーツ株式会社本社営業推進部に所属する富士賢治さんは、全国各地に散らばる支店の営業活動の取りまとめやサポートを行っています。

営業推進部では、月末に必ず業務報告書を提出することになっています。5月末を迎え、富士さんは、「2011年5月度業務報告書」を作成することにしました。

富士さんがノートに書き出した5月の主な活動内容は、次のとおりです。

> <プロモーション>
> ・5月8日大阪支店、5月9日～5月10日福岡支店に出張。店頭でのモバイル会員限定キャンペーンの支援を行った。
> ・このとき作成した「店舗向け売上アップ作戦マニュアル」が、各支店の営業担当者に好評。個人の営業スキルに依存しない拡販体制の確立に、大きな一歩になるとの声が多数出ている。具体的な要望を聞いて、さらにブラッシュアップする予定。
> ・モバイル会員限定キャンペーンを開始した西日本営業部の各支店担当者に、キャンペーンの実施効果について電話でのヒアリングを行った。現在ヒアリング結果を報告書にまとめており、これをもとに東日本地域での展開を検討する予定。
> ・今後モバイル会員限定キャンペーンの実施を計画している東日本地域については、競合会社のキャンペーンの展開状況や、消費者のモバイル活用の特性などを現在調査中である。
>
> <調査>
> ・昨今のゴルフブームを受け、競合他社の市場展開について調査を行い、報告書を作成。報告書の内容について会議で検討した結果、各社の特色が見えず、商品ラインナップおよび販売戦略ともに独自性を打ち出す必要があるとの見解で一致した。今回の報告書をもとに、6月から7月にかけて具体的な差別化戦略を練っていく。
>
> <各支店目標達成率>
> 一般向け商品およびプロ向け商品における各支店の売上目標達成率をまとめた。札幌支店：一般向け98%・プロ向け89%、仙台支店：一般向け95%・プロ向け75%、名古屋支店：一般向け94%・プロ向け87%、大阪支店：一般向け125%・プロ向け101%、福岡支店：一般向け132%・プロ向け105%である。
> ・一般向け商品における西日本営業部2支店の健闘ぶりが伺える。モバイル会員限定キャンペーンの実施効果もあるだろう。

なお、報告書の作成要綱は、次のとおりとします。

- 発信番号は「営推No.2011-189」を取得済みである。
- 発信日は「2011年5月31日」とする。
- 受信者は営業推進部の全員とする。
- 担当者は「富士さん」である。
- 添付資料は「ゴルフ市場に関する他社動向調査報告書」とする。

さて、富士さんはこのメモから、どのような報告書を作成したのでしょうか。

✕ この報告書の悪いところは？

富士さんが作成した報告書を上司に確認してもらったところ、きちんと見直してからもう一度提出するように言われました。
どのような点が問題なのかを考えてみましょう。

＜富士さんの作成した報告書＞

営推No.2011-189
2011年5月31日

営業推進部

営業推進部長（印）

2011年5月度業務報告書

2011年5月度の活動内容および成果について、下記のとおり報告します。

記

【プロモーション】
・5月8日大阪支店、5月9日～5月10日福岡支店に出張し、店頭でのモバイル会員限定キャンペーンを支援しました。
・このとき作成した「店舗向け売上アップ作戦マニュアル」が、各支店の営業担当者に好評でした。
・モバイル会員限定キャンペーンを開始した西日本営業部の各支店担当者に、キャンペーンの実施効果について電話でのヒアリングを行いました。現在ヒアリング結果を報告書にまとめており、これをもとに東日本地域での展開を検討する予定です。

【調査】
・昨今のゴルフブームを受け、競合他社の市場展開について調査を行いました。報告書の内容について検討した結果、各社の特色が見えず、商品ラインナップおよび販売戦略ともに独自性を打ち出す必要があるとの見解で一致しました。

【各支店の売上目標達成率】
一般向け商品における西日本営業部2支店の健闘ぶりが伺えます。これは、モバイル会員限定キャンペーンの実施効果によるものと考えられます。
・札幌支店：一般向け98％、プロ向け89％
・仙台支店：一般向け95％、プロ向け75％
・名古屋支店：一般向け94％、プロ向け87％
・大阪支店：一般向け125％、プロ向け101％
・福岡支店：一般向け132％、プロ向け105％

添付資料　ゴルフ市場に関する他社動向調査報告書 1部

以上
担当：富士

こうすれば良い報告書になる！

富士さんは作成した報告書を書き直しました。
良い報告書を作成するためのポイントを確認してみましょう。

＜良い例＞

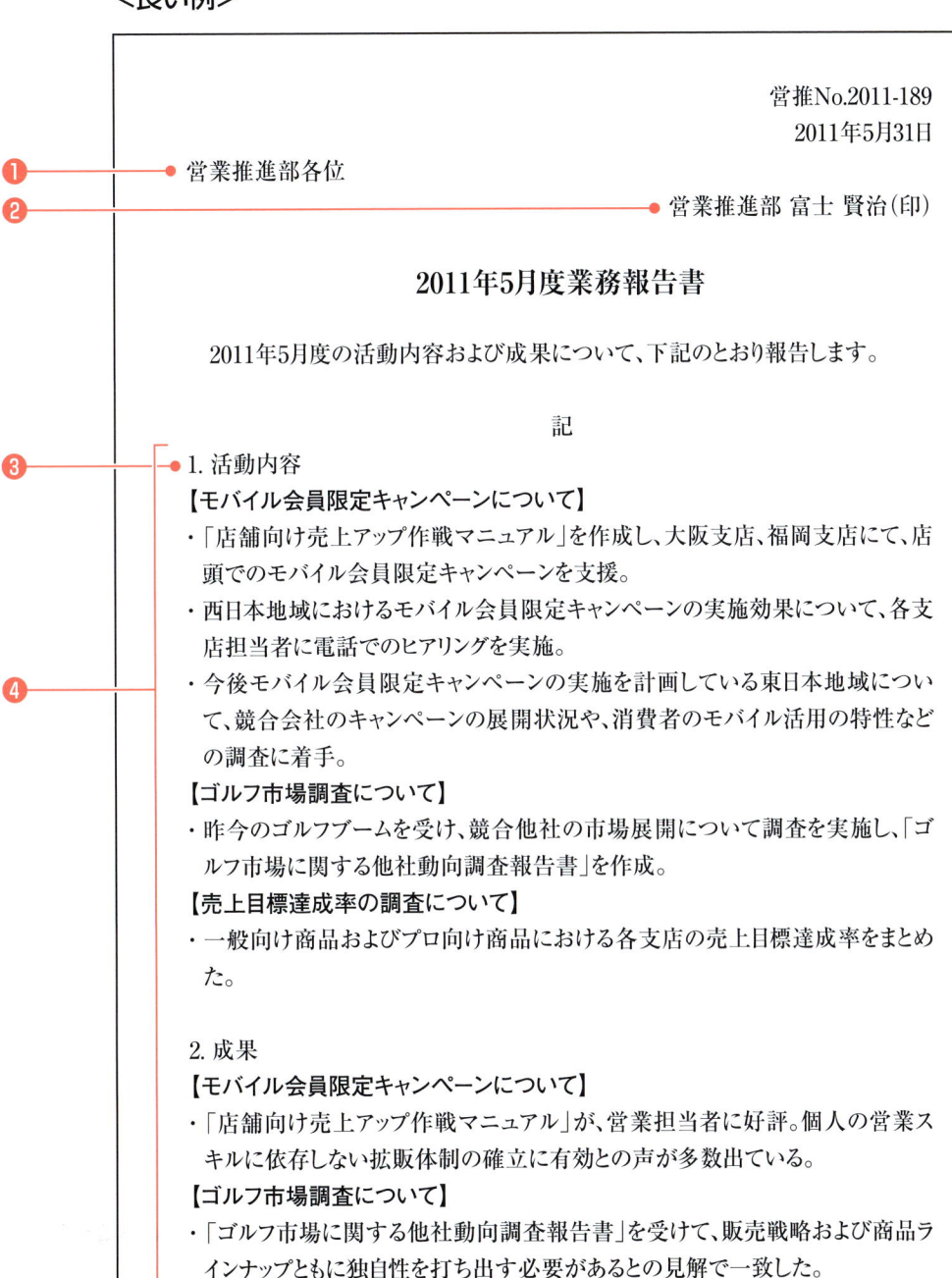

営推No.2011-189
2011年5月31日

❶ 営業推進部各位

❷ 営業推進部 富士 賢治 (印)

2011年5月度業務報告書

2011年5月度の活動内容および成果について、下記のとおり報告します。

記

❸ 1. 活動内容
【モバイル会員限定キャンペーンについて】
❹
- 「店舗向け売上アップ作戦マニュアル」を作成し、大阪支店、福岡支店にて、店頭でのモバイル会員限定キャンペーンを支援。
- 西日本地域におけるモバイル会員限定キャンペーンの実施効果について、各支店担当者に電話でのヒアリングを実施。
- 今後モバイル会員限定キャンペーンの実施を計画している東日本地域について、競合会社のキャンペーンの展開状況や、消費者のモバイル活用の特性などの調査に着手。

【ゴルフ市場調査について】
- 昨今のゴルフブームを受け、競合他社の市場展開について調査を実施し、「ゴルフ市場に関する他社動向調査報告書」を作成。

【売上目標達成率の調査について】
- 一般向け商品およびプロ向け商品における各支店の売上目標達成率をまとめた。

2. 成果
【モバイル会員限定キャンペーンについて】
- 「店舗向け売上アップ作戦マニュアル」が、営業担当者に好評。個人の営業スキルに依存しない拡販体制の確立に有効との声が多数出ている。

【ゴルフ市場調査について】
- 「ゴルフ市場に関する他社動向調査報告書」を受けて、販売戦略および商品ラインナップともに独自性を打ち出す必要があるとの見解で一致した。

【売上目標達成率の調査について】
・一般向け商品およびプロ向け商品における各支店の売上目標達成率は、以下のとおりである。

支店名	一般向け商品	プロ向け商品
札幌支店	98%	89%
仙台支店	95%	75%
名古屋支店	94%	87%
大阪支店	125%	101%
福岡支店	132%	105%

❺

3. 今後の予定
【モバイル会員限定キャンペーンについて】
・モバイル会員限定キャンペーンの実施効果に関するヒアリング結果をまとめ、これをもとに東日本地域での展開を検討する。
・「店舗向け売上アップ作戦マニュアル」をブラッシュアップする。
【ゴルフ市場調査について】
・引き続き東日本地域における市場調査を進める。
・「ゴルフ市場に関する他社動向調査報告書」をもとに、6月から7月にかけて当社の差別化戦略を練る。

❻

4. 所感
モバイル会員限定キャンペーンの実施効果により、一般向け商品とプロ向け商品の両方における西日本営業部2支店の健闘ぶりが伺えた。今後、キャンペーンを計画している東日本地域でも、同様の実施効果が得られると考えられる。

添付資料　ゴルフ市場に関する他社動向調査報告書 1部

以上

❼

❶受信者名

受信者は「営業推進部の全員」のため、「営業推進部各位」と記載します。受信者に他部署の人が含まれているような場合には、受信者名に上位の部署名を入れて「**営業本部）営業推進部**」とし、発信者名にも同様に上位の部署名を入れます。たとえば、この例では、「**営業本部）営業推進部　富士　賢治**」となります。

❷発信者名

報告書の場合は、発信者名は報告書の作成者の名前を記載します。どこの誰かがわかるように、個人名だけでなく、部署名も含めます。

❸見出し

報告事項は、「**活動内容**」「**成果**」「**今後の予定**」などに分けて記載します。さらに、見出しの行頭に番号を振ると、読みやすくなります。
複数の内容を含める場合は、次のように見出しを立てるとよいでしょう。

<例>

```
1. 活動内容
    ①プロモーション
        ・○○○○○○○○○○○○○○
        ・○○○○○○○○○○○○○○
    ②調査
        ・○○○○○○○○○○○○○○
        ・○○○○○○○○○○○○○○
```

❹報告事項

仕事の進捗状況や成果を簡潔にまとめます。報告すべき内容に漏れがないようにするだけでなく、報告すべき内容の優先順位を考えます。この例では、成果について具体的な実績を最初に報告しています。また、1文が長くなりすぎないように注意し、不要な言葉や表現などはできるだけ省略しましょう。文体は、一般的に常体を使用します。

❺数値データ

文字では表現しにくい数値データは、グラフや表などを使い、読み手がひと目で把握できるように工夫します。提出前には、記載した数値データに間違いがないかどうかを入念に確認します。

❻今後の予定

今後の予定は、活動内容や成果と分けて記載します。

❼所感

自分の意見や感想、提案は、事実の報告と分け、簡潔にまとめます。

Let's Try 報告書を作成してみよう

実際のビジネスシーンを想定して、報告書を作成してみましょう。
※「作成例と解説」は別冊P.7に記載しています。

▶▶▶ 出張報告書を作成することに!

あなたは、加工食品の製造卸売会社である株式会社ABC食品の営業部に所属し、主に新規顧客の開拓を担当しています。
新商品の発売を前に、上司から「福岡県内での当社の知名度はまだまだです。当社と取引のないスーパーに対し、新商品を中心に当社商品の魅力をアピールしてきてください」と指示されました。
出張後、さっそく報告書をまとめようと、あなたは報告すべき内容をノートに書き出してみました。その内容は、次のとおりです。

> ・2011年6月15日(水)〜6月17日(金)、新商品Aの販売促進を兼ねた新規顧客開拓のため、福岡県に出張。
> ・福岡県内に10店舗以上のスーパーを構えるA、B、C、D、Eの5社を訪問。
> ・A社：社名は認知されていたが、商品についてはほとんど認知されていなかった。当社の安心・安全に徹底的にこだわり抜いた商品ラインナップに共感。価格面で折り合いがつけば取引したいとのこと。
> ・B社：当社の社名すら知られていなかった。新商品には興味を示してもらえたが、具体的な商談には至らず。
> ・C社、D社：実は10年以上前に当社との取引があったことが判明。営業ノウハウも含めて顧客との取引情報を共有できる仕組みが必要と考える。「機会があれば」とのことだが、すぐには検討いただけない印象。
> ・E社：以前から当社の商品には関心をもたれていたとのこと。これを機に取引を開始してみたいとの前向きな回答をいただけた。次回の訪問の約束を取り付けることができた。

なお、報告書の作成要綱は、次のとおりとします。

> ・発信番号は「営業No.2011-428」を取得済みである。
> ・発信日は「2011年6月20日」とする。
> ・受信者は営業部長とする。
> ・担当者はあなたである。
> ・添付資料は、「出張旅費精算書」とする。

■第5章■
関係者を納得させる提案書・企画書を作ろう
【社内文書】

仕事の改善点やアイディアをまとめた提案書・企画書の目的や役割、構成する要素、書き方のポイントなど、提案書・企画書の作成について解説しています。

STEP1　提案書・企画書とは……………………………………… 87
STEP2　提案書・企画書の目的と役割…………………………… 88
STEP3　提案書・企画書に必要な要素 …………………………… 91
STEP4　提案・企画事項を書くときのポイント ………………… 93
Case Study　悪い提案書・良い提案書………………… 104
Let's Try　企画書を作成してみよう………………… 109

STEP 1　提案書・企画書とは

1　提案書とは

「**提案書**」とは、現状の問題や課題を指摘した上で、その解決に向けた方向性を示すための文書のことです。仕事を進める際には、必ず目標（あるべき姿）を設定します。目標を達成できなかった場合は、どこに問題があったのかを振り返り、目標と現状のギャップを埋めるにはどうすればよいかを考えます。その際に出てきたさまざまなアイディアをまとめたものが提案書です。仕事を円滑に進めるため、あるいは仕事の成果を高めるために、現状の複雑な手順を見直したり戦略を変えたりなど、なんらかの改善を目的としたものが中心となります。

提案書の代表的な例が、業務改善提案書です。日常の仕事の中で不便を感じたり、効率の悪さを痛感したりしたとき、その改善策や改善後に予測される効果などを提示し、業務改善を促します。

2　企画書とは

「**企画書**」とは、意思決定権を持つ人に対してある計画を提示し、その実現に向けて説得するための文書のことです。新商品の開発や新規事業の立ち上げ、イベントの開催など、一般に何か新しいことを始めようとするときに作成されます。提案書と企画書は、同じ意味で使われることもありますが、厳密には違います。どちらも「**何かを提案する**」という意味においては同じですが、提案書が現状の改善に向けた方向性を提案するものであるのに対し、企画書はある計画を実現させるための具体的な方法を提案するものになります。

> **POINT ▶▶▶**
> **一般的なビジネス文書との性格の違い**
> 提案書も企画書も、いずれも現時点では行われていないこと、実現していないことを提案する文書です。通知書、議事録、報告書など、事実を正確に伝達するための一般的なビジネス文書とは、性格が大きく異なります。

第5章　関係者を納得させる提案書・企画書を作ろう【社内文書】

STEP 2 提案書・企画書の目的と役割

1 提案書の目的と役割

会社の目標は、より少ないコストでより多くの利益を生むことです。したがって、ひとりひとりが手順や段取りを踏まえて、複数の仕事を効率よくこなすことが求められると同時に、それぞれの仕事の質を高めていく必要もあります。

会社が将来にわたって持続的に成長していくためには、常に向上心を持ち続け、仕事のやり方を改善しようという姿勢が不可欠です。提案書は、こうした取り組みを促すための大切な文書であるといえます。

■提案書の目的

提案書を作成する目的には、次のようなものがあります。

◆問題や課題を明らかにする

提案書は、現状を改善し、より良い仕事環境を実現するために作成するものです。現状に慣れてしまうと問題や課題に気付かないことも考えられるため、まずは現状のどこにどのような問題や課題があるのかを、目に見える形で指摘する必要があります。

◆改善の必要性を理解してもらう

関係者が改善の必要性を感じていなければ、具体的な協力を得ることはできません。提案書を通じて現状の問題や課題を指摘した上で、改善することによるメリットを説明し、関係者に改善の必要性を理解してもらいます。

◆問題の解決に向けた糸口を提供する

改善の必要性を理解してもらえたとしても、具体的な手順や方法があいまいでは、提案を受け入れてもらうことはできません。提案書を通じて具体的なアイディアを提示することで、関係者への働きかけを行い、実現に向けた具体的な行動を促します。

■提案書の役割

提案書の役割には、次のようなものがあります。

◆問題や課題の解決を早める

口頭で問題や課題を指摘したり、改善策を提案したりしても、真剣に検討してもらえない可能性があります。文書にすることで、周囲に改善への取り組みに対する強い意志を示すことができ、問題や課題の解決を早めることにつながります。

◆より成果の上がる仕事環境を作る

問題や課題を放置したままでは、より良い成果は望めません。個人の仕事の生産性を高め、会社としてより多くの利益を上げるためには、成果の上がる仕事環境を作る努力が必要です。提案書は、問題や課題に気付いた人が声を上げ、改善に向けたきっかけを提供する重要な文書といえます。

◆提案の必要性を客観的に評価する

提案書を作成する過程は、自分のアイディアをもう一度整理し、提案の必要性や優先順位、実現性などを客観的に評価する機会でもあります。相手を説得するためにはどうしたらよいかをじっくり考える時間を作ることで、アイディアをより良いものにすることができます。

◆継続的な改善への取り組みを定着化させる

改善は一度行ったら終わりではありません。常に現状を把握し、継続的な改善を繰り返すことが大切です。提案書を作成しておくと、改善前と改善後の比較が容易に行えるだけでなく、改善策の妥当性について客観的に振り返ることもできるため、次の改善に向けた取り組みを進めやすくなります。

2 企画書の目的と役割

他社に負けない魅力的な商品やサービスの提供を追求し、会社の競争力を継続的に高めていくためには、常に新しいアイディアが求められます。また、さまざまなアイディアを実現可能なものにしていくためには、複数の関係者の協力が不可欠です。関係者全員に、実現することによるメリットや実現方法を正しく理解してもらった上で、最終的に行動を起こしてもらう必要があります。

■企画書の目的

企画書を作成する目的には、次のようなものがあります。

◆企画の内容や必要性を関係者に理解してもらう

どんなにすばらしいアイディアでも、個人の頭の中にしまっておくだけでは意味がありません。また、口頭でアイディアを伝えても「いいアイディアですね」で終わってしまっては前に進めません。まず、アイディアを目に見える形で示すことで企画の内容や必要性を理解してもらいます。

◆実現の可能性や実効性を訴える

実現の可能性が低いアイディアやあいまいなアイディアでは、関係者を説得することはできません。実現に至るまでのプロセスをできるだけ具体的に提示するとともに、実現した場合のメリットを明確にし、実現の可能性や実効性を強く訴える必要があります。

◆意思決定者を説得する

アイディアを実現するためにはコストがかかります。会社として利益が出ないような企画は受け入れるわけにはいきません。したがって、最終的な意思決定者をいかに説得できるかが鍵を握ります。企画書は、意思決定を行うための重要な検討材料となるものです。

■企画書の役割

企画書の役割には、次のようなものがあります。

◆新しい取り組みやアイディアの実現を後押しする

頭の中にあるアイディアを目に見える形にすることで、はじめて複数の関係者で議論できるようになります。議論の過程で、より良いアイディアが生まれてくることも少なくありません。こうして、企画書をきっかけに新しい取り組みやアイディアがより実現性の高いものになり、会社に利益をもたらす新しい価値が創造されます。

◆実現の可能性や実効性を検証する

企画書を作成する過程は、アイディアを冷静に整理したり練り直したりするだけでなく、実現の可能性や実効性について客観的に評価する機会でもあります。相手を説得するためにはどうしたらよいかをじっくり考える時間を作ることで、アイディアをより良いものにすることができます。

◆会社の競争力を高める

企画書を通じて具体化されたひとつひとつのアイディアを実現していくことは、商品やサービスに新しい付加価値を提供し、会社の競争力を高めることにつながります。

◆関係者のモチベーションを高める

企画書は、新しいことに挑戦するためのきっかけを提供します。また、その実現に向けては、関係者全員が一丸となることで、仕事に対するモチベーションが自然と高まり、それぞれの能力を十分に発揮することができます。

STEP 3 提案書・企画書に必要な要素

1 提案書・企画書の基本要素

提案書・企画書には、決まったフォーマットがなく、記載する項目も基本的に自由です。提案・企画の規模によって、A4用紙1枚にまとめる場合もあれば、複数枚に及ぶ場合もあります。記載すべき項目は、提案・企画の目的や内容に応じて判断しましょう。提案書・企画書によく見られる形式は、次のようなものです。

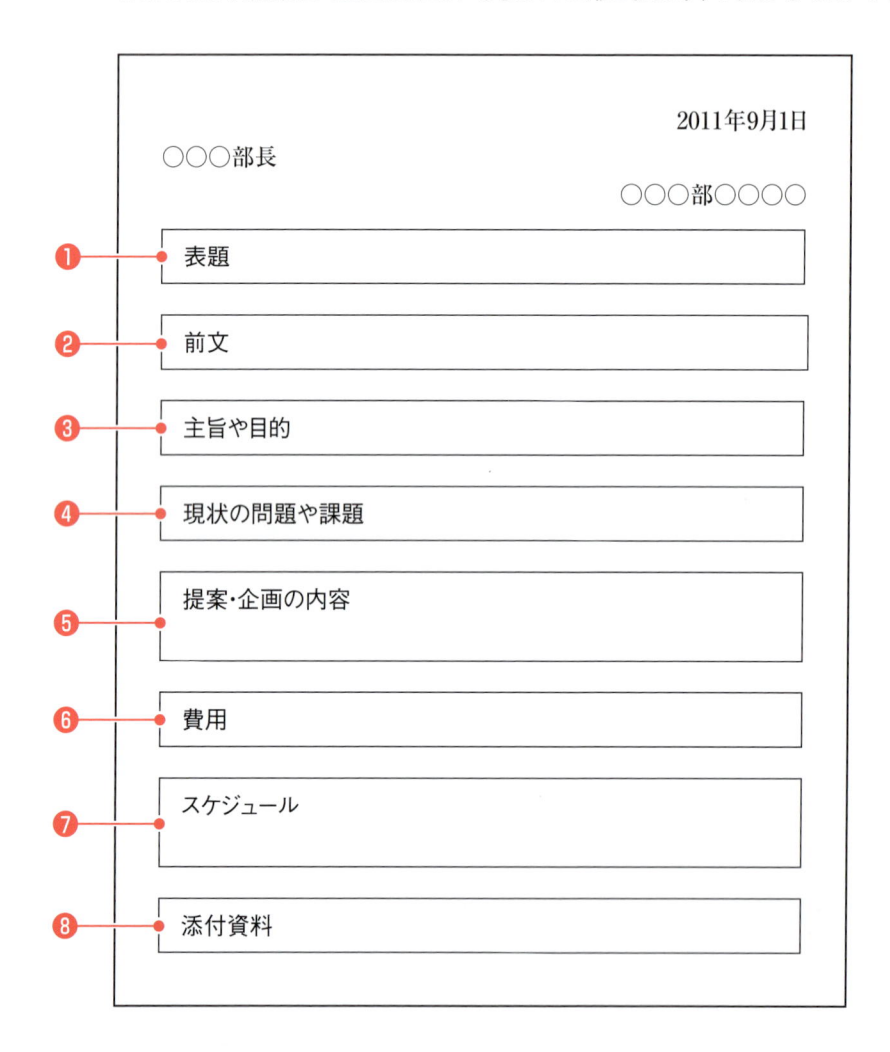

```
                                          2011年9月1日
   ○○○部長
                                          ○○○部○○○○

❶  [ 表題            ]

❷  [ 前文            ]

❸  [ 主旨や目的       ]

❹  [ 現状の問題や課題 ]

❺  [ 提案・企画の内容 ]

❻  [ 費用            ]

❼  [ スケジュール     ]

❽  [ 添付資料         ]
```

❶表題
提案・企画の内容ができるだけ具体的に伝わるように、「〜の提案」「〜の企画」「〜の提案書（企画書）」などと記載します。

第5章 関係者を納得させる提案書・企画書を作ろう［社内文書］

＜例＞

- ◯ セキュリティ対策の改善提案
- ◯ 会議予約システムの新規導入の提案
- × セキュリティ対策について

❷前文

最初に、これから何について提案・企画しようとしているのか、どうして提案書・企画書を作成することになったのかを簡単に説明します。前文は必ず記載するというものではないため、省略してもかまいません。

❸主旨や目的

提案・企画の主旨や目的を記載します。どのような目的で何を提案・企画したいのかをわかりやすく伝えます。

❹現状の問題や課題

現状の問題や課題を具体的に指摘します。事実に裏付けられた正しい情報を記載します。問題や課題が複数ある場合は、箇条書きでまとめます。

❺提案・企画の内容

提案・企画の内容を箇条書きで記載します。提案書の場合は解決策の方向性を示し、企画書の場合は具体的な計画とその実現方法を説明します。その際、表や図解、グラフを使うと効果的です。

❻費用

提案・企画内容を実現する場合の概算費用を記載します。提案・企画の妥当性や実現の可能性を判断する材料になります。

❼スケジュール

提案・企画内容を実現する場合の想定スケジュールを記載します。費用と同様、提案・企画の妥当性や実現の可能性を判断する材料になります。スケジュールのほか、役割分担などを記載することもあります。

❽添付資料

提案書・企画書に添付する資料がある場合は、明記します。

POINT ▶▶▶

提案書・企画書のフォーマット

提案書・企画書を作成するとき、会社で独自のフォーマットが用意されている場合は、それに準じます。

STEP 4 提案・企画事項を書くときのポイント

1 提案書・企画書作成の前にしておくこと

「問題を解決したい」と思っても、具体的なアイディアがなければ、協力者を得ることも前に進むこともできません。また、自分がどんなにすばらしいアイディアだと思っていても、相手がその必要性を理解していなければ実現には至りません。
したがって、提案書や企画書を作成する際には、何を目的とした提案・企画なのかを明確にし、必要な情報を整理して、論理的に説明できるようにすることが大切です。つまり、立案までのプロセスが非常に重要になります。
提案・企画を立案する際の基本的な流れは、次のとおりです。

1 問題や課題を見つける
- 業務プロセスの視点、顧客の視点などから、不便な点、非効率な点、強化すべき点などを洗い出す。

2 提案・企画の必要性を確認する
- 関係者の問題意識の有無を確認する。
- 提案・企画したい内容に対する必要性（誰が問題の解決や現状の強化を望んでいるのか）を把握する。
- 提案・企画の緊急度や優先順位を確認する。

3 必要な情報を収集・整理する
- 現状について調査し、正しい事実を把握する。
- 現状を維持した場合のリスクと、改善・強化した場合の効果を想定する。
- 提案・企画の目的を明確にする。
- 提案・企画を行う相手を明確にするとともに理解しておく。

4 解決策やアイディアを挙げる
- 実現の可能性や実効性などは考えずに、可能な限り多くの解決策やアイディアを挙げる。

| 5 | 解決策やアイディアを絞り込む |

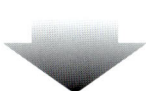

⬇ ●優先順位が高く、実行可能な解決策やアイディアを絞り込む。
●実現に必要な費用やスケジュールを試算する。

| 6 | 提案・企画の骨組みを作る（提案・企画の立案） |

⬇ ●背景、目的、問題解決の方向性や実現の方法、効果などを再度整理する。
●説得する相手をイメージしながら全体のストーリーを組み立てる。

| 7 | 提案書・企画書を作成する |

POINT ▶▶▶
問題発見から解決までの手順

仕事を進める上では、明確な目標を持つことが大切です。また、常に目標と現状とのギャップを意識することで、自然と問題が見えてきます。問題を発見した場合は、その原因を明らかにするとともに、原因から結果を推測し、どうすれば問題をすみやかに解決できるかを考えましょう。その際、解決策を講じることによるリスクも想定しておきます。解決策が決まったら、いよいよ実行です。実行後は結果を検証し、必要に応じてさらなる対策を講じます。

2 提案・企画事項の書き方の基本

提案書・企画書は、ほかの一般的なビジネス文書と異なり、自分の意見の妥当性や重要性、実現の可能性を主張し、相手の心を動かすものでなくてはなりません。
提案・企画事項の書き方の基本は、次のとおりです。

■プレゼンテーションに頼らない

提案書・企画書の提出後にプレゼンテーションの機会があるからといって、気を抜いてはいけません。文書だけで、提案・企画の内容を理解してもらえるように、相手の立場に立ったわかりやすい文章を心がけます。また、人によって解釈が異なるような、あいまいな表現や複雑な文章は避けましょう。

■要点を明確にする

提案書・企画書では、自分のアイディアへの思い入れから、文章にも思わず力が入ってしまいがちです。しかし、だらだらと長い文章は読みにくいだけでなく、提案・企画の要点がぼやけてしまいます。ひとつひとつの文章を簡潔にまとめるだけでなく、箇条書きを効果的に使って要点をまとめると、相手が内容を把握しやすくなります。また、あまり細部にこだわり過ぎずに、全体像を把握できるようにすることも大切です。

■整合性を保つ

説明や主張が一貫していないと、相手に不安を与えてしまいます。最初から最後まで、目的を見失わないように注意しながら書きましょう。

■専門用語を多用しない

相手は、提案・企画の内容に詳しい人ばかりとは限りません。専門用語を簡単な用語に置き換えたり、丁寧に解説したりといったように、誰が読んでも理解できるように配慮することが大切です。

■客観的な視点で書く

自分の提案・企画に自信を持つことは大切なことですが、魅力的な提案・企画であることを強調するあまり、過大評価にならないように気を付けましょう。誰が読んでも納得できる内容かどうか、具体性に欠けていないかどうかなどを、客観的に評価することが大切です。

POINT ▶▶▶

複数枚にわたる提案書・企画書

提案書・企画書の枚数が多くなる場合は、タイトルや目次を記載した表紙を付け、各ページにはページ数を表示します。目次を付けることで、提案・企画の全体像を把握しやすくなります。

3 提案書・企画書の説得力を高めるポイント

提案書・企画書は、しかるべき相手を説得するための重要な文書です。相手がそこに書いてあることを理解できたとしても、その先の行動につながらないようでは意味がありません。いかに相手の心を動かすかが重要になります。
提案書・企画書の説得力を高めるポイントは、次のとおりです。

■ニーズを整理する

提案書・企画書の内容は、相手のニーズに合致したものであることが重要です。相手が必要性を感じていないことを提案しても、耳を傾けてはもらえません。したがって、提案書・企画書を作成する際には、事前に相手のニーズを整理・分析し、的外れな内容にならないようにします。

■背景を具体的にする

提案書・企画書は、まず関係者に提案・企画の背景について理解してもらい、問題意識を共有することからスタートします。現状の問題や課題を具体的にするとともに、調査結果の数値データや一般的な統計データを用いながら説明するとよいでしょう。

<悪い例>
> A支店が堅調に売上を達成し続けているのに対し、B支店は去年の後半より売上が低迷している。

⬇

<良い例>
> A支店が毎月100%以上の売上達成率を維持しているのに対し、B支店は去年の10月以降、売上達成率が80%を割り込んでいる。

■メリットを明確にする

魅力ある提案とは、自分や組織にとってメリットが大きい提案です。メリットが少なかったり伝わらなかったりすると、なかなか受け入れてもらえません。
提案書・企画書には、個人の勝手な憶測ではなく、正当性、妥当性を客観的に評価した上で、メリットをできるだけ具体的に、かつ明確に記載するようにします。また、実現に要する労力や費用とのバランスも重要です。

■具体例を提示する

問題を指摘したり、解決策を提示したりする場合は、業務の現場に即した例を示すと効果的です。日常のどんな場面に問題が潜んでいるのか、提案・企画を受け入れるとどうなるのかといったことを、相手が具体的にイメージしやすくなります。

<悪い例>

> 会議室予約システムを導入することで、業務の効率化が図れる。

⬇

<良い例>

> 会議室予約システムを導入することで、次のような効果が期待できる。
> ・利用者間での調整作業が不要になる
> ・時間と場所に関係なく空き状況の一覧が見られ、予約が行える
> ・会議室の管理を一元化できる

■費用やスケジュールを考える

どんなにすばらしいアイディアであっても、予算の壁をクリアできなければ、実現させることはできません。実現に必要な費用やスケジュールを算出し、現実的な提案・企画であるかどうかを事前に確認しておくことが大切です。

■意思決定者に向けて書く

関係者が提案・企画の内容に賛同してくれたとしても、最終的な決定を下すのは意思決定者です。したがって、意思決定者がどうすれば納得するかを考えながら書くようにしましょう。そのためには、アイディアそのものが優れていることはもちろん、妥当性や実現の可能性、メリット、費用などを含め、全体でバランスの取れた内容であることが重要になります。中でも費用は、最終的な決断を左右する重要な判断材料のひとつです。

■論理性を高める

文章の説得力を高めるには、論理性を高める工夫が必要です。論理的に整理された文章は、理解しやすいだけでなく、読み手に良い印象を与えます。
論理性を高めるための方法には、次のようなものがあります。

◆因果関係を明確にする

問題を指摘する場合、ただ現状を把握するだけでは不十分です。原因と結果の2つの関係を明らかにすることが大切です。問題を引き起こしている原因を特定し、その原因を取り除くためにはどうすればよいかを考える必要があります。

<例>

> 原因：ノートパソコンを紛失した
> 結果：個人情報が流出した

◆相関関係を明確にする

2つの要素の間にある関係を明らかにすることで、文章に説得力を持たせることができます。根拠となるデータを分析する際などには、因果関係だけでなく、相関関係にも注目しましょう。

<例>

> 要素1：気温の変化
> 要素2：ビールの消費量

↓

> 気温が上昇するほどビールがよく売れる

◆演繹法を用いる

「演繹法（えんえきほう）」とは、一般的な原理・原則から始めて、最終的に自分が説明したい内容へと話を進めていく手法のことです。一般的に、「**大前提**」→「**小前提**」→「**結論**」という流れでまとめますが、「**結論**」→「**小前提**」→「**大前提**」というように、結論から書く場合もあります。

<例>

> 大前提：昨今は商品を選ぶ際に携帯性を重視する顧客が多い
> 小前提：商品Aは携帯性に優れている
> 結　論：商品Aは売れるだろう

↓

> 昨今は商品を選ぶ際に携帯性を重視する顧客が多い。商品Aは携帯性に優れているため売れるだろう。

◆帰納法を用いる

「帰納法」とは、さまざまな事実や事例から結論を導き出す手法のことです。事実を裏付ける根拠があいまいだったり、事例の数が極端に少なかったりする場合は、説得力に欠けるため注意が必要です。

＜例＞

```
事実1：携帯性に優れた商品Aがよく売れている
事実2：携帯性に優れた商品Bがよく売れている
事実3：携帯性に優れた商品Cがよく売れている
結　論：商品Dは携帯性に優れているのでよく売れるだろう
```

▼

いずれも携帯性に優れる商品A、商品B、商品Cがよく売れている。携帯性に優れている商品Dもよく売れるだろう。

POINT ▶▶▶
データの活用

一般的な統計データや自社で実施した調査の結果は、相手を説得するための重要な材料となります。これらは、現状の問題や課題を指摘したり、提案・企画の必要性を説明したりするときに重要な根拠となり、解決策の有効性を証明する上でも役立ちます。どんな結論を提示したいのかに合わせて必要な情報を収集し、積極的に活用するようにしましょう。

4　提案書・企画書の表現力を高めるポイント

複雑な内容を文章だけで表現するのは難しいものです。実際、文章だけではなかなか理解できないような内容もあります。文書の中に表や図解、グラフなどによる表現方法を使って視覚的な情報（ビジュアル表現）を加えると、表現力が高まり、相手の理解を促すとともに、より説得力のある文書にすることができます。ビジュアル表現を加えることで、次のようなメリットがあります。

- 全体像を把握しやすくなる
- 文章だけでは説明しにくい複雑な内容をシンプルに整理する
- 要点を抽出して強調し、相手に印象付ける
- 文書にメリハリを与えて相手の興味を引く
- 数値データなどを直感的に把握できる

■表による表現方法

表は、数値データや項目を整理してわかりやすく表現するときに便利な方法です。文章で表現するより情報を整理しやすい場合や文章の内容を補足したい場合など、主に文章を読みやすくするという補助的な目的で使用します。1ページを割かなければ掲載できないような大きな表は、添付資料として付けるようにしましょう。

表には、次のようなものがあります。

◆情報の整理

＜例＞

項目	内容
調査名	家電量販店における消費者行動調査
調査日	2011年3月1日～2011年3月15日
調査方法	インターネットによるアンケート
調査対象	20代～60代の男女 1,000名
有効回答数	895件

◆複数の項目の比較

＜例＞

	デスクトップ	ノートブック
携帯性	悪い	良い
拡張性	高い	低い
価格	比較的安価	比較的高価
特徴	電源を確保する必要がある ハードディスクの増設やCPUの交換ができる	バッテリーが内蔵されている CPUの交換などができない

＜例＞

	商品A	商品B	商品C	商品D	商品E
携帯性	◎	△	×	×	○
拡張性	◎	△	◎	△	○
利便性	△	×	○	△	◎
デザイン	○	◎	△	○	×
価格	○	○	△	○	△

◆多角的な情報の分析

<例>

購入点数	総購入金額10万円以上	総購入金額10万円未満
10点以上	顧客C 顧客F 顧客J	顧客A 顧客D
10点未満	顧客B 顧客H	顧客E 顧客G 顧客I

◆情報の時系列化

<例>

作業	4月	5月	6月	7月	8月	9月	10月
作業A	◆――	――	◆				
作業B		◆―	――	――	◆		
作業C				◆―	――	◆	
作業D						◆―	◆

■図解による表現方法

「図解」とは、図を使って解説することです。説明したい内容を正しく伝えるためには、それぞれの図が持つ特性をよく理解した上で、効果的に使うことが重要です。図を作成する場合は、まず、要素を箇条書きで洗い出し、各要素間の関係性を考えてみるとよいでしょう。

図解には、次のようなものがあります。

◆相関関係

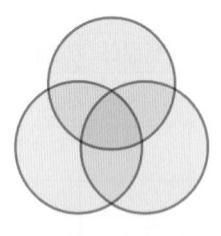

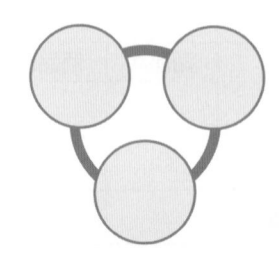

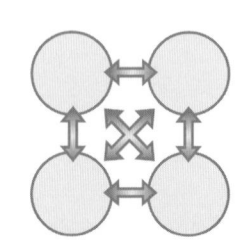

◆順序

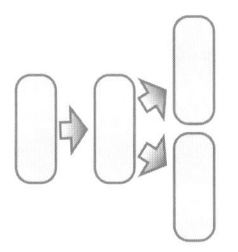

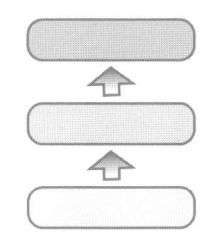

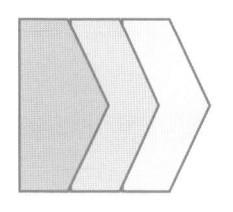

◆循環

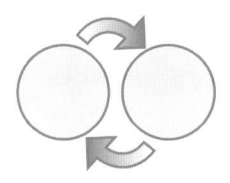

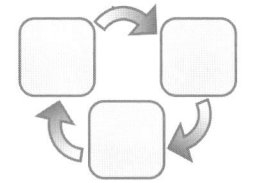

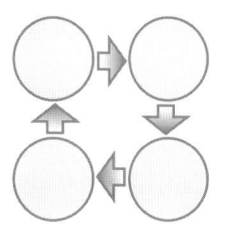

◆階層

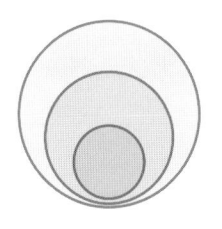

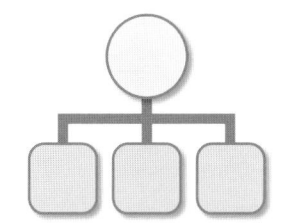

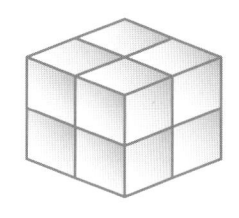

◆位置関係

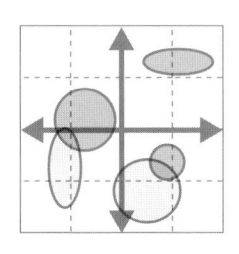

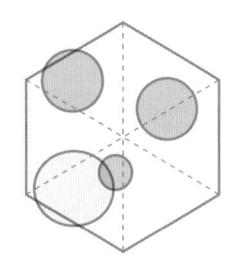

■グラフによる表現方法

数値の重要性を強調したい場合は、文字だけではインパクトに欠けてしまいます。グラフを利用すると、数値の大きさや動きがひと目で伝わります。グラフにはさまざまな種類があるため、それぞれのグラフの特徴を理解し、伝える内容に合わせてグラフを使い分けます。

グラフには、次のようなものがあります。

◆データの大小関係
＜棒グラフ＞

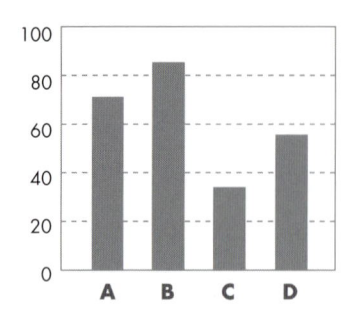

◆時間の経過による推移
＜折れ線グラフ＞

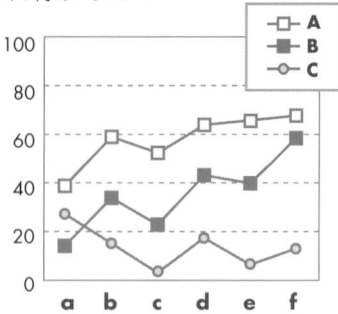

◆割合や内訳
＜円グラフ＞

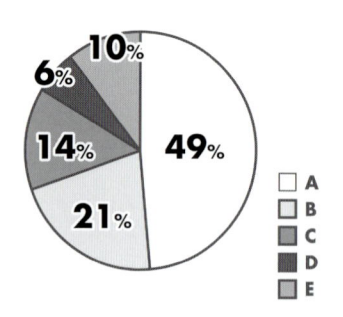

◆総数と内訳
＜積み上げグラフ＞

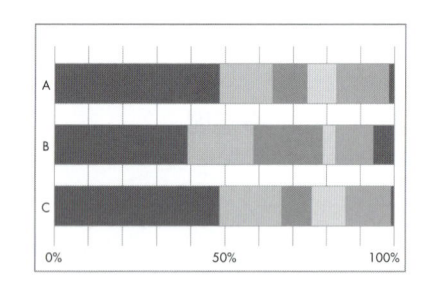

◆複数の特性間のバランス
＜レーダーチャート＞

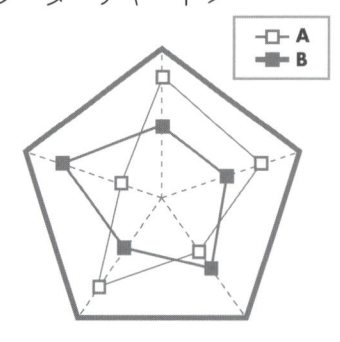

◆単位の異なる複数の要素の関連性
＜複合グラフ＞

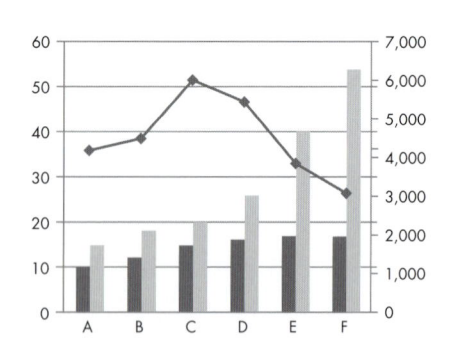

> **POINT ▶▶▶**
> **イラストや写真を使ったビジュアル表現**
> 表や図解、グラフなどによる表現方法のほかに、イラストや写真などによる表現方法もあります。何を提案・企画しようとしているのか、提案・企画を受け入れるとどうなるのかといったことを、相手がより具体的にイメージしやすくなります。

Case Study　悪い提案書・良い提案書

実際のビジネスシーンを想定して、提案書の悪い例と良い例を比べてみましょう。

▶▶▶ Web会議システムの提案書を作成することに！

各種スポーツ用品の製造および販売を行うABCスポーツ株式会社本社営業推進部に所属する富士賢治さんは、全国各地に散らばる支店の営業活動の取りまとめやサポートを行っています。

上司から「営業推進部は他部署や支店での会議に参加する回数が多く、移動時間はもちろん、出張費もばかにならない。このままでは利益率を圧迫するばかりだ。良い解決策がないか調べてみてくれないか」と指示された富士さんは、情報収集を行った上で、Web会議システムの提案書を提出することにしました。

富士さんが提案しようとしている内容は、次のとおりです。

- 営業推進部は全社平均との比較で、月あたりの会議回数が約5倍。しかもその半分が支店への出張を伴うもので、出張費は全社平均との比較で約8倍である。
- 全国各地の支店への出張は一日がかりか宿泊を伴うケースが多く、移動時間による生産性の低下が懸念されている。
- いずれも必要性の高い会議であるため、回数を減らすことには限界がある。
- Web会議システムを導入すれば、会議のために移動することなく、自席のパソコンからインターネット経由で会議に参加でき、モバイル環境からの会議への参加も可能である。
- 複数拠点を結んだ会議はもちろん、会議中の資料の共有も容易に行えるため、営業研修など、会議以外の用途にも活用できる。また、配布資料などのペーパーレス化が図れる。
- 録画機能を活用すれば、会議後の情報共有もスムーズである。
- 導入費用は、自社にサーバーを設置しないSaaS型サービスを利用する場合は月額約10万円〜、パッケージを購入する場合は約100万円。
- 導入決定後、SaaS型サービスを利用する場合は約1か月、パッケージを購入する場合は約3か月で利用を開始できる。

なお、提案書の作成要綱は、次のとおりとします。

- 発信日は「2011年9月2日」とする。
- 受信者は営業推進部長とする。
- 担当者は「富士さん」である。

さて、富士さんはこのメモから、どのような提案書を作成したのでしょうか。

✕ この提案書の悪いところは?

富士さんが作成した提案書を上司に確認してもらったところ、きちんと見直してからもう一度提出するように言われました。
どのような点が問題なのかを考えてみましょう。

＜富士さんの作成した提案書＞

2011年9月2日

営業推進部長

富士 賢治 (印)

業務改善提案書

　　Web会議システムの導入について、下記のとおり提案します。

【提案内容】
会議に伴う移動時間と出張費を減らすためには、インターネット経由で会議が行えるWeb会議システムの導入が効果的であると考えられます。導入により、次のメリットが期待できます。
・移動時間の削減
・宿泊費を含む出張費の削減
・関係者間でのスムーズな情報共有
・営業研修など、会議以外の用途への活用

【導入費用】
約10万円〜約100万円

【スケジュール】
最大約3か月

以上

第5章　関係者を納得させる提案書・企画書を作ろう【社内文書】

こうすれば良い提案書になる！

富士さんは作成した提案書を書き直しました。
良い提案書を作成するためのポイントを確認してみましょう。

＜良い例＞

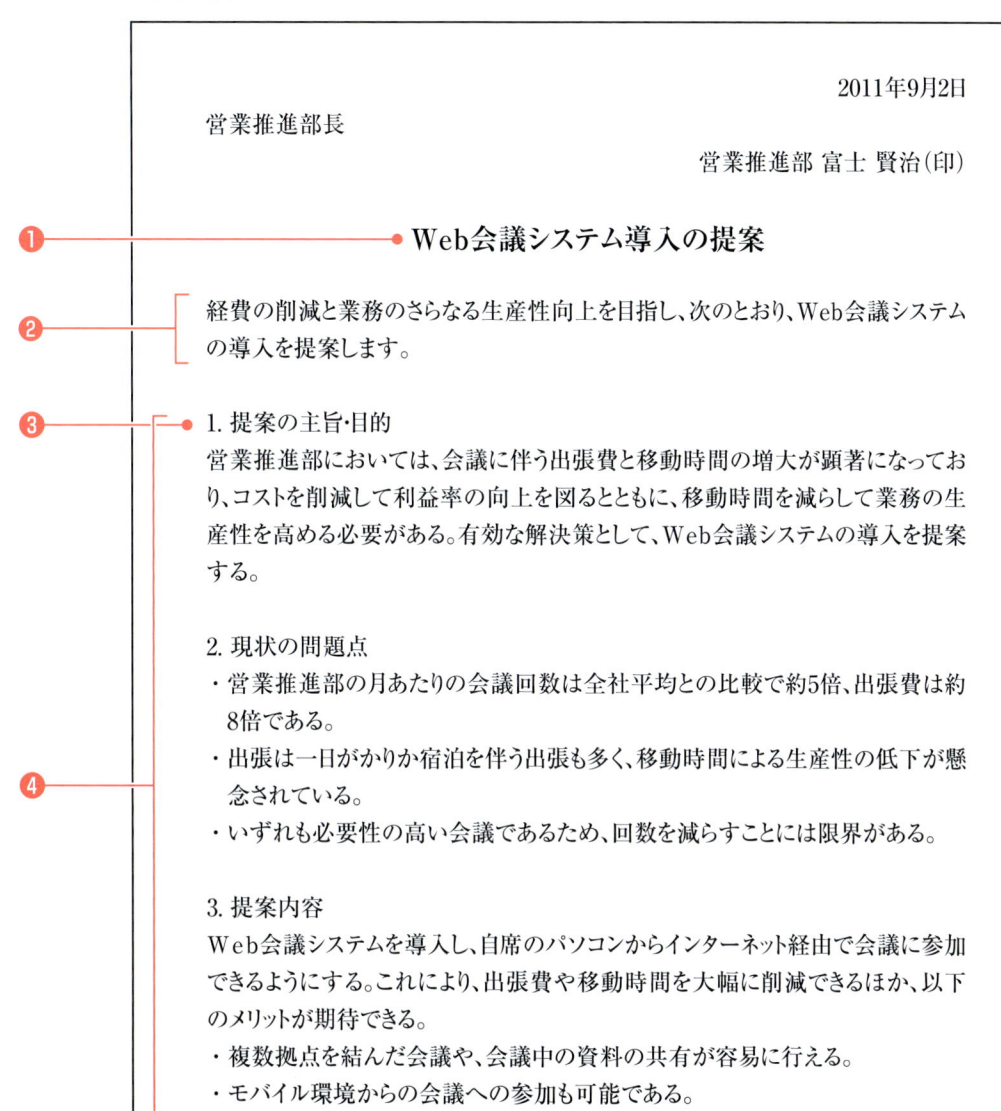

2011年9月2日

営業推進部長

営業推進部 富士 賢治（印）

❶ Web会議システム導入の提案

❷ 経費の削減と業務のさらなる生産性向上を目指し、次のとおり、Web会議システムの導入を提案します。

❸ 1. 提案の主旨・目的
営業推進部においては、会議に伴う出張費と移動時間の増大が顕著になっており、コストを削減して利益率の向上を図るとともに、移動時間を減らして業務の生産性を高める必要がある。有効な解決策として、Web会議システムの導入を提案する。

2. 現状の問題点
・営業推進部の月あたりの会議回数は全社平均との比較で約5倍、出張費は約8倍である。
・出張は一日がかりか宿泊を伴う出張も多く、移動時間による生産性の低下が懸念されている。
❹
・いずれも必要性の高い会議であるため、回数を減らすことには限界がある。

3. 提案内容
Web会議システムを導入し、自席のパソコンからインターネット経由で会議に参加できるようにする。これにより、出張費や移動時間を大幅に削減できるほか、以下のメリットが期待できる。
・複数拠点を結んだ会議や、会議中の資料の共有が容易に行える。
・モバイル環境からの会議への参加も可能である。
・録画機能を活用すれば、会議後の情報共有もスムーズである。
・営業研修など、会議以外の用途にも活用できる。

❺

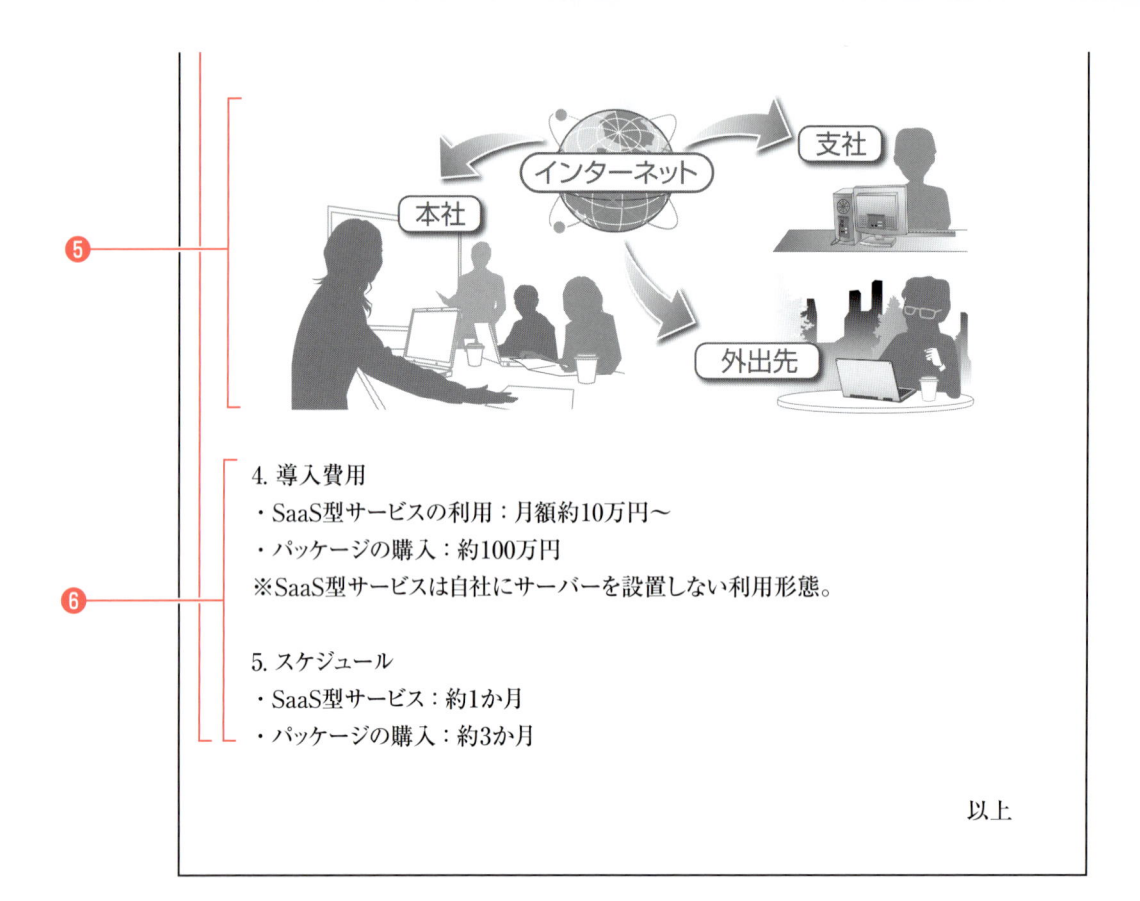

```
本社　インターネット　支社
　　　　　　　　　　外出先
```

❻
4. 導入費用
　・SaaS型サービスの利用：月額約10万円〜
　・パッケージの購入：約100万円
　※SaaS型サービスは自社にサーバーを設置しない利用形態。

5. スケジュール
　・SaaS型サービス：約1か月
　・パッケージの購入：約3か月

以上

❶表題
「**業務改善提案書**」では、何を提案しようとしているのかがわかりません。企画の内容ができるだけ具体的に伝わるように工夫しましょう。

❷前文
「**Web会議システムの導入について、次のとおり提案します。**」だけでは、提案の経緯や必要性が伝わりません。これから何について提案しようとしているのか、どうして提案書を作成することになったのかをわかりやすく、かつ簡潔に記載するようにします。なお、前文は必ず記載するというものではなく、省略してもかまいません。省略する場合は、本文で提案の背景を明らかにします。

❸見出し
提案書の本文は、「**提案の主旨・目的**」「**現状の問題点**」「**提案内容**」などの見出しを立て、分けて記載します。さらに見出しの行頭に番号を振ると、読みやすくなります。

この例では、提案内容に具体的な解決策と導入メリットをひとつにまとめていますが、次のように見出しを立ててもよいでしょう。

<例>

```
3. 提案内容
    ①具体的な解決策
       ・○○○○○○○○○○○○○○○○
       ・○○○○○○○○○○○○○○○○
    ②導入メリット
       ・○○○○○○○○○○○○○○○○
       ・○○○○○○○○○○○○○○○○
```

❹本文

現状の問題があいまいだったり、問題点と提案内容が混在していたりすると、説得力に欠けてしまいます。相手の立場に立ち、わかりやすい構成を心がけるとともに、問題点などは、事前に収集した情報にもとづいて具体的に記載します。箇条書きを使って簡潔にまとめるとよいでしょう。また、本文の文体は一般的に常体を使用します。

❺図解

提案内容を説明する場合には、文章で伝えるよりも、視覚的に伝えるほうが理解しやすい場合もあります。相手の前提知識にも考慮しながら、図解する必要があるかどうかを判断します。

❻導入費用・スケジュール

導入費用やスケジュールは、提案内容の妥当性や実現の可能性を判断する材料になります。想定できる範囲内で、できるだけ具体的かつ正確に記載します。

Let's Try 企画書を作成してみよう

実際のビジネスシーンを想定して、企画書を作成してみましょう。
※「作成例と解説」は別冊P.9に記載しています。

▶▶▶ 店舗リニューアルの企画書を作成することに！

あなたは、靴専門店チェーンを展開する株式会社ABCシューズの販売促進部に所属し、東海地域のマーケットに合わせた店舗設計に携わっています。
上司から、「岡崎店は、同地域で競合店が開店して以来売上が低迷している。見直しをしてほしい」と依頼されたあなたは、岡崎店の現状調査を行いました。そこで大幅な店舗リニューアルが必要であると判断し、実現に向けた具体的な施策を考え、企画書にまとめることにしました。
あなたが提案しようとしている内容は、次のとおりです。

- 岡崎店と品揃えも価格帯も似た競合店が同地域に2010年8月に開店して以来、急速に売上が落ち込み始めたが、特に対応策は取られていない。
- 売上の向上を図るためには、岡崎店の集客力を高める努力が必要である。
- 競合店との差別化を図るためには、商品の高級化と、中高年層向けの品揃えの強化がポイントになる。
- 店舗リニューアルの基本コンセプトは、「高級感」「信頼感」「親近感」とする。
- 具体的な施策は次の4つとする。
  (1) 品揃え：高級品中心、中高年層向け商品の充実
  (2) 商品陳列：重厚感のある色で低めの陳列棚、見やすく手に取りやすい平台を中心とした陳列
  (3) 内装・レイアウト：広くゆったりした通路幅、落ち着いた色合い、バリアフリーに対応
  (4) 接客：丁寧な言葉づかいと対応の徹底、豊富な商品知識の習得、顧客ニーズに応じた適切な売り場への誘導
- 費用は総額で約4千万円。詳細は別紙とする。
- スケジュールは、2月に詳細の検討と決定、3月からの2か月間を工事期間とし、休業期間となる3月からの約1か月半に、POPの変更、社員の再教育、リニューアルの告知などを実施。リニューアルオープンは5月7日（土）。5月中はオープンセールの実施期間とする。

なお、企画書の作成要綱は、次のとおりとします。

- 発信日は「2011年1月18日」とする。
- 受信者は販売促進部長と岡崎店長の2名とする。
- 担当者はあなたである。
- 添付資料は「店舗リニューアル費用詳細」とする。

第6章
社外に情報を発信する案内状・通知状を作ろう
【社外文書】

自社の情報を社外に伝える案内状・通知状の目的や役割、構成する要素、書き方のポイントなど、案内状・通知状の作成について解説しています。

- STEP1　案内状・通知状とは……………………………………… 111
- STEP2　案内状・通知状の目的と役割…………………………… 112
- STEP3　案内状・通知状に必要な要素…………………………… 115
- STEP4　案内・通知事項を書くときのポイント………… 117
- Case Study　悪い案内状・良い案内状………………………… 119
- Let's Try　通知状を作成してみよう…………………………… 123

STEP 1 案内状・通知状とは

1 案内状とは

「**案内状**」とは、社外の人にイベントやキャンペーンなどに関する情報を提供することで自社への関心を高めてもらい反応や行動を促す文書のことです。代表的な案内状には、資料の送付や製品の入荷などを知らせる案内状のほか、セミナーや展示会、株主総会、新商品発表会の開催、キャンペーンの実施などを知らせる案内状があります。

案内状を送付する相手は、すでに取引がある相手である場合もあれば、不特定多数である場合もあります。いずれも、一方的に情報を提供して終わりではなく、相手に何らかの反応や行動を促すのが特徴です。

2 通知状とは

「**通知状**」とは、自社に関する情報や連絡事項、決定事項などを一方的に社外の人に知らせる文書のことです。ビジネス上相手に知っておいてもらいたい重要な情報を記載しますが、案内状と異なり、相手に反応や行動を求めることはありません。

代表的な通知状には、価格の改定やオフィスの移転、臨時休業、営業時間の変更、社員採用の内定などを知らせるものがあります。

通知状を送付する相手は、特定の個人であることもあれば、複数人であることもあります。

> **POINT ▶▶▶**
> **挨拶状**
> 通知状によく似た社外文書に、挨拶状があります。挨拶状は、会社の設立や社名の変更、社長の交代、新規事業の開始などを関係者に知らせ、受信者と今後のよりよい関係を築くための文書のことです。そのため、通知状よりも儀礼的であり、格式のある表現が使われます。

第6章 社外に情報を発信する案内状・通知状を作ろう【社外文書】

STEP 2 案内状・通知状の目的と役割

1 案内状の目的と役割

案内状は、案内して終わりではありません。案内状の内容に関心を持ってもらうことでその後のビジネスの成果につなげます。

■案内状の目的

案内状を作成する目的には、次のようなものがあります。

◆イベントへの参加を促す

セミナーや展示会、株主総会、新商品発表会などの開催を知らせたり、招待したりして、各種イベントへの参加を促します。文書にすることで相手に対する敬意を示すことができるため、案内状を受け取った相手も参加を検討しやすくなります。

◆自社の商品やサービスに興味を持ってもらう

新商品の発売に伴うキャンペーンや期間限定のキャンペーンなどは、広く告知したいものです。案内状を作成すると、情報を確実に伝えることができ、自社の商品やサービスに興味を持ってもらうきっかけを作りやすくなります。

◆送付した内容を知らせて確認してもらう

会社案内や商品カタログなどの資料を送付するときに添え状としたり、商品が入荷したことを知らせたりするときにも案内状を作成します。
資料を送付したことや商品が入荷したことを文書で知らせることで、相手により丁寧な印象を与えることができるとともに、その事実を確認してもらうこともできます。

■案内状の役割

案内状の役割には、次のようなものがあります。

◆良好な人間関係を維持する

案内状は、社外の人とのコミュニケーションの機会を作り、その後のやり取りを円滑にする潤滑油のような働きをします。適切な内容の案内状を受け取って、不愉快に思う人はいないでしょう。わざわざ文書で案内するという丁寧な対応は、相手に対する敬意を示すと同時に信頼の獲得にもつながります。

◆仕事の成果を高める
社外の人と良好な人間関係を築いたり、自社の商品やサービスに興味を持ってもらったりしなければ、ビジネスを成功に結び付けることはできません。案内状は、社外の人とつながりを作り、より成果の上がる環境を整えるためのきっかけを提供します。

2 通知状の目的と役割

通知状には、社外の人に対する配慮が欠かせません。たとえば、知らない間に取引先のオフィスが移転していたり、定期的に購入していた商品が値上げされていたりしたら、不愉快に思う人がいるかもしれません。また、必要な情報を知らないことで、余計な手間が増えたり仕事が中断したりするおそれもあります。

■通知状の目的
通知状を作成する目的には、次のようなものがあります。

◆重要な情報を正確かつ確実に伝達する
情報を口頭で伝える場合は、間違った情報が伝わる可能性があります。文書にすることで、伝えたい内容をより明確にし、不要な誤解や勘違い、聞き漏らしを防ぎます。

◆複数の関係者で情報を共有する
ひとつの文書を通じて、ビジネス上の関係者と正しい情報を共有することができます。複数の関係者に対し、何度も同じ説明を繰り返す手間が省けます。

◆自社の最新動向を知らせる
通知状の内容は、事務的な情報ばかりとは限りません。中には、事業の拡大や企業の合併、成果や受賞の報告など、自社の最新動向を広く知らせる目的で作成されるものもあります。

■通知状の役割
通知状の役割には、次のようなものがあります。

◆ビジネスを円滑に進める
ビジネスの相手と認識のズレがあると、どんな仕事も順調には進みません。特に相手が社外の人である場合は、直接顔を合わせる機会が限られてしまいます。トラブルを避けるためにも、ひとつの文書を通じて正しい情報を共有し、認識をひとつにしておくことが重要です。

◆**良好な人間関係を維持する**

必要な情報を知らせてもらえないとなれば、誰でも不愉快に思うものです。通知状は、相手をビジネス上の大切な相手として認識していることの証でもあります。

◆**自社の存在意義をアピールする**

通知状は、自社の活動を対外的にアピールする機会でもあります。自社の動きを継続的に発信していくことで、社外の人に自社の存在を認知してもらうと同時に、存在意義を理解してもらうきっかけにすることができます。

STEP 3 案内状・通知状に必要な要素

1 案内状・通知状の基本要素

案内状・通知状を構成する基本要素は、次のとおりです。

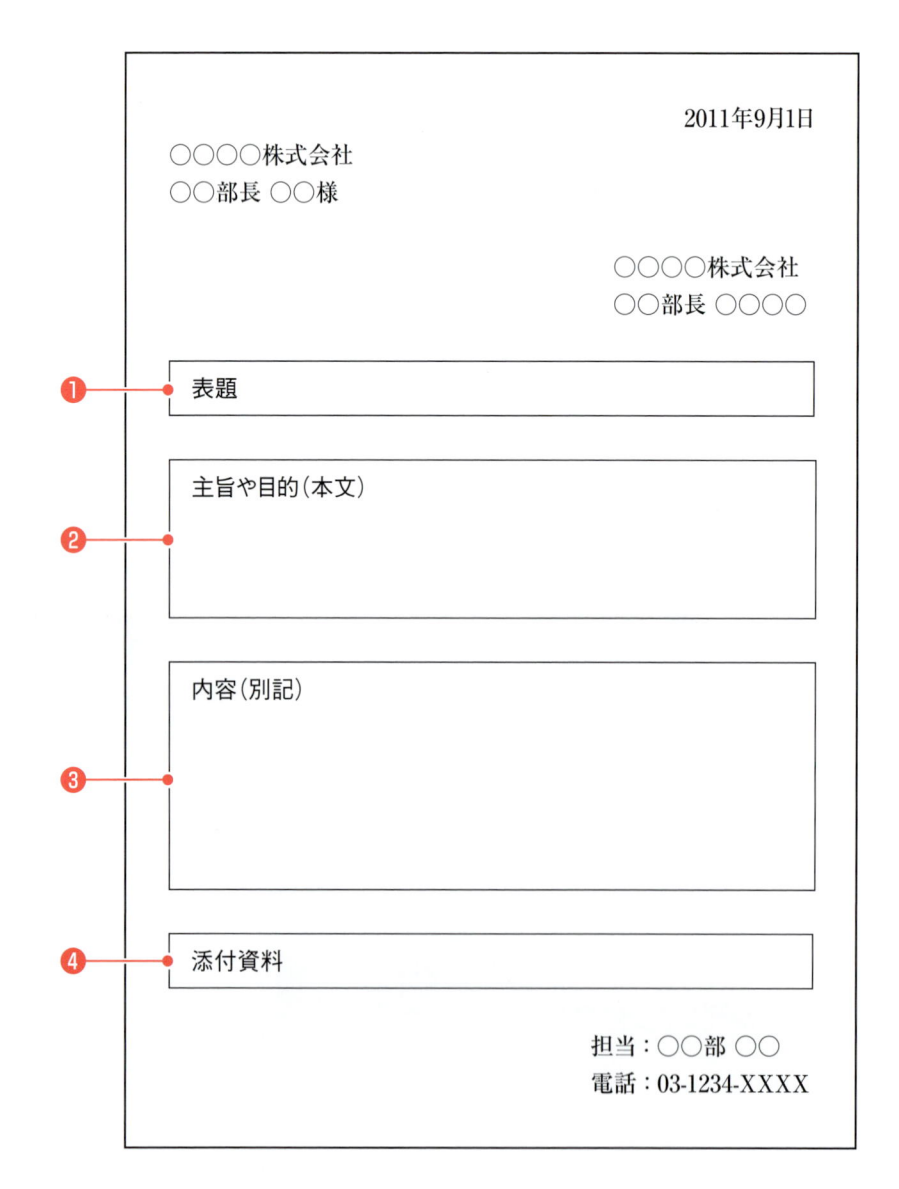

```
                                    2011年9月1日
○○○○株式会社
○○部長 ○○様

                                ○○○○株式会社
                                ○○部長 ○○○○
```

❶ 表題

❷ 主旨や目的（本文）

❸ 内容（別記）

❹ 添付資料

担当：○○部 ○○
電話：03-1234-XXXX

❶表題
案内・通知したい内容がひと目でわかるような表題を記載します。案内状の場合は「〜のご**案内**」、通知状の場合は「〜の**お知らせ**」と書くのが一般的です。

❷主旨や目的（本文）
案内・通知したいことについて、主旨や目的をできるだけ簡潔に記載します。案内・通知の具体的な内容は別記に記載し、本文中で「**下記のとおり**」と書いて、別記があることを知らせます。また、頭語や結語、時候のあいさつなども忘れないようにします。

❸内容（別記）
中央揃えで「**記**」と記載し、続いて具体的な内容を箇条書きで記載します。箇条書きを使って伝える必要がない場合は、別記を省略し、本文だけで簡潔にまとめる場合もあります。

❹添付資料
案内状・通知状に添付する資料がある場合は、明記します。

> **POINT ▶▶▶**
> **案内状・通知状のフォーマット**
> 案内状・通知状を作成するとき、会社で独自のフォーマットが用意されている場合は、それに準じます。

STEP 4　案内・通知事項を書くときのポイント

1　案内・通知事項を書くときのポイント

案内・通知事項を書くときのポイントは、次のとおりです。

■漏れなく正確に書く

不正確な情報やあいまいな情報を発信してしまうと、業務に支障が出たり思わぬ失敗を招いたりする原因となります。また、情報が不足していて不明点や疑問点が出てくるようでは、案内状・通知状を作成する意味がありません。

情報を漏れなく正確に伝達するためには、When（いつ）、Where（どこで）、Who（誰が）、What（何を）、Why（なぜ）、How（どのように）、How much（いくらで）の7点（5W2H）を意識して書きます。書き終えたあとは、内容に間違いがないかどうかを入念にチェックする習慣を付けましょう。第三者に確認してもらうことも大切です。

■タイミングを見極める

案内状・通知状に記載される情報の中には、相手が知らずにいると業務に支障が出るようなものも少なくありません。直前になって知っても、すぐに対応できないこともあります。案内状・通知状の目的を確実に達成するためにも、適切なタイミングを見極め、時間的な余裕を見て作成しましょう。

■目に留まる工夫をする

案内状も通知状も、必要な情報がひと目で把握できるのが理想です。本文で概要を説明し、具体的な内容は別記の中に記載して簡潔にまとめます。また、セミナーや展示会などへの案内状などでは、会場までのアクセス方法や会場内のレイアウトなど、言葉では説明しにくい情報も含まれます。必要に応じて図解を用いたり、イラストを挿入したりして、相手の関心を引く表現を工夫しましょう。

■相手が納得するように書く

伝えたい内容に応じて、理由や背景の説明を加えるようにします。理由や背景がわからないと、内容に興味がわかなかったり、あらぬ憶測や風評を呼ぶことになったりすることも考えられます。相手がどう受け止めるかを考えながら、記載すべき内容を判断することが大切です。

<例>

> このたび事業の拡大に伴い、弊社名古屋事業所を下記のとおり移転することとなりました。

■相手に対する敬意を表す

社外文書の場合は、相手が社外の人であることを意識して書く必要があります。どんなに事務的な内容であっても、日ごろの取引に対する感謝の気持ちや、相手に対する敬意を忘れてはいけません。相手に対して失礼のないよう、社外文書の基本的な書き方を守り、文書全体を通して、礼儀をわきまえた丁寧な文章を心がけます。案内状も通知状も、相手に高圧的な印象を与えないように注意しましょう。セミナーや展示会などへの案内状では、「**特別にご案内している**」という気持ちを表現するのも効果的です。

<例>

> 一般発売に先がけまして、ひと足早く会員様にご高覧いただきたく、下記のとおり特別内覧会を開催いたします。

■さりげなくアピールする

案内状や通知状は、自社のビジネス状況や活動内容をアピールする機会でもあります。しかし、自社の成長ぶりを長々と説明したり、誇張したりすると、単なる自画自賛になってしまいます。相手の立場に立ち、簡潔な中にも、しっかりと要点を押さえたメリハリのある文章を心がけましょう。

Case Study　悪い案内状・良い案内状

実際のビジネスシーンを想定して、案内状の悪い例と良い例を比べてみましょう。

▶▶▶ 内覧会の案内状を作成することに！

各種スポーツ用品の製造および販売を行うABCスポーツ株式会社本社営業推進部に所属する富士賢治さんは、全国各地に散らばる支店の営業活動の取りまとめやサポートを行っています。

富士さんは、上司から「7月に販売店様向けの内覧会を開催するから、案内状を作成してください」と指示されました。

内覧会についてすでに決定している事項は、次のとおりです。

- ・内覧会の名称は、「第3回販売店様向けレディースゴルフウェア内覧会」とする。
- ・内覧会の目的は、「シンプル&フィット」をキーワードに開発した30代～40代の女性向け秋冬ゴルフウェアの紹介とともに、スポーツファッションの提案に役立つ情報を提供することである。
- ・内覧会は、2011年7月25日(月)13:00～16:00に、ABCスポーツ株式会社本社A棟24階大会議室で行う。
- ・会場の住所は東京都港区海岸X-XX-Xである。
- ・会場案内図は、別紙を同封する。
- ・問い合わせ先の担当者は「富士さん」で、電話番号は「03-1234-XXXX」とする。

なお、案内状の作成要綱は、次のとおりとします。

- ・発信日は「2011年6月14日」とする。
- ・受信者は「BBB商事株式会社 取締役 片山一雄」とする。
- ・発信者は「営業推進部長 黒沢洋一」とする。

さて、富士さんはこのメモから、どのような案内状を作成したのでしょうか。

✕ この案内状の悪いところは？

富士さんが作成した案内状を上司に確認してもらったところ、きちんと見直してからもう一度提出するように言われました。
どのような点が問題なのかを考えてみましょう。

＜富士さんの作成した案内状＞

2011年6月14日

BBB商事株式会社 片山取締役様

営業推進部長 黒沢

内覧会のご案内

　いつも大変お世話になっております。
　さて、このたび、「第3回販売店様向けレディースゴルフウェア内覧会」を開催することとなりました。「シンプル＆フィット」をキーワードに開発した30代〜40代の女性向け秋冬ゴルフウェアをご紹介するとともに、スポーツファッションの提案に役立つ情報を提供する予定です。
何かとお忙しい時期かと存じますが、ぜひご来場ください。

1. 開催日時　　2011年7月25日（月）13:00〜16:00

2. 場所　　　　本社A棟24階大会議室
　　　　　　　住所：東京都港区海岸X-XX-X

3. お問い合せ先　担当：富士
　　　　　　　　電話：03-1234-XXXX

以上

こうすれば良い案内状になる！

富士さんは作成した案内状を書き直しました。
良い案内状を作成するためのポイントを確認してみましょう。

＜良い例＞

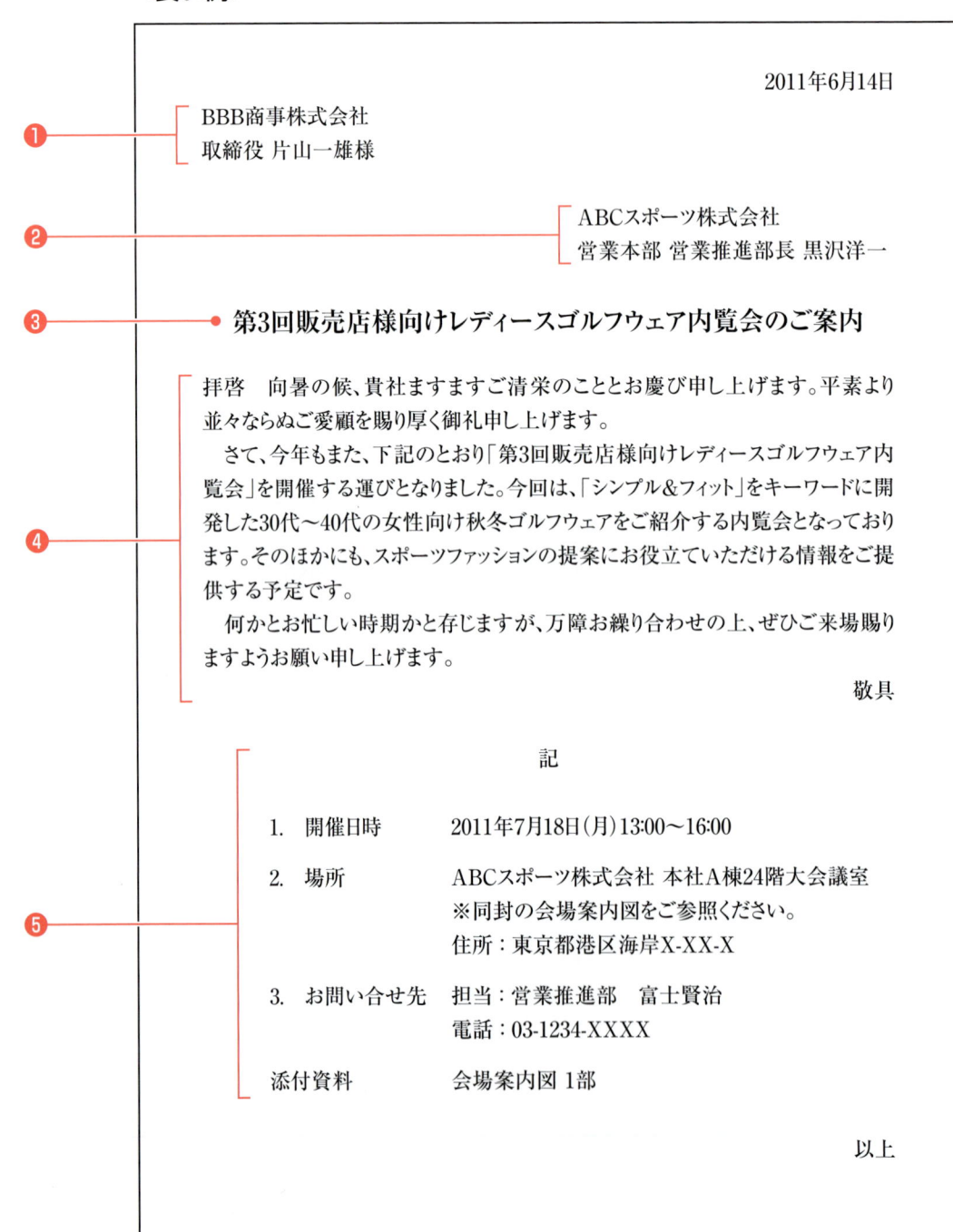

2011年6月14日

❶ BBB商事株式会社
　取締役　片山一雄様

❷ ABCスポーツ株式会社
　営業本部　営業推進部長　黒沢洋一

❸ 第3回販売店様向けレディースゴルフウェア内覧会のご案内

❹ 拝啓　向暑の候、貴社ますますご清栄のこととお慶び申し上げます。平素より並々ならぬご愛顧を賜り厚く御礼申し上げます。
　さて、今年もまた、下記のとおり「第3回販売店様向けレディースゴルフウェア内覧会」を開催する運びとなりました。今回は、「シンプル＆フィット」をキーワードに開発した30代～40代の女性向け秋冬ゴルフウェアをご紹介する内覧会となっております。そのほかにも、スポーツファッションの提案にお役立ていただける情報をご提供する予定です。
　何かとお忙しい時期かと存じますが、万障お繰り合わせの上、ぜひご来場賜りますようお願い申し上げます。

敬具

記

❺
1. 開催日時　　2011年7月18日（月）13:00～16:00

2. 場所　　　　ABCスポーツ株式会社　本社A棟24階大会議室
　　　　　　　※同封の会場案内図をご参照ください。
　　　　　　　住所：東京都港区海岸X-XX-X

3. お問い合せ先　担当：営業推進部　富士賢治
　　　　　　　　電話：03-1234-XXXX

添付資料　　　会場案内図　1部

以上

❶受信者名

社外文書の場合は、受信者の会社名、部署名、役職名、個人名+敬称を正しく記載します。勝手に省略したり、個人名の後ろに役職名を付けたりしてはいけません。個人名もフルネームで記載するのが一般的です。

また、受信者が複数いる場合は、受信者名を「**お客様各位**」「**得意先各位**」などと書いてもかまいませんが、受信者ごとに別々に文書を作成するとより丁寧になります。

<例>

○	BBB商事株式会社 取締役 片山一雄様
×	BBB商事株式会社 片山一雄様
×	BBB商事株式会社 片山様
×	BBB商事株式会社 片山取締役様
×	BBB商事(株) 取締役 片山一雄様
×	BBB商事株式会社 取締役 片山様、CCC商事株式会社 専務 市川様

❷発信者名

受信者名と同様、発信者の会社名、部署名、役職名、個人名を正しく記載します。省略したり、個人名の後ろに役職名を付けたりしてはいけません。個人名もフルネームで記載するのが一般的です。長くなる場合は、複数行に分けて書いてもかまいません。

❸表題

「**内覧会のご案内**」では、何の内覧会かわかりません。本文の内容がひと目でわかるような表題にします。相手の興味を引く意味でも、表題は重要です。

❹本文

頭語、前文、主文、末文、結語の要素で本文を構成するとともに、慣用語や敬語を正しく使い、丁寧な表現を心がけます。この例のように別記を記載する場合は、「**下記のとおり**」と書き、本文の中で別記があることを知らせます。

❺別記・添付資料

別記がある場合は、本文の下に1行ほど空けて、中央揃えで「**記**」と記載し、内覧会の日程や場所、お問い合せ先などの詳細な情報を箇条書きにします。地図などを別途同封する場合は、その旨も忘れずに記載します。

Let's Try 通知状を作成してみよう

実際のビジネスシーンを想定して、通知状を作成してみましょう。
※「作成例と解説」は別冊P.12に記載しています。

▶▶▶ 価格改定の通知状を作成することに!

あなたは、輸送から梱包まで、幅広い物流サービスを行う株式会社ABCロジスティクスの経営企画部に所属し、経営全般のマネジメント業務に携わっています。

あなたは、上司から「配送料金の値上げに踏み切ることにしたから、得意先宛に料金改定の通知状を作成してください」と指示されました。

料金改定に関する内容は、次のとおりです。

- ・ABCロジスティクスでは、過去7年間にわたり、経営の合理化を図ることで流通コストを削減し、配送料金を据え置いてきた。しかし、昨今の原油値上げに伴う燃料コストの高騰により、企業努力だけでは、もはやコストアップ要因を吸収できなくなりつつある。これが、料金改定に踏み切った理由である。
- ・改定後の新料金体系表は、別紙を同封する。
- ・配送料金が変更となるのは、Aプラン、Bプラン、Dプランを利用しているお客様が対象となる。
- ・改定後の料金が適用されるのは、2011年4月1日(金)からとする。

なお、通知状の作成要綱は、次のとおりとします。

- ・発信日は「2011年3月11日」とする。
- ・受信者はすべての得意先とする。
- ・発信者は「株式会社ABCロジスティクス 代表取締役社長 三谷昭二」とする。

■第7章■
会社間の取引に不可欠な見積書・請求書を作ろう
【社外文書】

正確さが重要な見積書・請求書の目的や役割、構成する要素、書き方のポイントなど、見積書・請求書の作成について解説しています。

STEP1　見積書・請求書とは……………………………… 125
STEP2　見積書・請求書の目的と役割…………………… 126
STEP3　見積書・請求書に必要な要素　…………………… 130
STEP4　見積・請求事項を書くときのポイント　………… 134
Case Study　悪い請求書・良い請求書………………… 137
Let's Try　見積書を作成してみよう …………………… 141

STEP 1 見積書・請求書とは

1 見積書とは

「見積書」とは、自社の商品やサービスに興味のあるお客様に対し、購入時の金額を提示するための文書のことです。商品やサービスを購入する前の段階で作成され、お客様が購入を決断するための重要な判断材料として使われます。見積書には、商品やサービスを提供する会社の利益を見込んだ金額が記載されますが、提示された金額にお客様が納得しない限り、取引は成立しません。そのため、双方の納得がいくまで、何回もやり取りされることがあります。

> **POINT ▶▶▶**
> **見積依頼書**
> 「見積依頼書」とは、商品やサービスの購入にあたって必要な金額を知りたい場合に商品やサービスを提供する会社に対して提出する文書のことです。見積依頼書の提出を受けた会社は、見積依頼書に記載された数量、仕様、納期などの条件に従って見積書を作成し、提出します。

2 請求書とは

「請求書」とは、自社の商品やサービスを購入したお客様に対し、代金の支払いを求めるための文書のことです。請求書は、商品やサービスを納品したあとに発行されますが、その都度代金の支払いを請求する場合と、一定期間の取引をまとめて請求する場合があります。会社間の取引では、後者の請求方法を採用するケースが一般的です。

> **POINT ▶▶▶**
> **掛け売り方式**
> 一定期間の取引をまとめて請求する方法のことを、「掛け売り方式」といいます。また、請求金額の合計を算出する日を「締日」といい、締日は各企業が任意に設定してよいことになっています。

STEP 2 見積書・請求書の目的と役割

1 見積書の目的と役割

見積書は、ビジネスの成否を左右する重要な文書です。どんな会社にも予算があり、限られた予算の範囲内でやりくりしています。したがって、お客様に商品やサービスの価値を認めてもらった上で、金額面での合意を形成しなければなりません。一度で合意が得られない場合は、何回かにわたって調整を重ねながら取引の成立を目指します。購入金額はお客様の決断を促す重要な材料であり、見積書にも説得力が求められます。

■見積書の目的

見積書を作成する目的には、次のようなものがあります。

◆金額を正式に回答する

お客様から商品やサービスの購入金額を聞かれた場合、概算の見積金額を口頭で伝えることもありますが、前提条件に関する理解の相違や聞き間違いなどを防ぐためにも、正式に見積書として文書で提出することが重要です。

◆費用の内訳や背景を説明する

見積書には、合計金額だけでなく内訳も記載します。提示した金額の理由や根拠を明らかにします。

◆商品やサービスの購入を検討してもらう

どんなに価値のある商品やサービスであっても、金額面での折り合いがつかなければ、お客様は購入に踏み切ることができません。実際、提案内容は高く評価されながらも、最終的に提示金額で競合他社に負けてしまうことはよくあります。見積書に記載される金額は、お客様が最終的に商品やサービスを購入するかどうかを決定するための拠りどころとなります。

◆予算を確保してもらう

どんな会社でも、あらかじめ予算を決定し、その範囲内で商品やサービスを購入します。見積書を通じて目安となる購入金額を提示することで、商品やサービスの購入に必要な予算を確保してもらうことができます。

■見積書の役割

見積書の役割には、次のようなものがあります。

◆購入の決断を早める

見積書の内容次第で、商品やサービスの購入の決断が早まる場合もあれば、逆に悩んでなかなか取引に至らない場合もあります。見積書を作成する際は、会社に利益を出しつつ、お客様の決断を後押しする内容になっているかどうかを考えることが重要です。

◆相手に安心感や信頼感を与える

会社間の取引において、口頭で概算の見積金額を聞き、すぐに購入を決断することはまずありません。見積書を通じて、正しい金額とその根拠を知ることで、お客様は安心して商品やサービスの購入を検討することができます。

◆相手との意思疎通を図る

金額面での合意を形成する過程は、お客様とのコミュニケーションを深め、不明点を明らかにしたり必要な作業を理解してもらったりするための重要な機会でもあります。

2 請求書の目的と役割

ビジネスの世界では、請求書のない取引はありません。請求書は、取引そのものが存在したことの証として、記録することに大きな意味があります。会社として保管が義務付けられている文書でもあり、記録することでいつどんな取引があったのか、請求が済んだかどうか、入金されたかどうかといったことを、あとから入金状況と突き合わせて確認することもできます。また、請求書を受け取った会社は、その内容にもとづいて支払いの手続きを進めます。このように、双方の経理業務を合理化するためにも、請求書はなくてはならない文書です。

■請求書の目的

請求書を作成する目的には、次のようなものがあります。

◆支払いの必要性を知らせる

請求書は、商品やサービスの納品が完了し、支払いの必要性が生じたことを知らせる目的で作成します。請求書を受け取るまで、相手の会社は支払いの手続きに移ることができません。取引件数が多い場合には、相手が支払いの必要性に気付かないおそれもあるため、時期が来たらすみやかに請求書を作成し、送付します。

◆商品やサービスの対価を確実に回収する
請求書は、合意にもとづく正当な権利を行使するための重要な文書です。請求書を作成し忘れてしまうと、発生した仕事に対する対価を回収できないことになり、会社は利益を上げることができません。

◆請求の内訳を確認してもらう
想定外の作業が発生し、双方の合意のもとに請求金額が変更になることもあります。このような場合にも、口頭で請求金額を伝えるのではなく、正式な文書として請求書を発行することで、身に覚えのない請求がないかどうか、金額や内訳に間違いがないかどうかを確認してもらうことができます。

◆請求の事実を記録に残す
請求書を発行したかどうかをあとから確認できないようでは、請求漏れや二重請求が発生してしまう可能性があります。勘違いやミスを防ぐためにも、作成した請求書を保管しておくことが大切です。

■請求書の役割

請求書の役割には、次のようなものがあります。

◆取引の流れをスムーズにする
取引完了後、取引相手は請求書がないと、いつ支払えばよいのか、何に対していくら支払えばよいのかを確認する方法がありません。適切に作成された請求書を通じて、合意にもとづく正しい明細や金額を共有することで、会社間の取引の流れをスムーズにすることができます。

◆トラブルを回避する
請求金額や請求の事実を確認できる方法がないと、「**見積金額と違う**」「**まだ請求されていない**」といったトラブルになりかねません。請求書を作成し、文書として記録に残すことで、勘違いやミスを防ぐことができます。

◆良好な信頼関係を維持する
請求書は、会社間の取引に欠かせない重要な文書です。したがって、適切に作成された請求書を決められた期日までに確実に提出することも、良好な信頼関係を維持する上では大切なことです。事務処理とはいえ、毎回催促されないと請求書を発行しなかったり、請求書に間違いや漏れが多かったり、提出期限に間に合わなかったりすれば、仕事に対する姿勢を疑われ、やがて相手の信用を失うことにもなりかねません。

会社間の取引の流れ

参考 一般的な会社間の取引の流れを把握し、見積書や請求書を作成するタイミングを理解しておきましょう。

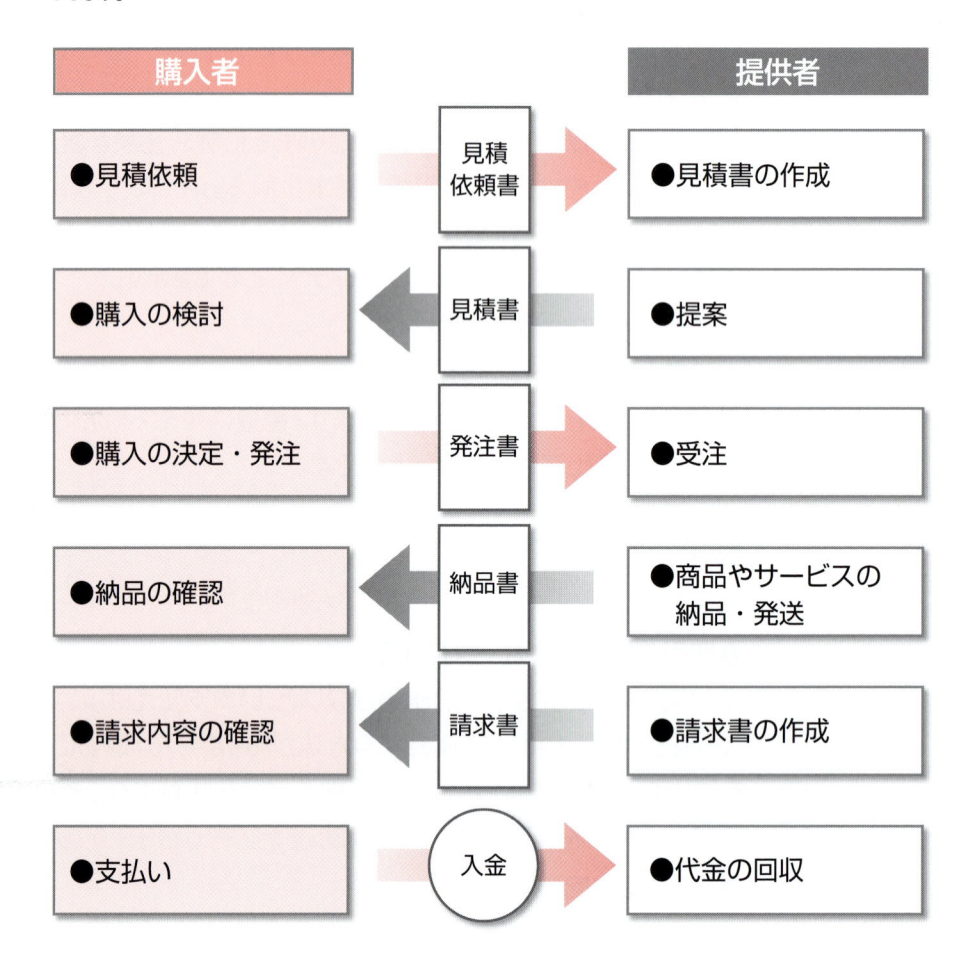

購入者		提供者
●見積依頼	→見積依頼書→	●見積書の作成
●購入の検討	←見積書←	●提案
●購入の決定・発注	→発注書→	●受注
●納品の確認	←納品書←	●商品やサービスの納品・発送
●請求内容の確認	←請求書←	●請求書の作成
●支払い	→入金→	●代金の回収

第7章 会社間の取引に不可欠な見積書・請求書を作ろう【社外文書】

STEP 3 見積書・請求書に必要な要素

1 見積書・請求書の基本要素

見積書・請求書は、特に決まったフォーマットはないものの、記載される内容に大きな違いはありません。文章表現が中心となるほかのビジネス文書と異なり、表形式を用いた数値中心の文書であるのが特徴です。
見積書・請求書を構成する基本要素は、次のとおりです。

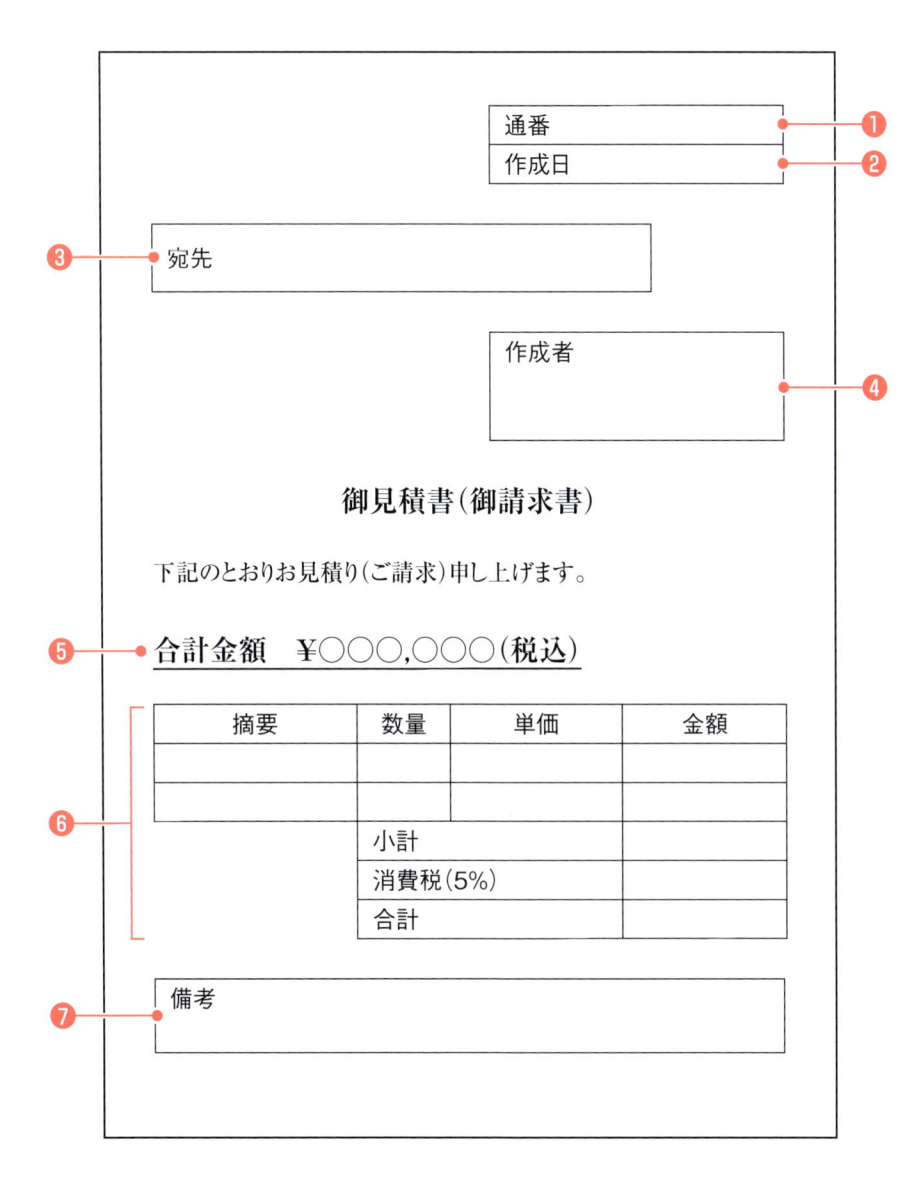

通番	❶
作成日	❷

❸ 宛先

作成者
❹

御見積書（御請求書）

下記のとおりお見積り（ご請求）申し上げます。

❺ 合計金額　¥○○○,○○○（税込）

摘要	数量	単価	金額
	小計		
	消費税(5%)		
	合計		

❻

❼ 備考

❶通番
見積・請求の発生順を表わす通番を付けておくと、作成した見積書・請求書を管理しやすくなります。通番の付け方については、それぞれの会社のルールに従います。

❷作成日
見積書・請求書を作成した年月日を記載します。請求書の場合は、請求書の締日を記載するのが一般的です。

❸宛先
会社間の取引では、見積書・請求書を提出する相手が個人であっても、宛先には会社名だけを記載するのが一般的です。部署名まで記載する必要があるかどうかは、事前に先方に確認しておくとよいでしょう。相手の会社名は自分の会社名よりも文字を少し大きくして目立つように書き、会社名の後ろには「御中」を付けます。

❹作成者
見積書・請求書の作成者を記載します。請求書の場合は会社名だけを記載するのが一般的ですが、見積書の場合は必要に応じて部署名、個人名を書くこともあります。なお、会社名は省略せずに正しく書きます。

また、会社の住所や代表の電話番号、FAX番号なども記載し、見積書・請求書が完成したら、最後に社印を押印します。なお、見積書・請求書に関する問い合わせ先は、別途備考や送付状などに、部署名、担当者名などとともに明記します。

社印は社名に少しかかるようにして押します。

<例>
```
ABCスポーツ株式会社（社印）
〒105-0022東京都港区海岸X-XX-X
TEL：03-1234-XXXX
FAX：03-1234-XXXX
```

❺合計金額
見積・請求金額の合計金額を記載します。税込金額であることを明記し、下線を引いて大きい文字にするなどして金額を強調します。

❻明細

表を使って、見積・請求金額の内訳、小計、消費税、合計金額を記載します。見積・請求の根拠となる重要な部分です。

次のように、明細部分に月日を記載する場合もあります。

＜例＞

月	日	摘要	数量	単価	金額
				小計	
				消費税(5%)	
				合計	

❼備考

見積書の場合は、納期や納品方法、納品場所などの見積条件や見積の有効期限を記載し、請求書の場合は、振込先、請求先を箇条書きで記載します。請求時の振込手数料については、一般的には請求先の会社の規程に従いますが、先方負担であることがわかっている場合や先方負担を希望する場合には、「**誠に勝手ながら、お振込手数料はお客様にてご負担ください。**」などと明記します。

＜例：見積書の場合＞

> 納期：受注後20日以内
> 納品方法：貴社ご指定の方法
> 納品場所：貴社ご指定の場所
> 見積書の有効期限：発行日より2ヵ月
> 上記有効期限を過ぎた場合は、お見積の内容が変更になる可能性があります。改めてお問い合わせください。

＜例：請求書の場合＞

> 振込先：○○○銀行○○支店(普)1234567 カ)○○○○○○
> お振込期限：2011年4月10日
> ※誠に勝手ながら、お振込手数料はお客様にてご負担ください。

> **!** POINT ▶▶▶
> **見積書・請求書への押印**
> 見積書・請求書への押印は法律で義務付けられているわけではありませんが、一般的に押印のない請求書は受領してもらえません。見積・請求内容に責任を持つという意味でも、押印があるほうが望ましいといえるでしょう。

第7章 会社間の取引に不可欠な見積書・請求書を作ろう【社外文書】

> **POINT ▶▶▶**
> ### 請求先の支払サイト
> 「支払サイト」とは、掛け売り方式の取引において、締日から代金が支払われるまでの期間のことです。たとえば、月末締めで翌月末払いの場合の支払サイトは「30日」、15日締めで翌々月20日払いの場合の支払サイトは「65日」となります。支払日については特別な事情がない限り、請求する側が指定するのではなく、請求先の規程に従うのが一般的です。

> **POINT ▶▶▶**
> ### 見積書・請求書のフォーマット
> 見積書・請求書を作成するとき、会社で独自のフォーマットが用意されている場合は、それに準じます。

見積書・請求書の送付状

参考 見積書・請求書を送付する際には、次のような送付状を付けます。日ごろの取引に対する感謝の気持ちが伝わるように、丁寧な文章を心がけます。

2011年3月31日

○○○○株式会社
○○○部○○○課　○○○○様

　　　　　　　　　　　　　　　　　　　　　　　○○○○株式会社
　　　　　　　　　　　　　　　　　　　　　○○○部○○○課　○○○○

請求書ご送付のお知らせ

　拝啓　春暖の候、貴社ますますご清栄のこととお慶び申し上げます。平素より並々ならぬご愛顧を賜り厚く御礼申し上げます。
　さて、3月の納品完了分につきまして、別紙のとおり請求書を作成しましたので、ご送付いたします。請求書をご確認の上、期日までに指定口座にお振り込みくださいますようお願い申し上げます。なお、ご不明な点がございましたら、○○○○までお問い合わせください。
　今後とも変わらぬご愛顧を賜りますようお願い申し上げます。

　　　　　　　　　　　　　　　　　　　　　　　　　　　　　　　敬具

同封書類：請求書 1通

　　　　　　　　　　　　　　　　　　　　　　　　　　　　　　　以上

STEP 4 見積・請求事項を書くときのポイント

1 見積・請求事項を書くときのポイント

見積・請求事項を書くときのポイントは、次のとおりです。

■フォーマットを統一する

見積書や請求書は、会社間の取引に使う文書であるため、フォーマットが頻繁に変わるようでは好ましくありません。毎回同じフォーマットを使って作成するようにします。特に決まったフォーマットがない場合は、インターネットなどで提供されているテンプレートを活用してもよいでしょう。

また、見積書は、お客様との合意に至るまで複数回提出することもあります。毎回一から作り直すようでは手間も時間もかかります。見積書の作成作業を効率化するためには、作成後にできるだけ修正しやすいようにしておくことも必要です。見積書の作成に表計算ソフトを利用すると、単価や数量を変更するだけで金額が自動計算されるので便利です。

■正確に漏れなく書く

お客様は、見積書の金額を見て、最終的に発注するかどうかの判断をします。正式に受注したあとで見積金額の間違いが見つかっても簡単に変更することはできません。最悪の場合、自社に損失をもたらす可能性もあります。

また、請求書の訂正は、相手の経理処理を中断させたり混乱させたりして、取引先に多大な迷惑をかけることになりかねません。たとえば、支払いがすでに完了していた場合には、返金処理が発生してしまいます。

見積書・請求書は会社のお金の流れに直結する文書であるため、数値は正確か、項目に漏れはないかなどに注意しながら、慎重に作成することが大切です。提出前には入念にチェックし、必ず上司の承認をもらうようにしましょう。

■内訳をあいまいにしない

商品やサービスを提供する際には、人件費や配送費などの経費がかかります。したがって、見積書に記載される金額には、商品やサービスそのものの購入金額だけでなく、これらの費用も含まれることになります。

見積金額の根拠を明らかにし、わかりやすい見積書とすることが重要です。

<悪い例>

	摘要	数量	単価	金額
1	商品Aカタログ制作	一式	○,○○○,○○○	¥○,○○○,○○○
		小計		¥○,○○○,○○○
		消費税(5%)		¥○○,○○○
		合計		¥○,○○○,○○○

▼

<良い例>

	摘要	数量	単価	金額
1	原稿作成	4p	○○○,○○○	¥○,○○○,○○○
2	図版作成	5点	○○○,○○○	¥○,○○○,○○○
3	レイアウト	4p	○○○,○○○	¥○,○○○,○○○
4	印刷	5,000部	○○○,○○○	¥○,○○○,○○○
5	配送	1	○○,○○○	¥○,○○○,○○○
		小計		¥○,○○○,○○○
		消費税(5%)		¥○○,○○○
		合計		¥○,○○○,○○○

■備考欄を疎かにしない

あいまいな見積書・請求書は、双方の勝手な思い込みによるトラブルの原因となります。見積書・請求書は大切な証拠書類でもあるため、見積条件や納期、納品方法、支払方法、支払期限など、補足しておくべき情報は口頭での連絡で済ませず、備考欄に必ず明記します。

見積書の場合は、送付状ではなく、備考欄に見積に関する問い合わせ先を記載することもあります。その際は、電話番号やメールアドレスなどの連絡先とともに部署名や担当者名を明記しましょう。

■適切なタイミングで作成する

見積依頼を受けたら、すみやかに見積書を提出します。時間が空くと相手に不誠実な印象を与えるだけでなく、仕事に対する熱意や意欲がないように受け取られてしまいます。また、提出期限を約束した場合には必ず厳守しましょう。

請求書も同様です。毎回催促されないと請求書を発行しないようでは、いい加減な会社だと思われても仕方がありません。請求書の提出の遅れは相手の経理処理にも影響を与えてしまうため、締日を迎えたら忘れずに請求書を作成し、すみやかに提出します。

POINT ▶▶▶ 見積金額の算出

見積金額は、原価に自社の利益分を乗せて算出します。商品やサービスそのものの購入金額に加えて、提供過程で発生する原材料の購入費や人件費、広告費などを考慮する必要があるため、金額の算出は単純ではありません。また、お客様の予算や市場の相場を考慮しないと、高すぎて競合他社に負けたり、逆に安すぎて採算が取れなくなったりします。見積書の作成は、自社とお客様の双方にとって適切な金額を見極める難しい作業です。失敗は許されないという緊張感を持って作成しましょう。

POINT ▶▶▶ 見積書・請求書の保管

見積書・請求書は必ず2部作成します。1部は提出し、1部は控えとして保管しておきます。

POINT ▶▶▶ 請求漏れへの対応

送付後に請求書の間違いが見つかった場合には、請求書を再発行します。二重線を引いたり、訂正印を押したりして修正することはしません。取引先に一報を入れ、お詫び状を付けて新しい請求書を送り直します。

Case Study 悪い請求書・良い請求書

実際のビジネスシーンを想定して、請求書の悪い例と良い例を比べてみましょう。

▶▶▶ 納品した商品の請求書を作成することに!

各種スポーツ用品の製造および販売を行うABCスポーツ株式会社本社営業推進部に所属する富士賢治さんは、全国各地に散らばる支店の営業活動の取りまとめやサポートを行っています。

富士さんは、上司から「今月、株式会社DEF商事宛に納品した秋冬新作ゴルフウェアについて、請求書を作成しておいてください」と指示されました。

請求書についてすでに決定している事項は、次のとおりです。

- ・請求書の通番は「請求No.2011-0189」とする。
- ・請求日は「2011年4月28日」とする。
- ・請求書の宛先は「株式会社DEF商事」とする。
- ・請求書の作成者は「ABCスポーツ株式会社」とし、連絡先は次のとおりである。

  〒105-0022 東京都港区海岸X-XX-X
  TEL：03-1234-XXXX
  FAX：03-1234-XXXX

- ・請求内容は、次を参考にすること。

  - ・4月12日 秋冬ゴルフウェアA(型番:A-100)を100着納品
  - ・4月18日 秋冬ゴルフウェアB(型番:B-100)を100着納品
  - ・4月18日 秋冬ゴルフウェアC(型番:C-100)を80着納品
  - ・4月18日 秋冬ゴルフウェアD(型番:D-100)を300着納品
  - ・秋冬ゴルフウェアAの単価は4,000円(税抜)
  - ・秋冬ゴルフウェアBの単価は3,000円(税抜)
  - ・秋冬ゴルフウェアCの単価は10,000円(税抜)
  - ・秋冬ゴルフウェアDの単価は5,000円(税抜)
  - ・4月12日は2か所(A店、B店)に分納、4月18日は3か所(C店、D店、E店)に分納
  - ・配送料は1か所につき3,000円(税抜)

- ・振込先は「XYZ銀行浜松町支店」、口座番号は「普通口座1234567」、名義人は「(カ)エービーシースポーツ」とする。
- ・支払期限は「2011年6月30日」とする。
- ・振込手数料はお客様負担であることを確認済みである。

さて、富士さんはこのメモから、どのような請求書を作成したのでしょうか。

✕ この請求書の悪いところは？

富士さんが作成した請求書を上司に確認してもらったところ、きちんと見直してからもう一度提出すように言われました。
どのような点が問題なのかを考えてみましょう。

＜富士さんの作成した請求書＞

請求No.2011-0189
2011年4月28日

株式会社DEF商事 様

ABCスポーツ株式会社
〒105-0022 東京都港区海岸X-XX-X
TEL ：03-1234-XXXX
FAX ：03-1234-XXXX

御請求書

下記のとおり請求いたします。

請求金額 ¥3,165,750

月	日	摘要	型番	数量	単価	金額
4	12	秋冬ゴルフウェアA	A-100	100	4,000	¥400,000
4	18	秋冬ゴルフウェアB	B-100	100	3,000	¥300,000
4	18	秋冬ゴルフウェアC	C-100	80	10,000	¥800,000
4	18	秋冬ゴルフウェアD	D-100	300	5,000	¥1,500,000
		配送料	-	5	3,000	¥15,000
					小計	¥3,015,000
					消費税(5%)	¥150,750
					合計	¥3,165,750

備考
XYZ銀行浜松町支店 （普）1234567 カ)エービーシースポーツまで、2011年6月30日までにお支払いください。なお、振込手数料は貴社でご負担ください。

こうすれば良い請求書になる！

富士さんは作成した請求書を書き直しました。
良い請求書を作成するためのポイントを確認してみましょう。

＜良い例＞

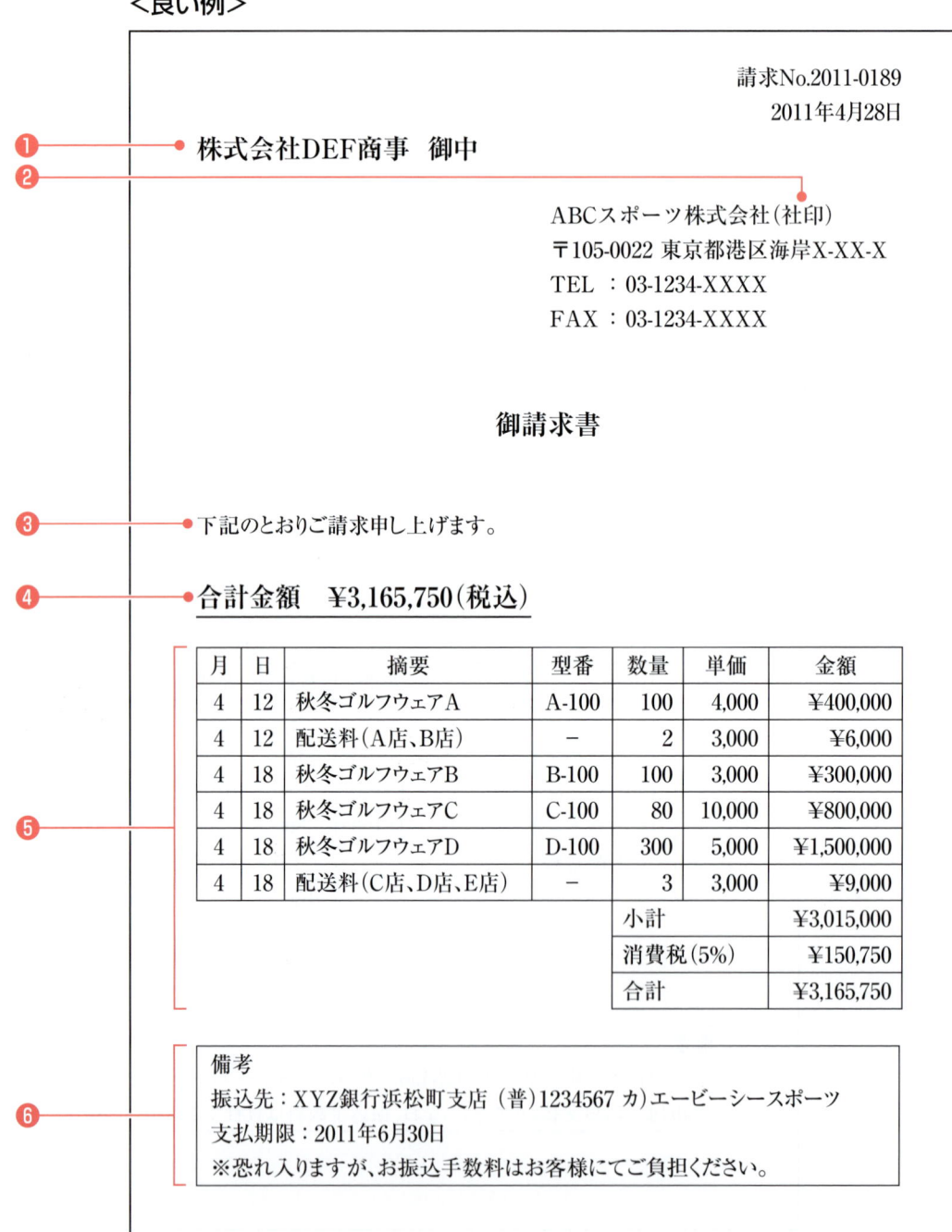

請求No.2011-0189
2011年4月28日

❶ 株式会社DEF商事　御中

❷ ABCスポーツ株式会社（社印）
〒105-0022 東京都港区海岸X-XX-X
TEL ：03-1234-XXXX
FAX ：03-1234-XXXX

御請求書

❸ 下記のとおりご請求申し上げます。

❹ 合計金額　¥3,165,750（税込）

月	日	摘要	型番	数量	単価	金額
4	12	秋冬ゴルフウェアA	A-100	100	4,000	¥400,000
4	12	配送料（A店、B店）	-	2	3,000	¥6,000
4	18	秋冬ゴルフウェアB	B-100	100	3,000	¥300,000
4	18	秋冬ゴルフウェアC	C-100	80	10,000	¥800,000
4	18	秋冬ゴルフウェアD	D-100	300	5,000	¥1,500,000
4	18	配送料（C店、D店、E店）	-	3	3,000	¥9,000
					小計	¥3,015,000
					消費税(5%)	¥150,750
					合計	¥3,165,750

❺

❻ 備考
振込先：XYZ銀行浜松町支店（普）1234567 カ）エービーシースポーツ
支払期限：2011年6月30日
※恐れ入りますが、お振込手数料はお客様にてご負担ください。

❶請求書の宛先
相手の会社名は自分の会社名よりも文字を少し大きくし、目立つように記載します。会社名は、通称で記載したり株式会社を(株)やK.K.などと省略したりせずに、正式名称を記載します。会社名の後ろには、「**御中**」を付けます。

❷社印
請求書が完成したら、社名に少しかかるようにして社印を押印します。一般的に押印のない請求書は受領してもらえないことが多いので、注意が必要です。

❸前文
「下記のとおり請求いたします。」という表現では、相手に高圧的な印象を与えてしまいます。あくまでも支払っていただくのだという気持ちを持ち、丁寧な表現を心がけます。

❹合計金額
請求金額の合計額を記載し、税込であることを明記します。下線を引き、大きい文字にするなどして金額を強調します。

❺明細
請求の根拠がきちんとわかるように、内訳は正しく、できるだけ詳細に記載します。配送料などもひとつにまとめてしまわずに、納品日ごとに記載するようにします。

特に、掛け売り方式のように後日まとめて請求する場合は、時間の経過とともに相手の記憶も薄れている可能性があります。この例のようにそれぞれの納品場所が明記されていると、相手も確認がしやすく親切です。十分なスペースがない場合や取引内容が多い場合は、備考欄に記載するか4月12日納品分と4月18日納品分の請求書を分けて発行するなどしてもよいでしょう。

❻備考
振込先、支払期限などは文章ではなく箇条書きで記載します。振込手数料については、たとえ先方負担であることがわかっている場合であっても、「**負担をお願いする**」という気持ちを表現するようにします。「**恐れ入りますが**」「**誠に勝手ながら**」という表現を加えると丁寧な印象になります。

Let's Try 見積書を作成してみよう

実際のビジネスシーンを想定して、見積書を作成してみましょう。
※「作成例と解説」は別冊P.14に記載しています。

▶▶▶ 保守・サポートの見積書を作成することに！

あなたは、コンピューターの保守およびサポートを行うABCネットワーク株式会社の営業部に所属し、主に顧客の新規開拓を担当しています。
あなたは、上司から、「株式会社YYYが見積の提示を希望しているから、すぐにでも見積書を作成してください」と指示されました。
見積書についてすでに決定している事項は、次のとおりです。

- 見積書の通番は「見積No.2011-086」とする。
- 作成日は「2011年2月10日」とする。
- 見積書の宛先は「株式会社YYY」とする。
- 見積書の作成者は「ABCネットワーク株式会社」とし、連絡先は次のとおりである。

  〒105-0022 東京都港区海岸X-XX-X
  TEL：03-6789-XXXX
  FAX：03-6789-XXXX

- 見積内容は、次を参考にすること。

  - 基本サービスは一式 月額250,000円（税抜）である。
  - 基本サービスのメニューは、定期点検（月2回）、障害対応（原因の解析と報告を含む）、24時間365日電話サポート、故障パーツの交換である。
  - パーツ交換が発生した場合のパーツ代は別途請求とする。
  - お客様は、オプションである災害対策、セキュリティ対策パッケージも希望されている。
  - 災害対策は一式 月額150,000円（税抜）、セキュリティ対策パッケージは一式 月額100,000円（税抜）である。

- 見積書の有効期限は「発行日より1ヵ月以内」とする。
- 見積書の取い合わせ先は、「担当：営業部 山口、TEL：03-6789-XXXX」とする。

第8章
気持ちが伝わるお礼状・お詫び状を作ろう
【社外文書】

気持ちよい関係を築くためのお礼状・お詫び状の目的や役割、構成する要素、書き方のポイントなど、お礼状・お詫び状の作成について解説しています。

STEP1 お礼状・お詫び状とは……………………………… 143
STEP2 お礼状・お詫び状の目的と役割………………… 144
STEP3 お礼状・お詫び状に必要な要素………………… 147
STEP4 お礼・お詫び事項を書くときのポイント ……… 149
Case Study 悪いお礼状・良いお礼状………………… 151
Let's Try お詫び状を作成してみよう………………… 155

STEP 1 お礼状・お詫び状とは

1 お礼状とは

「お礼状」とは、ビジネスにおいて、相手の手を煩わせてしまったり、わざわざ時間を割いてもらったりなど、社外の人にしてもらったことに対して感謝の気持ちを伝えるための文書のことです。たとえば、セミナーや展示会などのイベントに足を運んでもらったとき、自社の商品やサービスを購入してもらったとき、自社を訪問してもらったとき、お祝いやお見舞いの品を受け取ったときなどに作成します。必ず作成しなければならないという決まりはなく、状況に応じて、お礼状が必要かどうかを判断します。また、電話やメールで済ませることもあります。

2 お詫び状とは

「お詫び状」とは、ビジネスにおいて、相手に迷惑をかけたり損害を与えたりなど、社外の人に対してお詫びの気持ちを伝えるための文書のことです。たとえば、納期が遅れたとき、誤って不良品を納入してしまったとき、提出した書類に間違いが見つかったときなどに作成します。

お詫び状を出すということは、自分になんらかの落ち度があったことを認めたという意思表示になります。相手の気分を害するほどの事態でない場合には、電話やメールで済ませることもあります。

> **POINT ▶▶▶**
> **抗議状**
> 「抗議状」とは、ビジネスにおいて相手の過失によって損害を受けたとき、抗議の気持ちを伝えるための文書のことです。これと似た文書に「苦情状」がありますが、苦情状より、さらに強く不服を申し立てるときに作成します。一般に、契約の不履行や違法行為、商標権の侵害など、理不尽な行為に対する抗議に用いられます。抗議状や苦情状を受け取り、自分に落ち度があったと認めた場合は、お詫び状の作成が不可欠です。

STEP 2 お礼状・お詫び状の目的と役割

1 お礼状の目的と役割

お礼状を受け取って気分を害する人はまずいないでしょう。電話やメールで気持ちを伝えるよりも、文書にすることで、より丁寧な印象を与えることができます。気持ちよく仕事ができれば、相手は「またこの人と仕事がしたい」と思うものです。

■お礼状の目的
お礼状を作成する目的には、次のようなものがあります。

◆気持ちを丁寧かつ確実に伝える
何かをしてもらったとき、電話やメールですみやかにお礼の気持ちを伝えることも大切ですが、印象に残らなかったり相手の受け取り方によって気持ちがうまく伝わらなかったりする可能性があります。感謝や喜びの気持ちをより丁寧に、かつ確実に伝えるのに効果的です。

◆相手に対する敬意を表す
お礼状は、おもてなしの心を伝える文書です。文書にするというひと手間をかけることで、相手に対して敬意を表すことができます。

◆相手の満足度を高める
どんな小さなことでも感謝や喜びの気持ちを伝えられると、相手も自分のしたことに対して、「役に立つことができてよかった」と満足感を得ることができます。

■お礼状の役割
お礼状の役割には、次のようなものがあります。

◆良好な人間関係を維持する
お礼状は、相手に対する敬意の気持ちを表現し、相手の満足度を高めることで、その後の人間関係を円滑にする役割を果たします。礼儀をわきまえたやり取りを通じて、さらなる信頼関係を築くこともできます。良好な人間関係や信頼関係は、ビジネスを円滑に進める上で重要です。

◆ビジネスをより円滑に進める

お礼状は、単に相手にしてもらったことに対するお礼の気持ちを表現するだけでなく、相手の感想や意見に耳を傾けるきっかけにもなります。たとえば、セミナーや展示会などのイベントに足を運んでもらったとき、商品やサービスを購入してもらったときなどには、関心を持ってもらえたかどうか、不明点や疑問点はなかったかどうかを相手に確認します。こうすることで、さらに相手の関心を引きとめ、次のコミュニケーションの機会を促すことができます。

気持ちがこもったお礼状は、相手の印象を良くし、「**この人となら気持ちよく仕事ができそうだ**」という期待感につながります。

2 お詫び状の目的と役割

明らかに迷惑をかけたり損害を与えたりしたにもかかわらず、きちんとお詫びの気持ちを伝えずにいたら、相手はさらに気分を害することになるでしょう。非常識だとして個人の評価が下がるだけでなく、会社のイメージを損ね、信用を失うことにもなりかねません。場合によっては、ビジネスに損失を与える可能性もあります。逆に、誠意を持って対応すれば、再び信用を取り戻すこともできます。

■お詫び状の目的

お詫び状を作成する目的には、次のようなものがあります。

◆自分の落ち度を認める

お詫び状は、相手に迷惑をかけたり損害を与えたりした原因が自分にあることを伝えるための文書です。自分に落ち度があった場合は、言い訳や責任転嫁をしようとせず、素直に反省する姿勢が大切です。

◆気持ちを丁寧かつ確実に伝える

電話やメールですみやかにお詫びの気持ちを伝えることも大切ですが、印象に残らなかったり相手の受け取り方によって気持ちがうまく伝わらなかったりする可能性があります。お詫びや反省の気持ちをより丁寧に、かつ確実に伝えるのに効果的です。

◆相手の不満や怒りを和らげる

お詫びが必要な事態が発生した場合には、何よりも先に、相手の気持ちを察することが大切です。相手が何に対して不満を感じているか、どの程度怒っているのかに配慮しながら、自分が取るべき態度や行動を考え、失礼のないお詫び状を作成することで、相手の気持ちを和らげることができます。

■お詫び状の役割

お詫び状の役割には、次のようなものがあります。

◆冷静かつ客観的に事態を分析する

誰でも悪いことには目をつぶりたくなるものです。しかし、事実を直視しない限り、目の前の事態は改善されません。お詫び状は、二度と同じことを繰り返さないためにはどうしたらよいかを考え、自分のしたことを冷静かつ客観的に分析する絶好の機会であるといえます。

◆問題をすみやかに解決へと導く

お詫び状は、単にお詫びや反省の気持ちを伝えるだけでなく、二度と同じことを繰り返さないという固い決意を表明する文書でもあります。したがって、まずは原因の究明を急がなければ始まりません。このことは、問題をすみやかに解決へと導くことにつながります。

◆今後のビジネスチャンスにつなげる

お詫びの気持ちをどのように表現するかによって、その後のビジネスを左右することもあります。お詫び状を通じて、自分がしたことを素直に反省し、次に取るべき行動をしっかりと見極めていることが伝われば、「**次は大丈夫だろう**」「**二度とこんなことはないだろう**」と、相手の安心感や期待感を高めることもできます。これまでどおりの信頼関係を取り戻すことも不可能ではありません。

STEP 3 お礼状・お詫び状に必要な要素

1 お礼状・お詫び状の基本要素

お礼状・お詫び状を構成する基本要素は、次のとおりです。

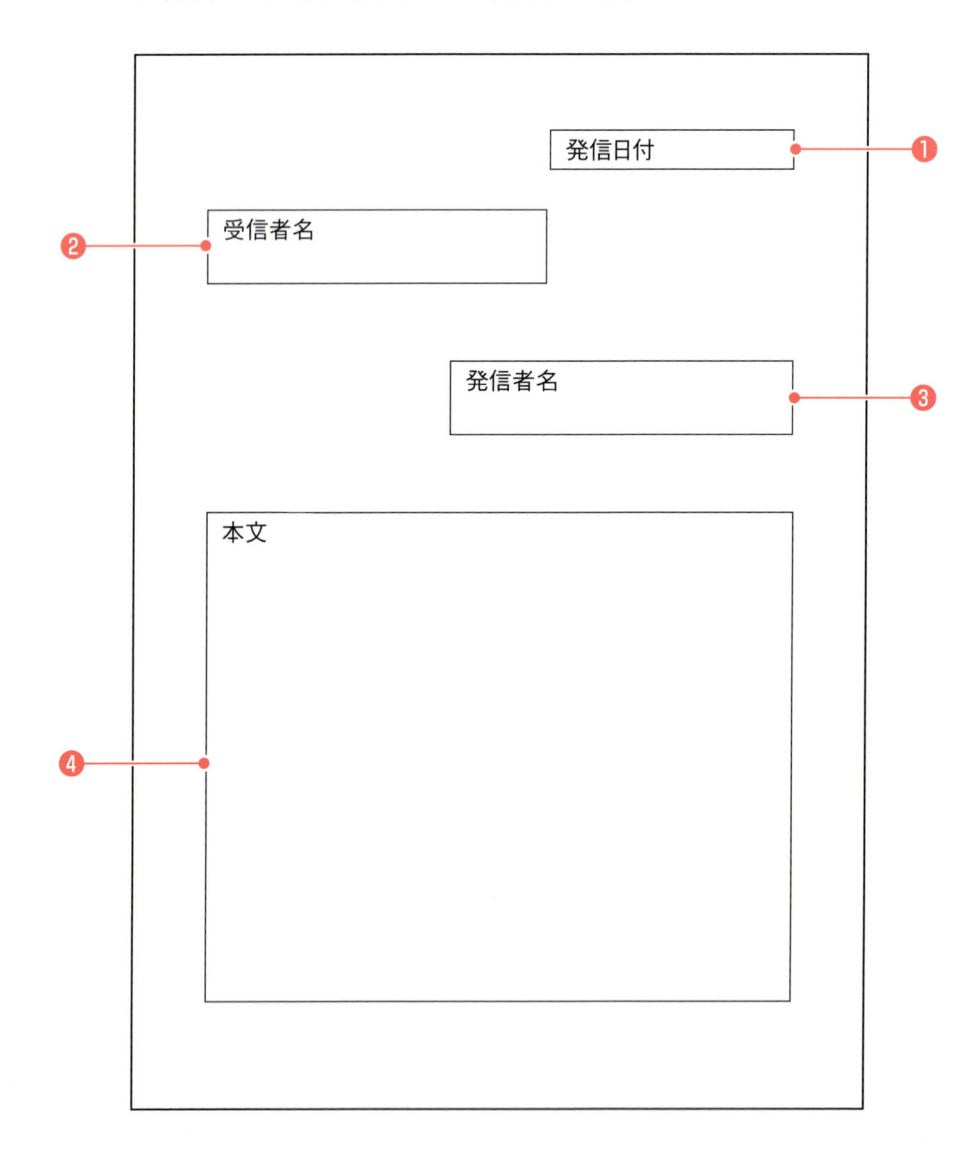

発信日付	❶
受信者名 ❷	
発信者名	❸
本文 ❹	

❶発信日付
原則として、作成日ではなく、発信当日の年月日を記載します。

❷受信者名
受信者の会社名、部署名、役職名、個人名＋敬称を、省略せずに正しく記載します。個人名もフルネームで記載するのが一般的です。

❸発信者名
発信者の会社名、部署名、役職名、個人名を、省略せずに正しく記載します。個人名もフルネームで記載するのが一般的です。

❹本文
表題などは付けずに、本文を簡潔にわかりやすく書きます。頭語、前文、主文、末文、結語の要素で本文を構成するとともに、慣用語や敬語を正しく使い、丁寧な表現を心がけます。

> **POINT ▶▶▶**
> **お礼状・お詫び状のフォーマット**
> お礼状・お詫び状を作成するとき、会社で独自のフォーマットが用意されている場合は、それに準じます。

STEP 4 お礼・お詫び事項を書くときのポイント

1 お礼・お詫び事項を書くときのポイント

お礼・お詫び事項を書くときのポイントは、次のとおりです。

■相手に対する敬意を表す

日ごろの取引に対する感謝の気持ちや、迷惑をかけたことに対する反省の気持ちなど、相手に対する敬意を忘れてはいけません。相手に対して失礼のないよう、社外文書の基本的な書き方を守り、文書全体を通して礼儀をわきまえた丁寧な文章を心がけます。

■自分の言葉で心を込めて書く

いくら儀礼的な文書とはいえ、言葉だけ丁寧で、気持ちが伝わらないようでは意味がありません。失礼のない文章表現に注意することは大切ですが、受け取った相手に事務的な印象を与えてしまわないように、できるだけ自分の言葉で書くことが大切です。

特にお詫び状の場合は、気分を害している人が相手です。お詫び状の書き方ひとつで、相手をさらに怒らせてしまうこともあります。間違っても相手に落ち度があったかのような表現は慎まなければなりません。

お礼状・お詫び状を受け取った相手が、「〜をしてよかった」「次はきっと大丈夫だろう」などと感じてくれるように、心を込めて書くようにしましょう。

■今後のビジネスにつなげる

お礼状・お詫び状は、今後のビジネスにつなげるための大事なチャンスでもあります。「ありがとうございました」「申し訳ございませんでした」で終わるのではなく、相手に安心感や期待感を与える工夫も必要です。
たとえば、次のような点を意識するとよいでしょう。

<お礼状の場合>

- ●新商品や次回のイベントなどをさりげなくアピールする
- ●商品やサービスの購入者に対し納期や納品方法を連絡する
- ●購入後のアフターサービスに言及する
- ●相手の意見などを商品開発に反映する意志を伝える

<お詫び状の場合>

- ●事実関係や問題の原因を明らかにする
- ●具体的な解決策と解決の目途に言及する
- ●再発防止に向けた決意と具体的な対策を述べる
- ●相手の都合を最優先とする

■すみやかに作成する

お礼状もお詫び状も、出すタイミングが重要です。お礼をすべきこと、お詫びをすべきことが発生したら、すみやかに作成し、提出するようにします。特にお詫び状の場合は、時間が空くと忘れていたかのような印象を与えてしまい、逆効果になりかねません。また、そもそも謝罪の気持ちがないように受け取られてしまう可能性もあります。たとえ原因の究明に時間がかかるような場合でも、相手に迷惑をかけたことに対し、まずお詫びの気持ちを伝えることが先決です。先に電話やメールでお詫びの気持ちを伝えてから、別途お詫び状を送付するとよいでしょう。

POINT ▶▶▶
お詫びの訪問

「お詫び状を出せば安心」と考えてはいけません。場合によっては、後日、上司とともに相手先を訪問し、改めて謝罪の気持ちを伝えることも必要です。訪問が必要かどうかは、相手に与えた損害の程度に応じて判断します。判断に迷うようなら、上司に相談するようにしましょう。

POINT ▶▶▶
結びの一言

お礼状・お詫び状の本文の最後には、「まずは略儀ながら書面をもってお礼（お詫び）申し上げます」などと書き、本来なら直接訪問してお礼またはお詫びすべきところを、ひとまず書面で気持ちを伝えることに対する非礼に触れておくとよいでしょう。

Case Study 悪いお礼状・良いお礼状

実際のビジネスシーンを想定して、お礼状の悪い例と良い例を比べてみましょう。

▶▶▶ 内覧会への来場に対するお礼状を作成することに！

各種スポーツ用品の製造および販売を行うABCスポーツ株式会社本社営業推進部に所属する富士賢治さんは、全国各地に散らばる支店の営業活動の取りまとめやサポートを行っています。

富士さんは、上司から「先週開催した第3回販売店様向けレディースゴルフウェア内覧会に来てくださったBBB商事株式会社の取締役は、かなり熱心だったね。取り急ぎ電話でお礼は伝えておいたけど、別途お礼状を作成してください」と指示されました。

お礼状に盛り込むべき内容は、次のとおりです。

・発信日付は「2011年7月27日」とする。
・受信者は「BBB商事株式会社 取締役 片山一雄」とする。
・発信者は「営業推進部長 黒沢洋一」とする。
・BBB商事株式会社の片山氏は、忙しいスケジュールの合間を縫って来場された。
・片山氏は非常に関心を持たれた様子であったが、会場が混雑しており、満足のいく十分な対応ができなかった。
・どのような点に関心を持たれたか、わかりにくい点があったかどうかについてはヒアリングできていない。
・不明点があれば、いつでも営業担当に相談して欲しい。
・機会があれば、BBB商事株式会社に直接説明に伺いたいと考えている。

さて、富士さんはこのメモから、どのようなお礼状を作成したのでしょうか。

✕ このお礼状の悪いところは?

富士さんが作成したお礼状を上司に確認してもらったところ、きちんと見直してからもう一度提出するように言われました。
どのような点が問題なのかを考えてみましょう。

＜富士さんの作成したお礼状＞

2011年7月27日

BBB商事(株) 取締役 片山様

営業推進部長 黒沢洋一

来場の御礼

拝啓　向暑の候、貴社ますますご盛栄のこととお慶び申し上げます。
　さて、このたびはご多忙中にもかかわらず、弊社「第3回販売店様向けレディースゴルフウェア内覧会」に来場してくださり、ありがとうございます。会場が混雑していたため、十分な対応ができず、申し訳ございませんでした。もし、関心を持たれたものや不明な点がございましたら、弊社営業担当者にご連絡ください。必要であれば、御社にご説明にお伺いします。
　今後ともよろしくお願い申し上げます。

以上

こうすれば良いお礼状になる!

富士さんは作成したお礼状を書き直しました。
良いお礼状を作成するためのポイントを確認してみましょう。

＜良い例＞

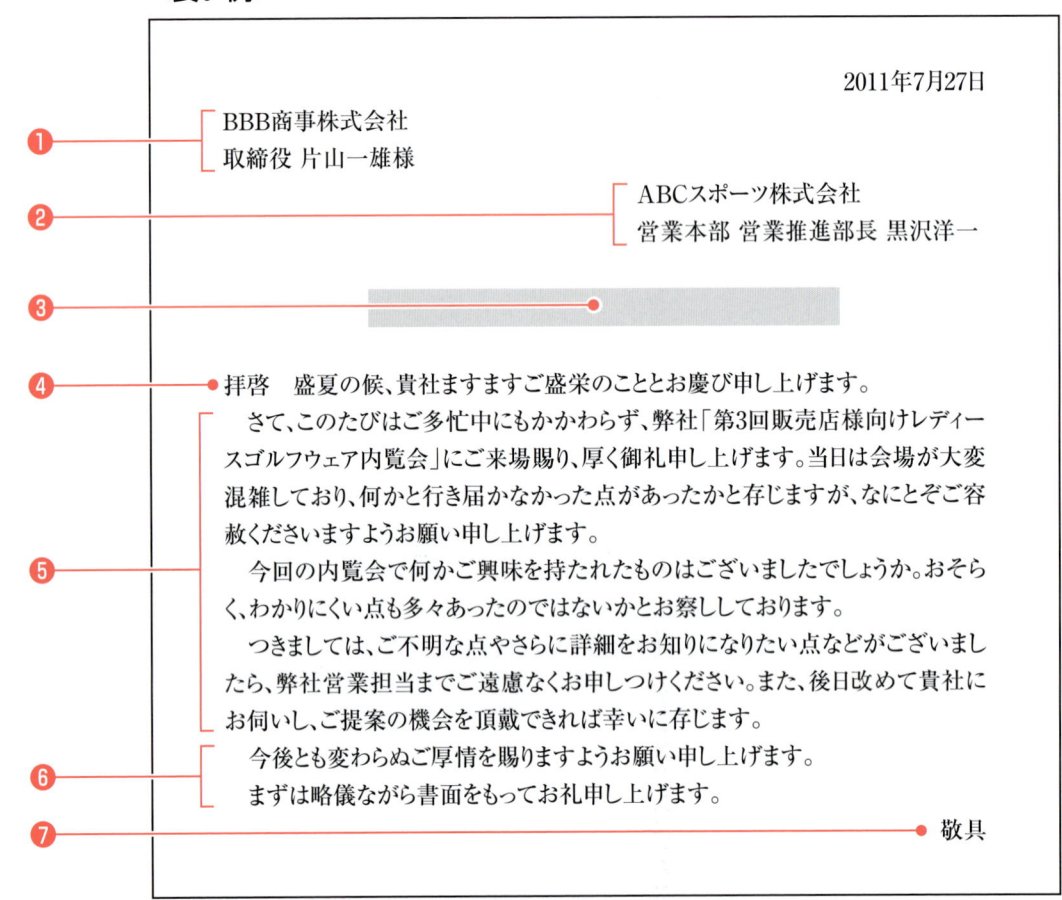

❶ BBB商事株式会社
　 取締役 片山一雄様

　　　　　　　　　　　　　　　　　　　　　　　　　　2011年7月27日

❷ ABCスポーツ株式会社
　 営業本部 営業推進部長 黒沢洋一

❸ （タイトル）

❹ 拝啓　盛夏の候、貴社ますますご盛栄のこととお慶び申し上げます。

❺ 　さて、このたびはご多忙中にもかかわらず、弊社「第3回販売店様向けレディースゴルフウェア内覧会」にご来場賜り、厚く御礼申し上げます。当日は会場が大変混雑しており、何かと行き届かなかった点があったかと存じますが、なにとぞご容赦くださいますようお願い申し上げます。
　今回の内覧会で何かご興味を持たれたものはございましたでしょうか。おそらく、わかりにくい点も多々あったのではないかとお察ししております。
　つきましては、ご不明な点やさらに詳細をお知りになりたい点などがございましたら、弊社営業担当までご遠慮なくお申しつけください。また、後日改めて貴社にお伺いし、ご提案の機会を頂戴できれば幸いに存じます。

❻ 　今後とも変わらぬご厚情を賜りますようお願い申し上げます。
　まずは略儀ながら書面をもってお礼申し上げます。

❼ 　　　　　　　　　　　　　　　　　　　　　　　　　　　　　　敬具

❶受信者名
社外文書の場合、受信者の会社名、部署名、役職名、個人名＋敬称を省略するのは失礼にあたります。正式な名称を正しく記載しましょう。長くなる場合は、複数行に分けて書いてもかまいません。個人名もフルネームで記載するのが一般的です。

❷発信者名
受信者名と同様に、発信者の会社名から書き、部署名、役職名、個人名を正しく記載します。省略したり、個人名の後ろに役職名を付けたりしてはいけません。個人名もフルネームで記載するのが一般的です。この例では、「ABCスポーツ株式会社 営業本部 営業推進部 部長 黒沢洋一」としてもよいでしょう。

❸表題

お礼状に表題を付ける必要はありません。

❹前文

「向暑の候」は6月に使う時候のあいさつです。7月は「**盛夏の候**」「**炎暑の候**」「**酷暑の候**」などを使います。季節に関係なく使える「**時下**」を使い、「**時下ますますご盛栄のことと〜**」としてもよいでしょう。また、頭に「**拝啓**」「**謹啓**」などの頭語を入れ忘れないようにします。

❺主文

この例の場合、受信者は得意先の取締役です。できるだけ丁寧な表現を選び、失礼のないように細心の注意を払います。また、適切な場所で改行し、見た目にも読みやすい文章を心がけます。次回の訪問や提案への意欲を伝えるなど、今後のビジネスチャンスにつなげるための工夫も忘れないようにしましょう。

この例では、次のような点を見直しています。

悪い例	良い例
来場してくださり	ご来場賜り
ありがとうございます	厚く御礼申し上げます
十分な対応ができず	何かと行き届かなかった点があったかと存じます
申し訳ございませんでした	なにとぞご容赦くださいますようお願い申し上げます
ご連絡ください	ご遠慮なくお申しつけください
必要であれば、御社にご説明にお伺いします	後日改めて貴社にお伺いし、ご提案の機会を頂戴できれば幸いに存じます

❻末文

「今後ともよろしくお願い申し上げます。」では、どことなく軽い印象を与えてしまいます。慣用語を使って、日ごろの取引に対する感謝の気持ちと、今後の継続的な関係への期待を述べるようにします。また、この例では、本来なら直接お礼の気持ちを伝えるべきところを、書面で済ませる非礼にも触れています。このように、最後まで相手を尊重する気持ちを表現することが大切です。

❼結語

「**以上**」は結語ではありません。必ず、頭語に対応する結語を入れます。この例の場合は、頭語が「**拝啓**」なので、結語は「**敬具**」になります。

Let's Try　お詫び状を作成してみよう

実際のビジネスシーンを想定して、お詫び状を作成してみましょう。
※「作成例と解説」は別冊P.16に記載しています。

▶▶▶ 不良品のお詫び状を作成することに！

あなたは、自動車用部品の製造および販売を行うABC技研株式会社の営業部に所属し、主に継続顧客への製品販売を担当しています。

ある日、XYZオート株式会社に発送した製品に不良品が発覚し、上司から「**先方には私から電話を入れておいたから、すぐにお詫び状を作成してください**」と指示されました。

お詫び状に盛り込むべき内容は、次のとおりです。

- 発信日付は「2011年9月13日」とする。
- 受信者は「XYZオート株式会社　取締役　岡田重夫」とする。
- 発信者は「ABC技研株式会社　営業部長　田中啓一」とする。
- ABC技研では、日ごろから厳格な検査体制を取っているが、XYZオート宛に9月12日付で発送した製品「AAA1029」1,000個の一部に不良品が混入していることが発覚した。
- 9月14日付で、至急製品「AAA1029」1,000個を再発送する予定で準備を進めている。
- 先に発送した1,000個は、そのまま着払いで返送してもらえるよう依頼する。
- 不良品が発生した原因は現在調査中であり、原因が判明次第、XYZオートには改めて報告する予定にしている。
- 今後は、より厳格な検査体制の確立に向けた施策を講じ、再発防止に努めていく。

■第9章■
メールでビジネス文書を作ろう

社内だけでなく、社外の人とのやりとりに欠かせないビジネスメールを構成する要素、書き方のポイント、ルールとマナーなど、ビジネスメールの書き方について解説しています。

STEP1	ビジネスメールとは ……………………………	157
STEP2	ビジネスメールに必要な要素 …………………	158
STEP3	ビジネスメールを書くときのポイント …………	160
STEP4	ビジネスメールのルールとマナー ……………	163
STEP5	社内向けビジネスメール ………………………	167
STEP6	社外向けビジネスメール ………………………	171
Case Study	悪いビジネスメール・良いビジネスメール …	175
Let's Try	ビジネスメールを作成してみよう …………	179

STEP 1　ビジネスメールとは

1　ビジネスメールとは

「**メール**」とは、インターネット上で行う手紙のやり取りのことです。書面でのやり取りと区別して、「**Eメール**」または「**電子メール**」ともいいます。パソコン同士はもちろん、携帯電話でもやり取りできるため、重要なコミュニケーションツールのひとつとして多くの人に利用されています。また、ビジネスシーンでやり取りされるメールのことを「**ビジネスメール**」といい、社内はもちろん、社外の人とのやり取りにも欠かせないものになっています。

2　ビジネスメールの特徴

ビジネスメールには、次のような特徴があります。

■相手の都合に関係なく送信可能

電話と違って、相手が不在でも、また送信時刻が深夜や早朝になったとしても、気にすることなく送信できます。また、受信者も都合のよい時間にメールを読むことができます。

■距離に関係なく瞬時に送信可能

相手が世界中のどこにいようと関係なく、一瞬のうちにメールを送信できます。受信者は、インターネットへの接続環境さえあれば、どこにいてもメールを受け取ることができます。

■ファイルを添付して送信可能

メールには、パソコン上で作成したファイルをはじめ、画像データや音声データなど、さまざまなファイルを添付することができます。

> **POINT ▶▶▶**
> **メールソフト**
> 「メールソフト」とは、メールをやり取りしたり送受信したメールを保存・管理したりするのに必要なソフトウェアのことです。「メーラー」ともいいます。メールソフトには無償のものから有償のものまでさまざまなものがあります。

第9章　メールでビジネス文書を作ろう

STEP 2　ビジネスメールに必要な要素

1　ビジネスメールの基本要素

ビジネスメールは、連絡事項や確認事項の伝達が中心となるため、正式なビジネス文書と比較すると、文章の内容は簡略化されています。ただし、内容をわかりやすく伝えることが大切であることに、変わりはありません。
ビジネスメールを構成する基本要素は、次のとおりです。

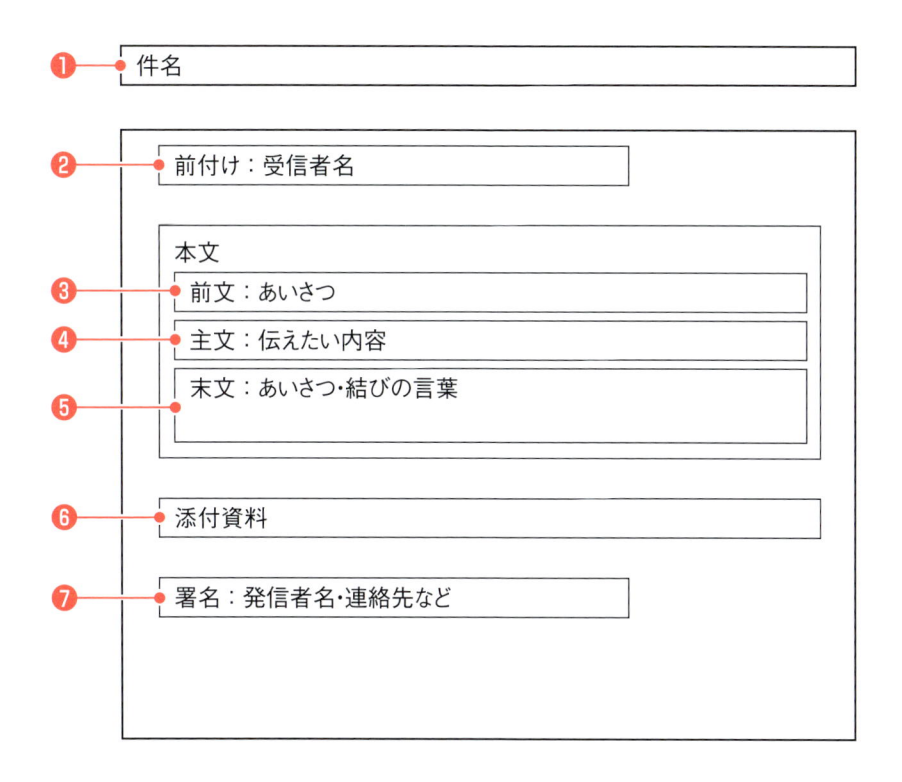

❶ 件名

❷ 前付け：受信者名

本文
❸ 前文：あいさつ
❹ 主文：伝えたい内容
❺ 末文：あいさつ・結びの言葉

❻ 添付資料

❼ 署名：発信者名・連絡先など

❶件名
メールの内容を簡潔に表現した件名を記載します。メールの受信者が最初に目にする重要な部分です。

❷前付け
受信者の会社名、部署名、個人名＋敬称を記載します。社内向けのビジネスメールの場合は、会社名の記載は不要です。

❸前文

前文には、相手に合わせた適切なあいさつを書きます。メールでは、時候のあいさつや安否・繁栄のあいさつは必要ありません。

<例>

> いつもお世話になっております。
> 平素は格別のご愛顧を賜り、厚く御礼申し上げます。

❹主文

主文は、メールの中心部分で、相手に伝えたい内容を説明するところです。わかりやすく簡潔に伝えるためには、相手が理解しやすいような構成を考え、論理的に展開することが重要です。

主文の基本構成は、次のとおりです。

構成	説明
話題文	主題(最も伝えたいこと)と、これから伝えようとしている情報を示します。
補足文	話題文を受けて、主題を具体的に説明します。具体的に説明すると、複数の文を使用することになりますが、話題文で確認した情報の範囲を超えないようにします。
終結文	段落の要点を簡潔にまとめます。常に必要というわけではありませんが、段落の終わりを明確にし、主題を再確認することで、相手の理解を促します。

❺末文

末文には、終わりのあいさつや感謝する気持ちを書きます。

<例>

> 取り急ぎ、ご回答申し上げます。
> 今後とも、～をご愛顧いただきますよう、よろしくお願い申し上げます。

❻添付資料

添付する資料がある場合は、明記します。

❼署名

発信者の会社名や部署名、個人名、連絡先などを記載します。記号などを使って線を引き、本文とは明確に区別します。メールの内容について不明点や連絡事項があった場合に備えて、署名は必ず記載します。一般に、社内向けのビジネスメールと、社外向けのビジネスメールとで表示する項目を変え、署名を使い分けます。

STEP 3 ビジネスメールを書くときのポイント

1 ビジネスメールを書くときのポイント

ビジネスメールを書くときのポイントは、次のとおりです。

■1通のメールにひとつの用件を書く

1通のメールには、用件をひとつだけ書くようにします。複数の用件を混在させると、メールを受け取った人が、大切な情報を見落としたり、情報を整理しにくくなったりします。

■内容がひと目でわかる件名にする

件名は、メールの内容を把握する上で大切なものです。内容がひと目でわかるような件名を付けると、受信者がメールの優先順位を判断しやすくなり、重要なメールの見落としを防ぐこともできます。
後日、件名を頼りにメールを読み返すこともあるので、内容に関連するキーワードを入れておくとよいでしょう。また、急いで読んでもらいたいメールの件名には「**至急**」「**緊急**」、重要なメールには「**重要**」などの文字を付けておくと、送信者の気持ちが伝わり、受信者の注意を促すことができます。

悪い例	良い例
お願い	5月度活動報告書提出のお願い
会議のお知らせ	Aプロジェクト キックオフ会議開催のお知らせ
資料送付	6月10日新商品発表会の配布資料送付

■会社名や名前は正確に書く

相手の会社名や名前を間違えることは大変失礼です。名刺やメールの署名などで必ず確認し、入力ミスなどがないように注意して書きましょう。また、会社名は正式名称で書き、(株)やK.K.などは使用しないようにします。

■ビジネスに不向きな文字表現を使わない

ビジネスメールでは、「(^o^)」「m(＿＿)m」などのように、記号を組み合わせて喜怒哀楽を表現した顔文字を使うのは、好ましくありません。また、気持ちを漢字で表現した「(笑)」「(涙)」なども使用しないようにします。

■重要なことは最初に伝える

受信したメールは、忙しい仕事の合間を縫ってチェックすることも多いため、相手が短時間で必要な内容を把握できるように工夫します。最後まで読まないと用件が伝わらないようなメールは、後回しにされてしまう可能性があります。メールの本文では、最も伝えたいことを最初に持ってくるようにしましょう。

■短い文章で簡潔にまとめる

だらだらと長い文章は、「あとでじっくり読もう」と、思われてしまうかもしれません。1文の長さをできるだけ短くし、簡潔な文章を心がけます。また、できるだけ専門用語の多用は避け、誰にでも理解できる一般的な用語を選ぶようにします。社外の人に宛てたメールでは、社内用語は使用しないようにしましょう。

■文字組みを工夫する

文章そのものの読みやすさはもちろん、文字の配置や改行の位置といった文字組みも大事な要素です。読みにくい文字組みは、大切な情報を読み飛ばしたり、意図したことが正確に伝わらなかったりする原因になります。
次のように工夫してみましょう。

◆段落を分ける

1行の文字数が多く、横に長い文章は読みにくいため、きりの良いところで改行したり、話の内容が変わるところで1行空けたりして、相手が読みやすい構成にします。

<悪い例>

> 先日ご依頼しました「Webマーケティングセミナー」講師の件ですが、詳細が決定しましたのでご連絡いたします。2011年7月7日(木)10時～16時、センタービル10階A研修室(○○駅より徒歩8分)です。
> 以上、取り急ぎご連絡申し上げます。

<良い例>

> 先日ご依頼しました「Webマーケティングセミナー」講師の件ですが、
> 詳細が決定しましたのでご連絡いたします。
>
> 2011年7月7日(木)10時～16時、
> センタービル10階A研修室(○○駅より徒歩8分)です。
>
> 以上、取り急ぎご連絡申し上げます。

◆箇条書き・インデント・記号を使う

箇条書きにして要点をまとめたり、インデント（字下げ）や記号を使ったりすると、メリハリをつけることができます。

＜例＞

```
先日ご依頼しましたセミナー講師の件ですが
下記のとおり詳細が決定しましたのでご連絡いたします。

●「Webマーケティングセミナー」
　日時：2011年7月7日(木)10時～16時
　場所：センタービル10階A研修室（○○駅より徒歩8分）

以上、取り急ぎご連絡申し上げます。
```

記号 → ●
インデント（字下げ）
箇条書き

◆全角・半角を統一する

英数字の全角・半角を統一すると、メールがより洗練された印象になり、読みやすくなります。

＜悪い例：全角・半角が混在＞

```
先日ご依頼しましたセミナー講師の件ですが
下記のとおり詳細が決定しましたのでご連絡いたします。

●「Ｗｅｂマーケティングセミナー」
　日時：２０１１年7月7日(木)１０時～１６時、
　場所：センタービル１０階A研修室（○○駅より徒歩8分）
　使用テキスト：「Webマーケティング100のヒント」

以上、取り急ぎご連絡申し上げます。
```

▼

＜良い例：半角で統一＞

```
先日ご依頼しましたセミナー講師の件ですが
下記のとおり詳細が決定しましたのでご連絡いたします。

●「Webマーケティングセミナー」
　日時：2011年7月7日(木)10時～16時、
　場所：センタービル10階A研修室（○○駅より徒歩8分）
　使用テキスト：「Webマーケティング100のヒント」

以上、取り急ぎご連絡申し上げます。
```

STEP 4 ビジネスメールのルールとマナー

1 メールの送信

特定の相手にメールを出すことを「**送信**」といいます。
メールを送信するときは、次のようなことに注意しましょう。

■送信前に必ず確認する

メールは一度送信してしまうと、取り戻すことができません。送信する前に、入力した内容を丁寧に確認しましょう。特に宛先を間違えると、重要な情報がまったく関係のない他人に知られてしまう危険性があるため、十分注意が必要です。

■初めて送る人には自己紹介をする

ビジネスでは、ホームページで公開されているメールアドレスに問い合わせのメールを送ったり、同僚から紹介を受けた人に、会う前にメールを送ったりする場合など、面識がない人にメールを送ることがあります。このようなときは、最初に簡単な自己紹介をし、できるだけ丁寧な文章で書くようにします。特に、初めてメールを送る人に何かを依頼する場合は、相手に失礼のないように十分注意しましょう。
また、たとえホームページなどでメールアドレスが公開されていても、本人の了解を得ることなく、一方的に営業目的のメールを送りつけてはいけません。

> **POINT ▶▶▶**
>
> **宛先とメールの写し**
>
> メールの宛先の指定には「宛先」「CC」「BCC」の3種類があり、次のように使い分けます。
>
> ●宛先
> メールの正規の受信者を指定します。
>
> ●CC
> 同じメールを写しとして送信したい人、つまり、情報を共有しておいて欲しい人を指定します。受信者は、メールを受け取ったとき、CCに指定されている人を確認することができます。
>
> ●BCC
> CCと同様に、同じメールを写しとして送信したい人を指定します。受信者同士が互いに面識がない場合に宛先やCCで送信すると、受信者は互いのメールアドレスを確認できてしまいます。本人の許可なくメールアドレスを公開することはマナー違反になるため、同じメールを写しとして送信したい人をBCCに指定すれば、メールアドレスを公開せずに送信できます。受信者は、メールを受け取ったとき、BCCに指定されている人を確認することはできません。

第9章 メールでビジネス文書を作ろう

2 メールの返信

受信したメールに返事を出すことを「**返信**」といいます。
メールを返信するときは、次のようなことに注意しましょう。

■早めに返信する

返事が必要なメールには、できるだけ早く返信します。受信者からなかなか返事が来ないと、送信者は届いたのか、読んでもらえたのかもわからず不安になってしまいます。忙しかったり確認や検討が必要だったりしてすぐに回答できない場合は、現在の状況を伝え、いつまでに回答できそうかを伝えるとよいでしょう。

■CCの指定があれば全員に返信する

受信したメールでCCに指定されている人がいたら、送信者は、これらの人と情報を共有しておきたいのだと考えましょう。したがって、返信する際には送信者だけでなく、CCに指定されている人も含めて全員に返信します。ただし、CCに含まれている人はCCのまま返信します。

■引用文を活用する

メールを返信するときは、新規に返信用のメールを作成するのではなく、受信したメールを使用して返信するのが一般的です。これを「**引用**」といいます。引用を活用すると、送信側は効率よく返信メールを作成でき、受信側は自分が書いた文章を同時に確認することで、内容をすばやく理解できます。
引用を活用する際は、受信したメールの文章に対応させて返事を書くと、会話のように受け答えができ、何に対する返事なのかがわかりやすくなります。回答すべき内容が複数あるか、それぞれの回答が長くなりそうな場合などには、この方法を使うとよいでしょう。

<例>

```
ABCソフト株式会社
山川様

いつもお世話になっております。
DEF商事の定森です。
Aシステム構築プロジェクトの確認事項について、ご回答いたします。

>先日、Aシステム構築プロジェクトの全体スケジュールと
>体制図をお送りしましたが、ご確認いただけましたでしょうか?

はい、一昨日確認いたしました。
回答が遅くなり申し訳ございません。

>確認事項が2点あります。
>1. 検証期間は十分でしょうか?

できれば、さらに1週間確保してください。

>2. プロジェクト体制に変更はございませんでしょうか?

変更はございません。
```

■引用を繰り返さない

引用を使った返信を繰り返すと、「>」などの引用記号が多くなって読みにくくなるので、引用は2回程度で終わらせるようにします。また、引用文は必要に応じて削除するのはかまいませんが、文章そのものを変更してはいけません。

POINT ▶▶▶
携帯電話への返信

相手がメールを携帯電話で受信することがわかっている場合は、文章を引用しないように配慮します。文章が長いと確認が大変になるだけでなく、受信できる文字数に制限がある場合は、すべてを表示できない可能性があります。

3 メールの転送

受信したメールを第三者に送信することを「**転送**」といいます。メールの内容を知らせたい人へ転送すると、簡単に情報を共有することができます。
メールを転送するときは、次のようなことに注意しましょう。

■むやみに転送しない

送信者に断りもなく、転送しないようにします。送信者の名誉が傷ついたり、個人情報が漏れたりして、迷惑がかかるおそれがあります。転送する場合は、送信者の承諾を得るようにしましょう。

■転送する文章を変更しない

転送する相手に知らせる必要がない文章は、削除してもかまいません。ただし、転送する文章そのものを変更してはいけません。転送する文章に間違いがあった場合は、修正せずに間違っているという事実を伝え、正しい内容を補足しておきます。

■コメントを一言添える

転送とはいえ、受信者の名前や前文なしに送りつけるのは失礼です。どのような意図で転送されたのかがわからず、読んでもらえない可能性もあります。
本文の最初に、転送した理由や補足したいことなど、コメントを一言添えて転送するようにします。

参考 メールでの失敗と対応例

メールでよくありがちな失敗と対応例は、次のとおりです。

●**メールが戻ってきたとき**
宛先不明でメールが戻ってきたら、まずはメールアドレスに間違いがないかどうかを確認します。間違っていないようであれば、メールアドレスを知っている人に確認するか、直接本人に確認します。

●**間違った相手に送信したとき**
間違えて送信した相手にお詫びをした上で、削除してもらいます。重要な情報が漏れてしまわないように、重要なメールを送るときは宛先に十分注意しましょう。

●**添付ファイルを忘れて送信したとき**
同じ件名に「(再送)」と付け加え、添付し忘れたことだけを書いて再送信します。

●**受信したメールを削除したとき**
送信者にお詫びをして再送信してもらいます。送信者がお客様である場合は、社内で同じメールを受信した可能性がある人を確認し、もし受信していれば転送してもらいましょう。

STEP 5 社内向けビジネスメール

1 社内向けビジネスメールの特徴

メールは、社内のちょっとした報告や連絡、相談などにも使える便利なコミュニケーションツールです。

直接話したり電話で話したりする方が早い場合もありますが、ちょっとした報告や連絡であればメールで伝えるほうがよい場合もあります。たとえば、外出や出張などで不在にしている人への連絡を、緊急でない限りメールで伝えることにより、相手が電話に出るまで追いかける必要がなく、相手も空いた時間を利用して落ち着いてメールを確認できます。

また、同じ情報を複数の関係者で共有したい場合も、途中で情報が間違って伝えられる心配がなく、確実かつ効率的です。このように状況に応じてメールを活用すると、仕事の効率を上げることができます。

社内向けビジネスメールの活用例には、次のようなものがあります。

●打ち合わせや会議の開催予定を連絡する
●打ち合わせや会議のスケジュールを調整する
●各種手続きやルール、注意事項などを周知徹底する
●仕事に関する指示をする
●資料の提供や会議への参加など、相手に協力を依頼する
●経験者の意見を聞いたり、関係者の意見を幅広く収集したりする
●仕事の進め方について相談し、アドバイスを求める
●各種報告や会議資料などを関係者間で共有する

2 社内向けビジネスメールの基本

社内向けビジネスメールでは、儀礼的な文章は必要ありません。効率を優先した次のような書き方が一般的です。

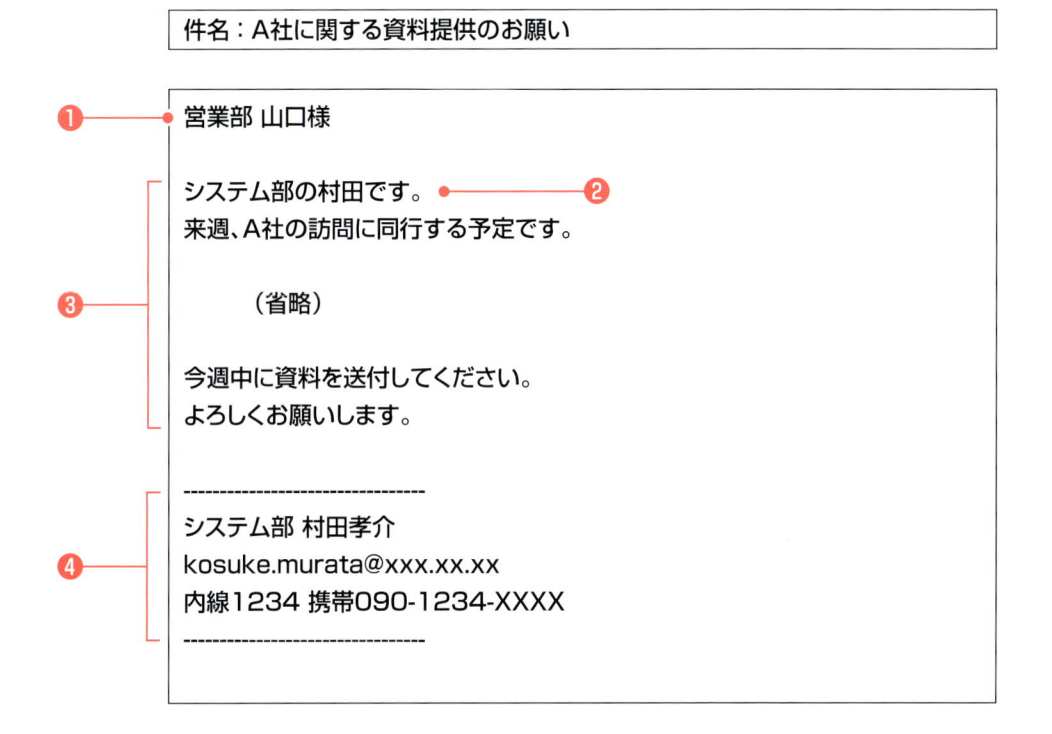

```
件名：A社に関する資料提供のお願い

❶ 営業部 山口様

   システム部の村田です。 ❷
   来週、A社の訪問に同行する予定です。

        （省略）
❸
   今週中に資料を送付してください。
   よろしくお願いします。


   --------------------------------
   システム部 村田孝介
❹ kosuke.murata@xxx.xx.xx
   内線1234 携帯090-1234-XXXX
   --------------------------------
```

❶受信者名
社内向けビジネスメールでは、部署名、個人名＋敬称を記載します。個人名は姓だけの記載でもかまいません。敬称は「**様**」を使うのが一般的です。特定の部署や、関係者全員に送信する場合には、「○○**部各位**」「**関係者各位**」などと書きます。

❷発信者名
発信者名は署名欄に記載するだけでなく、誰からのメールであるかがすぐにわかるように、最初に「○○部の○○です。」と名乗るようにします。

❸本文

社内では儀礼的なあいさつは不要なため、発信者名の下から、すぐに本文に入ります。間に入れるとしても、「**お世話になっております。**」「**お疲れ様です。**」といった軽いあいさつにとどめます。

本文では、用件だけを簡潔に記載します。何かを依頼する際にも、「**今週中にお送りいただけますよう、なにとぞよろしくお願い申し上げます。**」などと、必要以上に丁寧な表現を使う必要はありません。この場合は、「**今週中に送付してください。**」で十分です。

また、相手によっては、「**よろしくお願いします。**」といった末文を省略する場合もあります。相手の立場や自分との関係を踏まえて判断しましょう。

❹署名

社外向けの署名とは別に用意しておきます。社内向けの署名欄には、すぐに連絡が取れるように、内線や携帯電話の番号などを記載しておくとよいでしょう。

3 目的別書き方のポイント

社内向けビジネスメールの書き方には、目的に応じて、次のようなポイントがあります。

■通知・案内をする

通知・案内を目的としたメールでは、次のような点に配慮します。

- ●何に関する通知・案内かが明確に伝わる件名にする
- ●通知・案内したい内容を漏れなく記載する
- ●5W2Hを意識し、通知・案内したい内容をわかりやすく伝える
- ●必要に応じて箇条書きを使う
- ●一般に最後は「以上」で締めくくるが、省略してもよい

■報告をする

報告を目的としたメールでは、次のような点に配慮します。

- 報告したい内容について、要点を箇条書きでまとめる
- 報告先が誰であるかを意識して書く
- 概要が伝わればよいか、詳細を含めるべきかを検討する
- 報告内容に漏れや間違いがないようにする
- 前文と報告すべき内容を、改行するなどして明確に分ける
- 必要に応じて、最後に所感を述べる

■情報を共有する

情報共有を目的としたメールでは、次のような点に配慮します。

- 情報を共有したい理由や目的を明確にする
- 共有しておきたい情報の要点を簡潔にまとめる
- 外部から入手した情報である場合は、情報源を示す
- 事実にもとづく正確な情報であることを説明する
- 共有しておきたい資料がある場合は、その内容を本文で示す
- 情報をどう活用していくかを提案する
- 必要に応じて関係者の意見を求める

■依頼をする

依頼を目的としたメールでは、次のような点に配慮します。

- 何を依頼したいかが明確に伝わる件名にする
- 相手の協力が必要な理由と依頼の目的を明確にする
- 5W2Hを意識し、依頼したい内容を箇条書きでわかりやすく伝える
- 謙虚な姿勢を心がけ、できるだけ丁寧な表現で書く
- 相手の状況に配慮した回答期限を設定する

STEP 6 社外向けビジネスメール

1 社外向けビジネスメールの特徴

社外とのコミュニケーションツールとしてもメールは積極的に活用されています。通知、連絡、案内、お礼、依頼、問い合わせ、相談、お詫び、あいさつなど、その目的もさまざまです。

しかし、社外向けビジネスメールは社内向けビジネスメール以上に、相手に対する配慮が必要になります。安易にメールに依存しすぎると、思わぬ失敗をしたり、かえって悪い印象を与えたりすることも考えられます。場合によっては、直接会ったり電話で話したりするほうがよいこともあるでしょう。また、電話で話し合った内容をメールで確認するなど、状況に応じて適切な使い方をすることが大切です。

社外向けビジネスメールの活用例には、次のようなものがあります。

- ●セミナーや展示会などのイベントの案内をする
- ●訪問日時を調整し、アポイントメントを取る
- ●納期や納品方法について確認する
- ●相手の要望を事前にヒアリングする
- ●商品やサービスについて不明な点を問い合わせる
- ●プロジェクトなどの関係者間で必要な情報を共有する
- ●アンケート調査やセミナー講師などの協力を依頼する
- ●来訪へのお礼の気持ちを伝える
- ●新しいオフィスの移転先を連絡する
- ●送付した資料の間違いを訂正し、お詫びをする

2 社外向けビジネスメールの基本

社外向けビジネスメールでは、用件をわかりやすく簡潔に伝えるだけでなく、相手に対して失礼のないよう丁寧な文章を心がけます。

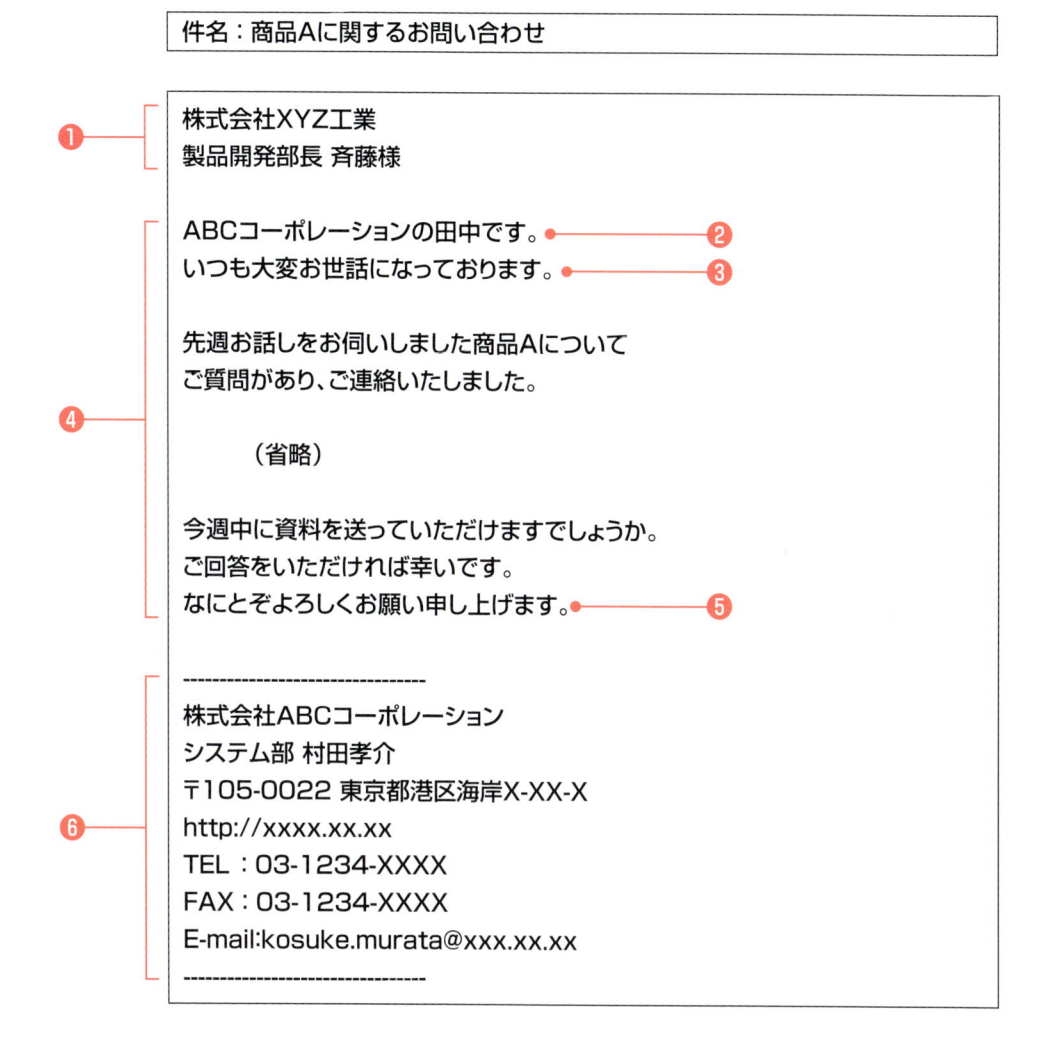

件名：商品Aに関するお問い合わせ

❶ 株式会社XYZ工業
製品開発部長 斉藤様

❷❸ ABCコーポレーションの田中です。
いつも大変お世話になっております。

❹ 先週お話しをお伺いしました商品Aについて
ご質問があり、ご連絡いたしました。

　　（省略）

今週中に資料を送っていただけますでしょうか。
ご回答をいただければ幸いです。
❺ なにとぞよろしくお願い申し上げます。

❻ ---------------------------------
株式会社ABCコーポレーション
システム部 村田孝介
〒105-0022 東京都港区海岸X-XX-X
http://xxxx.xx.xx
TEL：03-1234-XXXX
FAX：03-1234-XXXX
E-mail:kosuke.murata@xxx.xx.xx

---

❶受信者名

社外向けビジネスメールでは、会社名、部署名、役職名、個人名＋敬称を記載します。個人名は姓だけの記載でもかまいません。敬称は「**様**」を使うのが一般的です。相手が団体や組織である場合は「**御中**」を付けます。また、個人名を省略し、「**製品開発部長**」とするのは失礼にあたります。

❷発信者名

発信者名は署名欄に記載するだけでなく、誰からのメールであるかがすぐにわかるように、最初に会社名と個人名を名乗るようにします。部署名は署名欄に記載するため、ここでは省略するのが一般的です。

❸前文

自分の名前を名乗ったあとで、日ごろの取引に対する感謝の気持ちを表現します。「**いつも大変お世話になっております。**」といったあいさつが一般的です。

ただし、「**拝啓 厳寒の候、貴社ますますご清栄のこととお慶び申し上げます。**」といった前文は、ビジネスメールでは不要です。

❹本文

本文には用件だけを簡潔に記載します。相手に対する敬意を表し、礼儀をわきまえた丁寧な文章を心がけます。書き終わったあとは、内容に間違いがないかどうか、あいまいな点がないかどうかを必ず確認します。

❺末文

末文には、「**よろしくお願いいたします**」。「**取り急ぎ、ご報告申し上げます。**」「**今後とも、ご愛顧のほどよろしくお願い申し上げます。**」など、終わりのあいさつや感謝する気持ちを書きます。

❻署名

社内向けの署名とは別に用意します。社外向けの署名欄には、会社名はもちろん、住所や電話番号、会社のホームページのアドレスなどを記載しておくとよいでしょう。「○○○○**好評発売中!**」といったように、新しい商品やサービスの紹介文をさりげなく添える場合もあります。

3 目的別書き方のポイント

社外向けビジネスメールの書き方には、目的に応じて、次のようなポイントがあります。

■通知・案内をする

通知・案内を目的としたメールでは、次のような点に配慮します。

- 何に関する通知・案内かが明確に伝わる件名にする
- 通知・案内したい内容を漏れなく記載する
- 5W2Hを意識し、通知・案内したい内容をわかりやすく伝える
- 必要に応じて箇条書きを使う
- 一般に最後は「以上」で締めくくるが、省略してもよい

■問い合わせをする

問い合わせを目的としたメールでは、次のような点に配慮します。

- 問い合わせたい内容について、要点を簡潔にまとめる
- 問い合わせに至った背景や理由を述べる
- 希望する回答期限を伝える
- 連絡先や希望する連絡手段を明記する

■お礼をする

お礼を目的としたメールでは、次のような点に配慮します。

- 何に対するお礼であるかが明確に伝わる件名にする
- 丁寧な表現を心がける
- できるだけ自分の言葉で心を込めて書く
- なるべく早いタイミングで出す
- 相手との今後の継続的な関係やビジネスチャンスを意識する

■依頼をする

依頼を目的としたメールでは、次のような点に配慮します。

- 何の依頼であるかが明確に伝わる件名にする
- 相手に対する敬意を示し、「お願いをする」という低姿勢で書く
- 依頼したい内容について要点を簡潔にまとめる
- 必要に応じて箇条書きを使う
- 依頼したい仕事の範囲を明確にする
- 希望する回答期限を伝える

Case Study 悪いビジネスメール・良いビジネスメール

実際のビジネスシーンを想定して、社外向けビジネスメールの悪い例と良い例を比べてみましょう。

▶▶▶ 社外の人に移転を通知するメールを作成することに！

各種スポーツ用品の製造および販売を行うABCスポーツ株式会社本社営業推進部に所属する富士賢治さんは、全国各地に散らばる支店の営業活動の取りまとめやサポートを行っています。

オフィスが移転することになり、富士さんは日ごろお世話になっている取引先に対し、移転のお知らせをメールで出すことにしました。

オフィスの移転についてすでに決定している事項は、次のとおりです。

- 業務拡大のためにオフィスを移転することになった。
- 現在のオフィスは、次のとおりとする。

  〒105-0022　東京都港区海岸X-XX-X
  TEL：03-1234-XXXX　FAX：03-1234-XXXX

- 移転後のオフィスは、次のとおりとする。

  〒220-0004　神奈川県横浜市西区北幸X-X-X
  TEL：045-123-XXXX　FAX：045-123-XXXX
  ※みなとみらい駅から徒歩3分

- 3月31日までは現住所で営業し、4月1日以降は新住所での営業となる。

なお、ビジネスメールの作成要綱は、次のとおりとします。

- 受信者は「XYZ商事株式会社　経営企画部長　荒井弘道」とする。
- 発信者は「富士」で、富士さんのメールアドレスは「fuji@xxx.xx.xx」とする。
- ABCスポーツのホームページのアドレスは、「http://xxx.xx.xx」とする。

さて、富士さんはこのメモから、どのようなビジネスメールを作成したのでしょうか。

✕ このビジネスメールの悪いところは？

富士さんが作成したビジネスメールを上司に確認してもらったところ、きちんと見直してからもう一度提出するように言われました。
どのような点が問題なのかを考えてみましょう。

＜富士さんの作成したビジネスメール＞

件名：お知らせ

XYZ商事 経営企画部長

拝啓 時下ますますご盛栄のこととお慶び申し上げます。平素より格別のご高配を賜り、厚く御礼申し上げます。
さて、このたび弊社はオフィスを移転することになりました。
新住所は「〒220-0004神奈川県横浜市西区北幸X-X-X」で、電話番号は045-123-XXXX、FAX番号は045-123-XXXXとなります。みなとみらい駅から徒歩3分ですので、お近くにおいでの際は、ぜひお立ち寄りください。なお、新住所での営業は4月1日からとなります。

今後とも変わらぬご愛顧を賜りますよう、なにとぞよろしくお願い申し上げます。

★☆●○★☆●○★☆●○★☆●○
ABCスポーツ株式会社
営業本部 営業推進部 富士賢治
〒105-0022 東京都港区海岸X-XX-X
http://xxx.xx.xx
TEL：03-1234-XXXX
FAX：03-1234-XXXX
E-mail：fuji@xxx.xx.xx
★☆●○★☆●○★☆●○★☆●○

こうすれば良いビジネスメールになる！

富士さんは作成したビジネスメールを書き直しました。
良いビジネスメールを作成するためのポイントを確認してみましょう。

＜良い例＞

❶ 件名：オフィス移転のお知らせ

❷ XYZ商事株式会社
経営企画部長 荒井弘道様

❸ ABCスポーツの富士です。
❹ いつも大変お世話になっております。

❺ このたび弊社は業務拡大に伴い、オフィスを移転することになりました。
移転先は次のとおりです。

◆新住所
〒220-0004
神奈川県横浜市西区北幸X-X-X
TEL：045-123-XXXX
FAX：045-123-XXXX

みなとみらい駅から徒歩3分です。
お近くにおいでの際は、ぜひお立ち寄りください。
なお、新住所での営業は4月1日からとなります。

今後とも変わらぬご愛顧を賜りますよう、
なにとぞよろしくお願い申し上げます。

----
❻ ABCスポーツ株式会社
営業本部 営業推進部 富士賢治
〒105-0022 東京都港区海岸X-XX-X
http://xxx.xx.xx
TEL：03-1234-XXXX
FAX：03-1234-XXXX
E-mail：fuji@xxx.xx.xx
----

❶件名

「**お知らせ**」だけでは、何のお知らせかがわかりません。件名は、受信者がメールの優先順位を判断したり、あとでメールを整理したりする際に重要な役割を果たします。受信者が、ひと目でメールの内容を把握できるような件名にします。

❷受信者名

社外向けビジネスメールでは、会社名、部署名、役職名、個人名＋敬称を記載します。個人名を省略して、「**経営企画部長**」とだけ記載するのは失礼にあたります。ただし、個人名は姓だけでもかまいません。この例では、「**経営企画部長　荒井様**」としてもよいでしょう。

❸発信者名

最初に必ず自分の会社名と個人名を名乗るようにします。そうしないと、誰からのメールなのかがすぐにわかりません。ただし、部署名は署名欄に記載するため、ここでは省略するのが一般的です。

❹前文

社外向けであっても、ビジネスメールでは時候や繁栄のあいさつは省略するのが一般的です。「**いつも大変お世話になっています。**」のように、軽めにお礼の気持ちを表現します。

❺本文

用件だけを簡潔に記載します。1行の文字数が多く、横に長い文章は読みにくいため、きりの良いところで改行したり、話の内容が変わるところで1行空けたりして、相手が読みやすい構成にします。

箇条書きやインデント、記号などを効果的に使うと、要点が伝わりやすくなります。

また、紙のビジネス文書と同じで、通知する目的や背景はきちんと説明するようにしましょう。この例では、移転の理由を明らかにしています。

❻署名

署名欄は本文と明確に区別する必要があります。ただし、社外向けビジネスメールでは、あまり軽々しい印象を与えるものは不向きです。本文と署名欄を区切る線は、できるだけシンプルにしましょう。

Let's Try ビジネスメールを作成してみよう

実際のビジネスシーンを想定して、ビジネスメールを作成してみましょう。
※「作成例と解説」は別冊P.18に記載しています。

▶▶▶ 社内向けに会議の案内メールを作成することに！

あなたは、コールセンターに特化した人材教育を行う株式会社ABCトレーニングの教育部に所属し、主にテキスト開発の仕事を担当しています。
あなたは、上司から、「そろそろ来年度のテキスト開発計画について検討しなくてはいけないね。会議の日程を調整したいから、会議の案内メールを作成してください」と指示されました。
会議についてすでに決定している事項は、次のとおりです。

- 会議の名称は、「2011年度テキスト開発検討会議」とする。
- 会議の目的は、来年度のテキスト開発の方針について、関係者の意識の統一を図ることである。
- 会議の日程は下記を候補日とし、この中から関係者間で調整して決定する。

    3月7日(月)14:00～16:00
    3月8日(火)13:00～15:00
    3月9日(水)16:00～18:00

- 会議の開催場所は、本社ビル5F B会議室である。
- 受信者には、2月23日(水)までに出席可能な日を返信してもらう。返信先は「あなた」である。

なお、ビジネスメールの作成要綱は、次のとおりとします。

- 受信者は「教育部の全員」とし、CCに「営業部長 安田」を指定する。
- 発信者は「あなた」で、内線番号は「1258」、メールアドレスは「abc@xxx.xx.xx」とする。

付録 1
言葉の常識・非常識

用語の統一や敬語の使い方など、社会人として常識のある言葉の使い方について解説しています。

STEP1 用語の統一 …………………………………… 181
STEP2 敬語の使い方 ………………………………… 185

STEP 1 用語の統一

1 文体の統一

文書全体で文体を統一します。社内文書では、常体、敬体を使い、社外文書では敬体、特別敬体を使います。

常体	敬体	特別敬体
いる	います	おります
ある	あります	ございます
する	します	いたします
思う	思います	存じます
願いたい	お願いします	お願いいたします お願い申し上げます

2 漢字とひらがなの使い分け

同じ言葉を漢字で書いたり、ひらがなで書いたりすると、読みにくい文章になってしまいます。ビジネス文書を作成する際は、よく使う言葉について、漢字とひらがなの使い分け方をあらかじめ決めておきましょう。

漢字表記	ひらがな表記
無い	ない
例えば	たとえば
又は	または
及び	および
更に	さらに
従って	したがって
出来る	できる
〜する事	〜すること
〜する時	〜するとき

付録1 言葉の常識・非常識

漢字表記	ひらがな表記
～の下	～のもと
～の一つ	～のひとつ
恐らく	おそらく
様々な	さまざまな
～等	～など
一人一人	ひとりひとり
下さい	ください
分かる	わかる

3 送り仮名の付け方

「書く」「考える」「行く」のように、送り仮名に揺らぎがないものは問題ありませんが、中には、「**見積**」と「**見積り**」、「**当り**」と「**当たり**」など、判断に迷うものもあります。

次のような用語は、送り仮名の付け方について、ルールをあらかじめ決めておきましょう。

表記例1	表記例2
表す	表わす
行う	行なう
現れる	現われる
断る	断わる
押える	押さえる
終る	終わる
損う	損なう
申込む	申し込む
分る	分かる
落す	落とす
捕える	捕らえる

4 外来語の表記

外来語をカタカナで表記すると、人によって、どうしても揺らぎが生じてしまいます。特に自社の商品やサービスに関する用語など、よく使う用語については、会社全体でルールを決めておくことが大切です。

■「ー」（長音）の表記例

表記例1	表記例2
ユーザー	ユーザ
コンピューター	コンピュータ
カウンター	カウンタ
アダプター	アダプタ
ブラウザー	ブラウザ

■母音の表記例

表記例1	表記例2
ウィルス	ウイルス
アイディア	アイデア
サンドウィッチ	サンドイッチ
ウィスキー	ウイスキー
フェーストゥフェース	フェースツーフェース
ヴァイオリン	バイオリン

■複合語の表記例

表記例1	表記例2
ケース・バイ・ケース	ケースバイケース
ユーザー・インタフェース	ユーザーインタフェース
テクニカル・ドキュメント	テクニカルドキュメント

5 数字の使い方

原則として、漢数字と算用数字は混在させないようにします。
ただし、次の例のように、意味が伝わりにくい場合や読み間違える可能性がある場合などは、より適切なほうを使います。

■数値の大小が伝わりにくい場合
<例>

15,000人もの参加者が集結した → 1万5千人もの参加者が集結した

■漢字で書くのが一般的である場合
<例>

1戦1戦を大事に戦う → 一戦一戦を大事に戦う
目1杯働く → 目一杯働く
5月晴れ → 五月晴れ

■読み間違える可能性がある場合
<例>

二分の一の確率 → 2分の1の確率
今年で創業三三周年になる → 今年で創業33周年になる

6 記号の使い方

「」や""などの使い方に統一感がないと、意味が伝わりにくくなります。次のような使い方に注意して、効果的に活用しましょう。

記号	読み方	使い方
「」	かぎカッコ	文章の中でほかの用語や文を引用するときや、会話文を示すとき、特定の用語を強調するときなどに使う。
()	丸カッコ	用語や文について補足説明をするときに使う。
『』	二重かぎカッコ	カギカッコでくくった文の中で、さらに会話文を示すときや、強調したい用語がある場合などに使う。書籍のタイトルを示すときにも使う。
／	スラッシュ	併記した名詞の区切りや、「または」の意味で使う。
""	引用符号	カギカッコの代わりに使うことがある。カギカッコは用語を引用するときに使い、引用符号は用語を強調したいときに使うなど、文章の中で使い分けることもある。
:	コロン	「使用例:〜」のように事例を示すときや、「議題:〜」のように具体的な内容を説明するときに使う。

STEP 2 敬語の使い方

1 敬語の基本

敬語は相手を敬う気持ちを表現するための言葉です。社会関係や人間関係を調和させる重要な役割を果たすもので、ビジネス文書の中でもさまざまな形で使われます。正しい敬語を使えるかどうかは、その人の社会人としての常識をはかる尺度にもなります。ビジネス文書の目的や、文書を受け取る人に応じて、戸惑うことなく、正しい敬語を使い分けられるようにしておきましょう。
敬語には次の3種類があります。

■尊敬語

相手の動作や状態を自分より高めることで、敬意を示す言葉です。敬語の基本ともいえます。

◆動詞に「れる」「られる」「お(ご)〜になる」を付けるもの

通常の言葉	尊敬語
言う	言われる
書く	お書きになる
説明する	ご説明になる

◆動詞が置き換わるもの

通常の言葉	尊敬語
行く	いらっしゃる
見る	ご覧になる

■謙譲語

相手に対して自分がへりくだることで、敬意を示す言葉です。

◆動詞に「お(ご)〜する」を付けるもの

通常の言葉	謙譲語
知らせる	お知らせする
案内する	ご案内する

◆動詞が置き換わるもの

通常の言葉	謙譲語
行く	伺う
見る	拝見する
言う	申し上げる

■丁寧語

丁寧な表現を使うことで、相手に対する敬意を示す言葉です。

◆語尾に「です」「ます」を付けるもの

通常の言葉	丁寧語
そうだ	そうです
ある	ございます

◆言葉の頭に「お」「ご」を付けるもの

通常の言葉	丁寧語
電話	お電話
在籍	ご在籍

2 代表的な敬語の使い方

ビジネス文書でよく使う敬語の例は、次のとおりです。

通常の言葉	尊敬語	謙譲語	丁寧語
する	なさる される	いたす	します
言う	おっしゃる 言われる	申す 申し上げる	言います
いる	いらっしゃる おいでになる	おる	います
行く	いらっしゃる 行かれる	伺う 参る	行きます
来る	いらっしゃる おいでになる お見えになる お越しになる	伺う 参る	来ます

付録1 言葉の常識・非常識

通常の言葉	尊敬語	謙譲語	丁寧語
尋ねる	お尋ねになる 尋ねられる	伺う お尋ねする	尋ねます
聞く	お聞きになる	伺う 承る 拝聴する	聞きます
見る	ご覧になる	拝見する	見ます
見せる	お見せになる	お目にかける ご覧に入れる お見せする	見せます
読む	ご覧になる お読みになる	拝読する	読みます
思う	思われる お思いになる	存じる	思います
知る	ご存じ お知りになる	存じ上げる	知ります
知らせる	お知らせになる	お耳に入れる お知らせする	知らせます
会う	お会いになる	お会いする お目にかかる	会います
買う	お買いになる お求めになる	買わせていただく	買います
借りる	お借りになる 借りられる	拝借する	借ります
もらう	お受けになる	拝受する いただく 頂戴する	もらいます
与える	たまわる くださる	差し上げる	あげます
食べる	召し上がる お食べになる	いただく 頂戴する	食べます

3 気を付けたい敬語の使い方

気を付けたい敬語の使い方の例は、次のとおりです。

■二重敬語

敬語を重ねて使うのは間違いです。

間違った使い方	正しい使い方
弊社の製品をお求めになられました	弊社の製品をお求めになりました
5月16日にお伺いさせていただきます	5月16日にお伺いします
お出かけになられてはいかがですか	お出かけになってはいかがですか

■尊敬語と謙譲語の混同

ひとつの文章の中で尊敬語と謙譲語を同時に使うのは間違いです。

間違った使い方	正しい使い方
ご拝見願います	ご覧になってください
受付にてお名前を申してください	受付にてお名前をおっしゃってください
お客様がお目にかかられた	お客様がお会いになった

■美化語

「美化語」とは、「お手紙」や「ご家族」など、「お〜」「ご〜」をつけた丁寧語のことです。美化語は自分の言葉をやわらかく表現するために用いられますが、ただ付ければよいというものではありません。原則として、次のような言葉には美化語は用いません。

- ●動物、自然現象(犬、猫、雷、地震など)
- ●外来語、外国語(コーヒー、スケジュール、パソコンなど)
- ●すでに敬語で表している言葉(社長、先輩など)
- ●よい意味でない言葉(汚い、低い、悪いなど)

4 丁寧な表現

ビジネス文書でよく使う丁寧な表現は、次のとおりです。

通常の表現	丁寧な表現
わたしたち	わたくしども
二人ですか	お二人様ですか
みんな	皆様、ご一同様、ご一行様
すみませんが	申し訳ございませんが、お手数ですが、ご面倒ですが、恐れいりますが、恐縮ですが
どうしましたか	いかがいたしましたか、どうされましたでしょうか
了解しました	承りました、かしこまりました、承知いたしました
〜したいので	〜いたしたく
考えています	所存でございます
いいですか	よろしいでしょうか
ですから	つきましては
今回は	このたびは
あとで	のちほど
さっきは	さきほどは
もうすぐ	まもなく
どんどん	ますます、次第に
すぐに	早急に、すみやかに、迅速に
どこへ	どちらへ
こっち	こちら
こんな	このような
きっと	おそらく
やっと	ようやく
けっこう	かなり、数多く
ものすごく	非常に、大変、とても

付録1 言葉の常識・非常識

■付録 2■
封書・はがきの書き方

ビジネス文書を発送するときに役立つ封書・はがきの基本的な書き方について解説しています。

STEP1　封書の書き方 ……………………………… **191**
STEP2　はがきの書き方 ……………………………… **194**

STEP 1 封書の書き方

1 封書の基本

ビジネス文書は封書で送付するのが基本です。作成した文書を郵送する際には、一般的に、会社名や会社のロゴ、住所などが印刷された社用封筒を使用します。社用封筒がない場合は、市販の封筒を使用します。封筒には、縦長の和封筒と横長の洋封筒があります。

2 封書の表面の書き方

封書の表面の基本的な書き方は、次のとおりです。

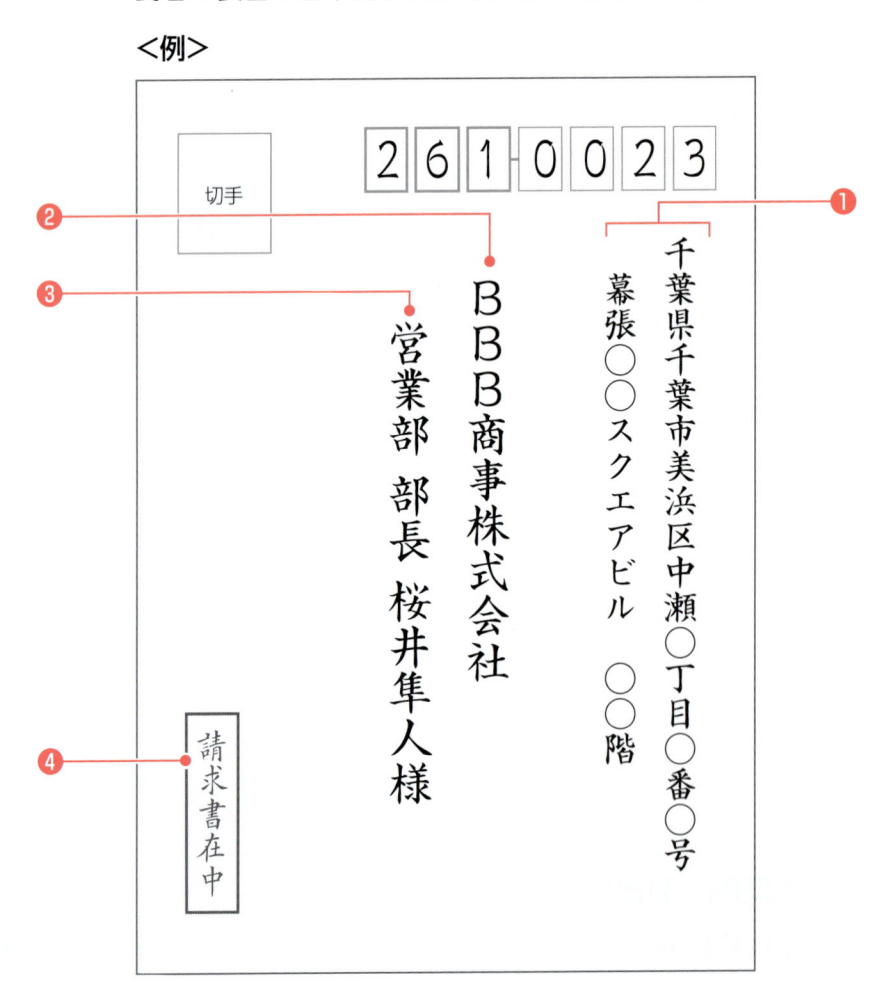

<例>

```
┌─────────────────────────────────┐
│           [切手]    2 6 1-0 0 2 3           │
│                                             │
│           BBB商事株式会社                   │
│           営業部 部長 桜井隼人 様           │
│                                             │
│           千葉県千葉市美浜区中瀬○丁目○番○号│
│           幕張○○スクエアビル ○○階       │
│                                             │
│           [請求書在中]                      │
└─────────────────────────────────┘
```

① 千葉県千葉市美浜区中瀬○丁目○番○号
　幕張○○スクエアビル ○○階
② BBB商事株式会社
③ 営業部 部長 桜井隼人 様
④ 請求書在中

❶住所
- 右端から2〜3cmほどの余白をとり、都道府県から書く。
- 住所の丁目、番地などは「ー」で省略せずに「〇丁目〇番〇号」とする。
- 2行にわたって書くときは、2行目の行頭を1字分下げる。

❷会社名
- 会社名は正式名称で記入し、(株)やK.K.などと省略しない。

❸宛名
- 名前は封筒の中央に住所より大きめの文字で書く。
- 会社名、部署名、役職名、個人名を記入する。フルネームがわかっている場合は省略せずにすべて書く。
- 個人名には「**様**」を付ける。
- 担当者の名前がわからない場合は、「**ご担当者様**」とする。
- 部署を宛先とする場合は、「〇〇**部御中**」とする。

❹脇付け
- 開封しなくても封書の中身がわかるように、必要に応じて、左下に「**納品書在中**」「**請求書在中**」などと書く。
- 書類の重要度が伝わるように、「**至急**」「**親展**」などと書く場合もある。

POINT ▶▶▶
封書を書くときのポイント

封書を書く際には、次のような点に配慮しましょう。
- 書類が無理なく入る定型サイズの封筒を選ぶ
- 折り曲げてはいけない書類は、クリアファイルなどに入れて送付する
- 文字は水に強い黒のペンで丁寧に書く
- 和封筒の場合は縦置きの縦書きで書き、洋封筒の場合は横置きの横書きで書く
- 番地の数字は、和封筒の場合は「一」「二」「三」のように漢数字で書き、洋封筒の場合は「1」「2」「3」のように算用数字で書く
- 切手の貼り忘れや不足に注意する
- 到着までの日数を想定し、余裕を持って投函する
- 到着を急ぎたい場合は速達で送付する
- 重要な書類は書留や簡易書留で送付する

3 封書の裏面の書き方

封書の裏面の基本的な書き方は、次のとおりです。

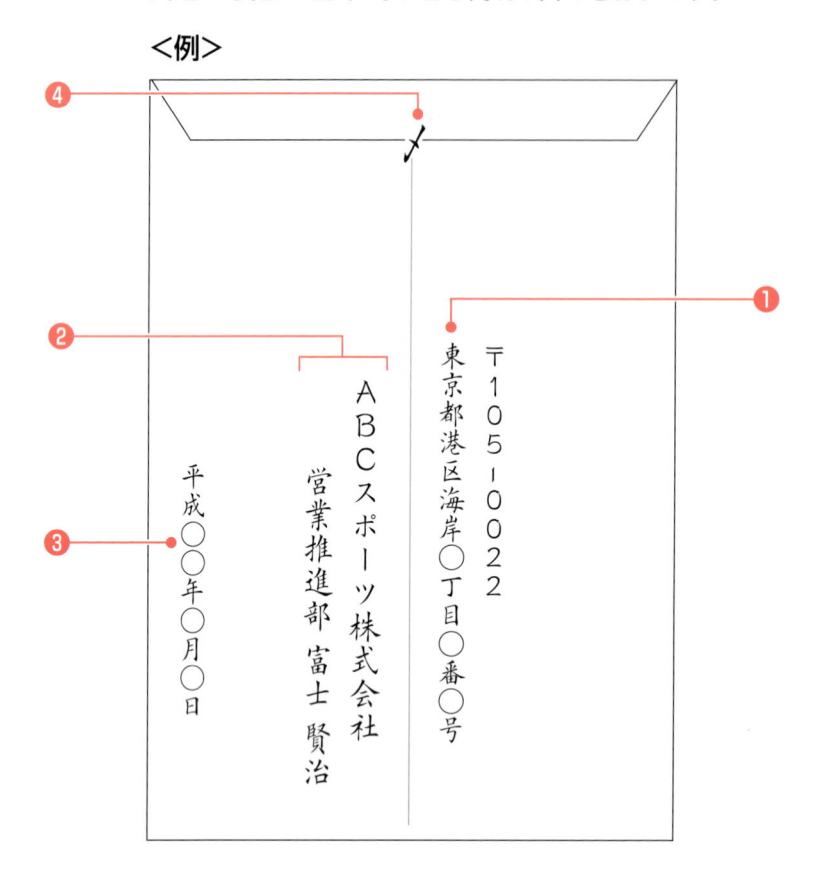

<例>

```
④ 〆
② ABCスポーツ株式会社
   営業推進部 富士 賢治
① 〒105-0022
   東京都港区海岸
   ○丁目○番○号
③ 平成○○年○月○日
```

❶住所
・封筒の継ぎ目の右側に都道府県から書く。
・住所の丁目、番地などは「ー」で省略せずに「○丁目○番○号」とする。
・2行にわたって書くときは、2行目の行頭を1字分下げる。

❷氏名
・封筒の継ぎ目の左側に書く。
・会社名、部署名(役職名)、個人名を省略せずに書く。

❸日付
・送付する日付を書く。
・同封の書類と同じ日付を書く。

❹封印
・テープではなくのりで貼る。
・封印した部分に「〆」「緘(かん)」「封」などと書く。

STEP 2 はがきの書き方

1 はがきの送付

お礼状や季節のあいさつなどの簡単な文書は、はがきとして送ることもあります。ただし、他人に見られては困るような文書は、はがきではなく封書にします。

2 はがきの表面の書き方

はがきの表面の基本的な書き方は、次のとおりです。

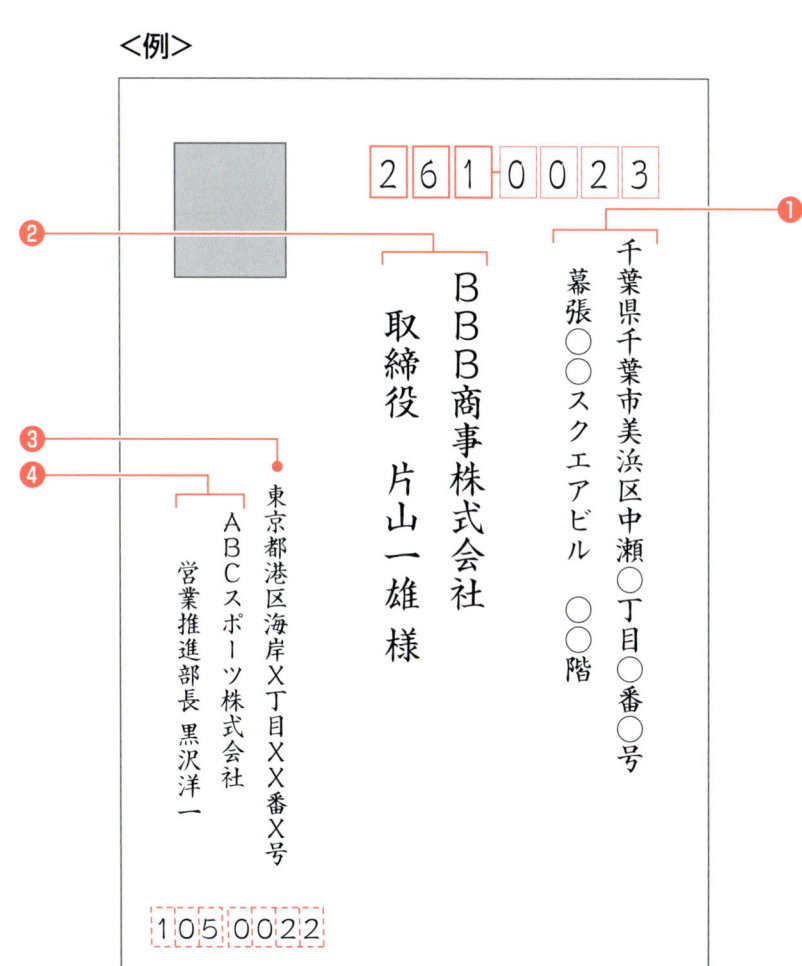

<例>

①　千葉県千葉市美浜区中瀬〇丁目〇番〇号
　　幕張〇〇スクエアビル　〇〇階

〒 2 6 1 - 0 0 2 3

② BBB商事株式会社
　　取締役　片山一雄　様

③ 東京都港区海岸X丁目XX番X号
④ ABCスポーツ株式会社
　　営業推進部長　黒沢洋一

1 0 5 - 0 0 2 2

❶受取人の住所

・右端から2～3cmほどの余白をとり、都道府県から書く。
・住所の丁目、番地などは「-」で省略せずに「○丁目○番○号」とする。
・2行にわたって書くときは、2行目の行頭を1字分下げる。

❷宛名

・会社名は正式名称で記入し、(株)やK.K.などと省略しない。
・名前ははがきの中央に住所より大きめの文字で書く。
・会社名、部署名、役職名、個人名を記入する。フルネームがわかっている場合は省略せずにすべて書く。
・個人名には「**様**」を付ける。
・部署を宛先とする場合は、「○○**部御中**」とする。

❸差出人の住所

・はがきの左端に都道府県から書く。
・住所の丁目、番地などは「-」で省略せずに「○丁目○番○号」とする。
・2行にわたって書くときは、2行目の行頭を1字分下げる。

❹差出人名

・住所の左側に、住所より少し下げて差出人名を書く。
・会社名、部署名(役職名)、個人名を省略せずに書く。

POINT ▶▶▶

はがきを書くときのポイント

はがきを書く際には、次のような点に配慮しましょう。
- ●文字は水に強い黒のペンで丁寧に書く
- ●用件をわかりやすく簡潔に書く
- ●番地の数字は、縦書きの場合は「一」「二」「三」のように漢数字で書き、横書きの場合は「1」「2」「3」のように算用数字で書く
- ●表面が縦書きの場合は裏面も縦書きにし、表面が横書きの場合は裏面も横書きにする
- ●切手の貼り忘れや不足に注意する
- ●到着までの日数を想定し、余裕を持って投函する
- ●到着を急ぎたい場合は速達で送付する
- ●往復はがきの場合は、返信期限を明記する

3 はがきの裏面の書き方

はがきの裏面の基本的な書き方は、次のとおりです。

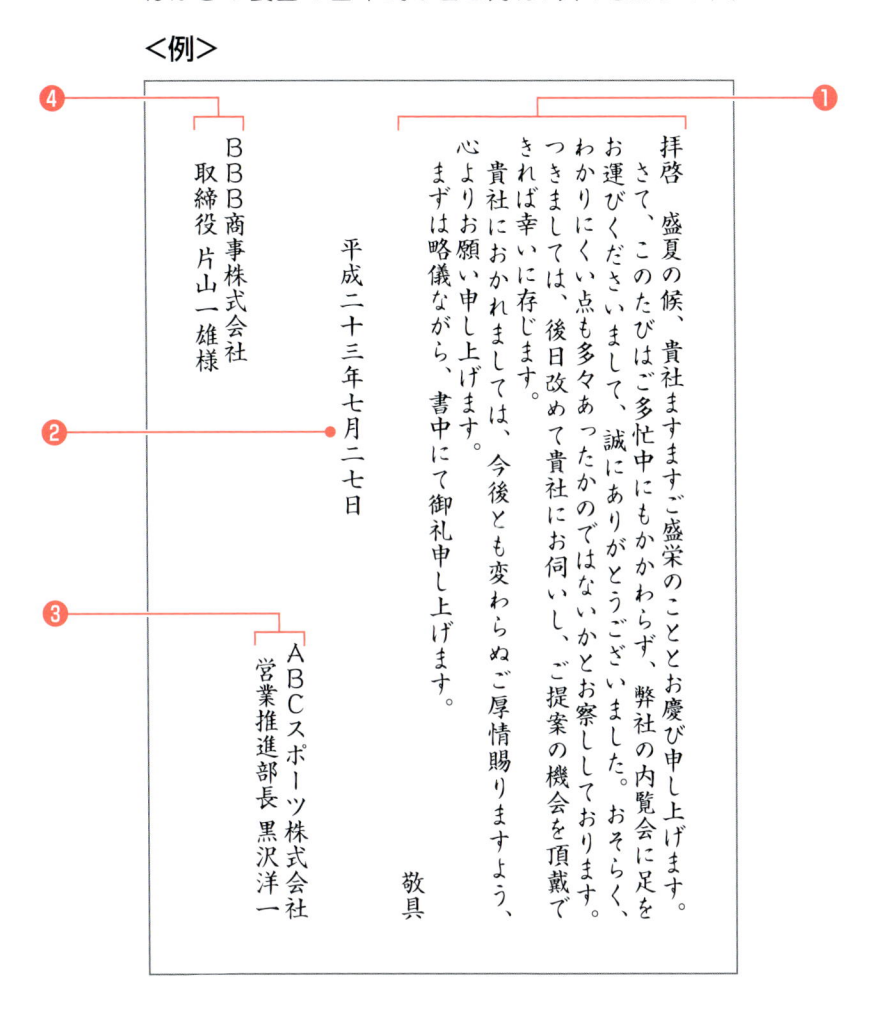

<例>

❶本文（右側の縦書き本文）:

拝啓、盛夏の候、貴社ますますご盛栄のこととお慶び申し上げます。
さて、このたびはご多忙中にもかかわらず、弊社の内覧会に足をお運びくださいまして、誠にありがとうございました。おそらく、わかりにくい点も多々あったのではないかとお察ししております。つきましては、後日改めて貴社にお伺いし、ご提案の機会を頂戴できれば幸いに存じます。
貴社におかれましては、今後とも変わらぬご厚情賜りますよう、心よりお願い申し上げます。
まずは略儀ながら、書中にて御礼申し上げます。

敬具

❷日付：平成二十三年七月二七日

❸差出人名：
ABCスポーツ株式会社
営業推進部長　黒沢洋一

❹宛名：
BBB商事株式会社
取締役　片山一雄　様

❶本文
・用件をわかりやすく簡潔に書く。
・前文、主文、末文で構成する。

❷日付
・本文の左側に1行か2行空け、本文より少し下げて発信日付を書く。

❸差出人名
・日付の左側の行に、本文の下とそろえるようにして差出人名を書く。
・会社名、部署名（役職名）、個人名を省略せずに書く。

❹受取人名

- 差出人名の左側の行に、本文の上とそろえるようにして受取人名を書く。
- 受取人の会社名、部署名、役職名、個人名を記載する。
- 個人名には「**様**」を付ける。
- 部署を宛先とする場合は、「〇〇**部御中**」とする。

> **POINT ▶▶▶**
>
> **配送方法の種類**
>
> ビジネスでは、挨拶状や案内状、契約書、参考資料、納品物など、大きさや形、重さの異なるさまざまな郵便物や荷物を発送する機会があります。
> 特に発送する機会の多い、郵便や宅配便の主なサービス内容を理解しておくと、目的に合わせて適切に使い分けることができます。
> 郵便には、次のような配送方法があります。
>
> | 種類 | 目的 |
> | --- | --- |
> | 速達 | 郵便物を急ぎで送付する。 |
> | 書留 | 破損したり消失したりして困るような貴重品、重要な荷物、現金などを送付する（損害賠償制度が適用される）。
一般書留、簡易書留、現金書留の3種類がある。 |
> | 料金別納 | 同じ郵便物を大量に送付する（切手を貼る手間が省ける）。 |
> | 代金引換 | 郵便物の受け渡しと引き換えに、指定した料金を受取人に支払ってもらう。 |
> | 各種証明制度 | 配達状況の記録や、誰から誰にいつどのような文書が差し出されたかといった配達物の内容を証明する。 |

■付録3■
文書作成チェックリスト

作成したビジネス文書に必要なポイントを確認できるチェックリストを用意しています。

STEP1 通知書・依頼書チェックリスト ………………… 199
STEP2 議事録チェックリスト ……………………………… 200
STEP3 報告書チェックリスト ……………………………… 202
STEP4 提案書・企画書チェックリスト ………………… 203
STEP5 案内状・通知状チェックリスト ………………… 205
STEP6 見積書・請求書チェックリスト ………………… 206
STEP7 お礼状・お詫び状チェックリスト ……………… 207
STEP8 ビジネスメールチェックリスト ………………… 208

STEP 1　通知書・依頼書チェックリスト

付録3　文書作成チェックリスト

要素	チェックポイント	できている
表題	通知・依頼の内容がひと目でわかるか	
	中央に本文より大きい文字で記載しているか	
主旨や目的（本文）	通知・依頼の主旨や目的を簡潔に記載しているか	
	頭語、結語、時候のあいさつ、前文、末文を省略しているか	
	別記がある場合は、本文中で「下記のとおり」と記載し、別記があることを知らせているか	
内容（別記）	通知・依頼の内容を簡潔にわかりやすく記載しているか	
	依頼書の場合は、どのような結果を望んでいるのかを明らかにしているか	
	依頼書の場合は、相手に対する礼儀をわきまえた丁寧な文章になっているか	
	通知・依頼に関する詳細な情報は、別記に箇条書きで記載されているか	
	5W2Hが明確になっているか	
	あいまいな点やわかりにくい点はないか	
	必要な情報を漏れなく正確に記載しているか	
	必要に応じて注釈を加えているか	
	重要な情報が目に留まりやすいように、記号を使ったり、文字を大きくしたりなどの工夫がされているか	
添付資料	添付資料や補足すべき情報がある場合は、別記の下にその旨を明記しているか	
その他	発信日付が正しく記載されているか	
	受信者の部署名や役職名、個人名に間違いはないか	
	受信者が複数いる場合は、漏れがないか	
	写しが必要な人は受信者の下に記載されているか	
	部署名の書き方は文書内で統一されているか	
	発信者の印が押されているか	
	担当者の名前が記載されているか	
	通知書・依頼書を作成するタイミングは適切か	
	依頼書の場合は、相手の状況に配慮し、十分な検討期間を用意しているか	
	読みやすい文字組みになっているか	

STEP 2 議事録チェックリスト

要素	チェックポイント	できている
表題	会議名の後ろに「議事録」と記載しているか	
	中央に本文より大きい文字で記載しているか	
会議の概要	会議が開催された日時と場所、会議の議題、開催の主旨、出席者名、欠席者名などを正しく記載しているか	
	出席者名の最後に記録担当者の名前を書き、個人名の後ろに「（記）」または「（記録）」、「書記（記録者名）：○○」と記載しているか	
議事	会議で話し合われた議案を箇条書きで記載しているか	
決定事項または討議事項	決定した内容だけを記載する場合は「決定事項」、決定までのプロセスも含める場合は「討議事項」としているか	
	決定事項に影響を与えたやり取りや発言を中心に、要点だけを簡潔に記載しているか	
	関係者が決定事項に納得できるように、理由や目的を明記しているか	
	不要な情報が含まれていないか	
	記録すべき情報に漏れはないか	
	あいまいな点やわかりにくい点はないか	
	反対意見や少数意見にも触れているか	
	中立的な立場で作成しているか	
	箇条書きを使って要点をまとめるなど、読みやすさに配慮しているか	
	配布先に含まれている人の役職や仕事上の役割、前提知識などにも考慮して書いているか	
未決事項	保留になった項目や、引き続き検討が必要な項目について記載しているか	
	決定事項と分けて記載しているか	
連絡事項	次回会議の開催日や、次回の会議までに各自が準備すべき資料などについて記載しているか	
添付資料	添付資料や補足すべき情報がある場合は、最後にその旨を明記しているか	

付録3 文書作成チェックリスト

要素	チェックポイント	できている
その他	発信日付が正しく記載されているか	
	受信者の部署名や役職名、個人名に間違いはないか	
	受信者が複数いる場合は、漏れがないか	
	写しが必要な人は受信者の下に記載されているか	
	部署名の書き方は文書内で統一されているか	
	発信者の印が押されているか	
	議事録を作成するタイミングは適切か	
	読みやすい文字組みになっているか	

STEP 3 報告書チェックリスト

要素	チェックポイント	できている
表題	報告したい内容がひと目でわかるか	
	報告書名の後ろに「報告」と記載しているか	
	中央に本文より大きい文字で記載しているか	
前文	これから報告する内容やその目的、主旨を簡単に説明しているか（省略してもよい）	
報告事項	「活動内容」「概況」「結果」「今後の予定」などの見出しを立て、報告内容が項目別に整理されているか	
	箇条書きを使ってわかりやすく要点をまとめているか	
	5W2Hが明確になっているか	
	掲載するグラフや表の見栄えを工夫しているか	
	あいまいな点やわかりにくい点はないか	
	記載すべき情報に漏れはないか	
	記載している数値データに間違いはないか	
	報告事項の中に、個人的な意見や感想が含まれていないか	
所感	必要に応じて、自分の意見や感想、提案を、最後に簡潔に述べているか	
添付資料	添付資料や補足すべき情報がある場合は、最後にその旨を明記しているか	
その他	発信日付が正しく記載されているか	
	受信者の部署名や役職名、個人名に間違いはないか	
	受信者が複数いる場合は、漏れがないか	
	写しが必要な人は受信者の下に記載されているか	
	部署名の書き方は文書内で統一されているか	
	発信者の印が押されているか	
	報告書を作成するタイミングは適切か	
	読みやすい文字組みになっているか	

STEP 4 提案書・企画書チェックリスト

付録3 文書作成チェックリスト

要素	チェックポイント	できている
表題	提案・企画の内容がひと目でわかるか	
	提案書の場合は、提案書名の後ろに「〜の提案（書）」と記載しているか	
	企画書の場合は、企画書名の後ろに「〜の企画（書）」と記載しているか	
	中央に本文より大きい文字で記載しているか	
前文	提案・企画の内容やその目的、主旨を簡単に説明しているか（省略してもよい）	
主旨や目的	どのような目的で何を提案・企画したいのかをわかりやすく説明しているか	
現状の問題や課題	現状やニーズに関する調査や情報収集は十分に行ったか	
	事実に裏付けられた正しい情報を用いて、現状の問題や課題を具体的に指摘しているか	
提案・企画の内容	実現可能な解決策やアイディアであるか	
	説得すべき相手を明確にイメージした提案・企画になっているか	
	提案・企画の内容について、箇条書きを使うなどして、わかりやすく要点をまとめているか	
	提案書の場合は、解決策の方向性を示しているか	
	企画書の場合は、具体的な計画とその実現方法を説明しているか	
	実現によるメリットが明確になっているか	
	文書全体を通じて主張が一貫しているか	
	専門用語を多用していないか	
	具体性に欠けていないか	
	論理的な説明がなされているか	
	必要に応じて、調査結果の数値データや統計データを効果的に活用しているか	
	表や図解、グラフを効果的に活用して表現力を高める工夫をしているか	
	あいまいな点やわかりにくい点はないか	
費用	提案・企画内容を実現する場合の概算費用を記載しているか	
	提示した費用は現実的なものか	

要素	チェックポイント	できている
スケジュール	提案・企画内容を実現する場合の想定スケジュールを記載しているか	
	提示したスケジュールは現実的なものか	
添付資料	添付資料や補足すべき情報がある場合は、最後にその旨を明記しているか	
その他	発信日付が正しく記載されているか	
	受信者の部署名や役職名、個人名に間違いはないか	
	受信者が複数いる場合は、漏れがないか	
	写しが必要な人は受信者の下に記載されているか	
	部署名の書き方は文書内で統一されているか	
	発信者の印が押されているか	
	提案書・企画書を作成するタイミングは適切か	
	読みやすい文字組みになっているか	
	複数ページにわたる場合は、目次ページやページ数を付けているか	

STEP 5 案内状・通知状チェックリスト

付録3 文書作成チェックリスト

要素	チェックポイント	できている
表題	案内・通知の内容がひと目でわかるか	
	案内状の場合は、表題名の後ろに「〜のご案内」と記載しているか	
	通知状の場合は、表題名の後ろに「〜のお知らせ」と記載しているか	
	中央に本文より大きい文字で記載しているか	
主旨や目的（本文）	案内・通知の目的や主旨を簡潔に記載しているか	
	頭語、前文、主文、末文、結語の要素で本文を構成しているか	
	社外の人に対する礼儀をわきまえた丁寧な文章になっているか	
	別記がある場合は、本文中で「下記のとおり」と記載し、別記があることを知らせているか	
	自社のビジネス状況や活動内容をさりげなくアピールできているか	
内容（別記）	案内・通知に関する具体的な内容を、箇条書きで簡潔に記載しているか	
	5W2Hが明確になっているか	
	あいまいな点やわかりにくい点はないか	
	必要な情報を漏れなく正確に記載しているか	
	必要に応じて注釈を加えているか	
	重要な情報が目に留まりやすいように、記号を使ったり、文字を大きくしたりなどの工夫がされているか	
	必要に応じて図解を用いたり、イラストを挿入したりしているか	
添付資料	添付資料や補足すべき情報がある場合は、別記の下にその旨を明記しているか	
その他	発信日付が正しく記載されているか	
	受信者の会社名、部署名、役職名、個人名＋敬称は省略せずに正しく記載しているか	
	発信者の会社名、部署名、役職名、個人名は省略せずに正しく記載しているか	
	担当者の名前が記載されているか	
	案内状・通知状を作成するタイミングは適切か	
	読みやすい文字組みになっているか	

STEP 6 見積書・請求書チェックリスト

要素	チェックポイント	できている
合計金額	見積・請求金額の合計金額が正しく記載されているか	
	税込金額であることを明記しているか	
	下線を引き、大きい文字にするなどして、金額を強調しているか	
明細	見積・請求金額の内訳、小計、消費税、合計金額が正しく記載されているか	
	見積・請求の根拠があいまいになっていないか	
	項目に漏れはないか	
備考	見積書の場合は、納期や納品方法、納品場所などの見積条件や見積の有効期限が箇条書きで記載されているか	
	請求書の場合は、振込先、支払期限が箇条書きで記載されているか	
その他	見積書・請求書の通番が正しく記載されているか	
	作成日が正しく記載されているか	
	宛先の会社名は省略せずに正しく記載しているか	
	作成者の会社名は省略せずに正しく記載しているか	
	社印は社名に少しかかるように押されているか	
	見積書の問い合わせ先が見積書の備考欄または送付状などに明記されているか	
	見積書・請求書を作成するタイミングは適切か	
	見積書・請求書に同封する送付状を作成したか	
	見積書・請求書の内容について上司の承認を得たか	

STEP 7 お礼状・お詫び状チェックリスト

付録3 文書作成チェックリスト

要素	チェックポイント	できている
本文	表題などは付けずに本文を記載しているか	
	頭語、前文、主文、末文、結語の要素で本文を構成しているか	
	社外の人に対する礼儀をわきまえた丁寧な文章になっているか	
	相手の立場に立ち、自分の言葉で心を込めて書いているか	
	お詫び状の場合は、自分に落ち度があったことを素直に認めているか	
	自社のビジネスをさりげなくアピールしたり、今後の対応を約束したり、相手に安心感や期待感を与える工夫をしているか	
	最後に、お礼やお詫びの気持ちをひとまず書面で伝えることへの非礼に触れているか	
その他	発信日付が正しく記載されているか	
	受信者の会社名、部署名、役職名、個人名＋敬称は省略せずに正しく記載しているか	
	発信者の会社名、部署名、役職名、個人名は省略せずに正しく記載しているか	
	状況に応じて、別途、電話やメールを通じてお礼やお詫びの気持ちを伝えたか	
	お礼状・お詫び状を作成するタイミングは適切か	

STEP 8 ビジネスメールチェックリスト

要素	チェックポイント	できている
宛先	メールアドレスに間違いはないか	
	宛先、CC、BCCの指定は適切か	
件名	メールの内容や重要度がひと目でわかるか	
前付け	社内向けビジネスメールの場合は、受信者の部署名、個人名＋敬称を正しく記載しているか	
	社外向けビジネスメールの場合は、受信者の会社名、部署名、役職名、個人名＋敬称を省略せずに正しく記載しているか	
本文	相手に合わせた適切なあいさつを記載しているか	
	時候のあいさつや安否・繁栄のあいさつは省略しているか	
	最初に自分の名前を名乗っているか	
	最も重要なことが最初に書かれているか	
	メールの中に複数の用件が混在していないか	
	伝えたいことが簡潔に整理されているか	
	あいまいな点やわかりにくい点はないか	
	必要な情報に漏れはないか	
	記載している情報に間違いはないか	
	必要に応じて注釈を加えているか	
	専門用語を多用していないか	
	社外向けビジネスメールで社内用語を使用していないか	
	顔文字など、ビジネスには不向きな文字表現を使っていないか	
	社外向けのビジネスメールで末文に、終わりのあいさつや感謝の気持ちを示しているか	
	箇条書きを使ったり段落を分けたりして、読みやすい文字組みに配慮しているか	
添付資料	添付資料がある場合は、本文の下にその旨を明記しているか	

付録3 文書作成チェックリスト

要素	チェックポイント	できている
署名	社内向けビジネスメールの場合は、発信者の部署名や個人名、連絡先などを記載しているか	
	社外向けビジネスメールの場合は、発信者の会社名や住所、部署名、個人名、連絡先などを記載しているか	
	社内向けと社外向けとで署名を適切に使い分けているか	
その他	初めてメールを送る人には自己紹介をしているか	
	メールを返信する場合は、引用文を活用できているか	
	メールを返信する場合は、引用を繰り返していないか	
	メールを転送する場合は、送信者の承諾を得たか	
	メールを転送する場合は、転送する文章そのものを変更していないか	
	メールを転送する場合は、コメントを一言添えているか	
	メールを送信・返信するタイミングは適切か	

■索引■

Index 索引

記号

※ ……………………………………………… 47
〆 ……………………………………………… 193

英数字

5W2H ……………… 23,39,77,117,170,174
BCC …………………………………… 163
CC ……………………………………… 163
Eメール ………………………………… 157

あ

挨拶状 ………………………………… 9,111
宛先 ………………… 130,131,140,163
宛名 ……………………………… 192,195
案内書 …………………………………… 33
案内状 ………………………………… 9,111

い

以上 …………………………… 11,16,154
依頼書 ………………………………… 8,33
依頼状 ………………………………… 9,33
印 …………………………… 10,11,14,15
因果関係 ………………………………… 98
インデント ……………………………… 162
引用 ……………………………………… 164

う

受取人名 ……………………………… 197
（写） ……………………………… 11,46,64

え

演繹法 …………………………………… 98

お

送り仮名の付け方 ………………… 23,182
お礼状 ………………………………… 9,143
お詫び状 ……………………………… 9,143
お詫びの訪問 ………………………… 150
御中 ……… 13,15,131,140,172,192,195,197

か

会議の概要 ………………………… 54,55,64
会社間の取引の流れ ………………… 129
会社名 ………………………………… 192
外来語 ……………………………… 23,183

概論 ……………………………………… 26
下記のとおり ……………… 11,15,38,47,122
各位 ………………… 11,13,15,64,83,168
各論 ……………………………………… 26
掛け売り方式 ………………………… 125
箇条書き …………………………… 26,162
緘 ……………………………………… 193
漢字とひらがなの使い分け ………… 23,181
漢数字 …………………………… 23,183
慣用語 …………………………………… 17

き

記 ………………………… 11,15,38,122
（記） …………………………………… 55,64
議案 ……………………………………… 55
企画書 ………………………………… 8,87
企画の内容 …………………………… 91,92
記号 ………………………… 23,162,184
議事 ………………………………… 54,55,64
議事録 ………………………………… 8,51
議事録の作成と配付のタイミング … 59
帰納法 …………………………………… 99
基本要素 …… 37,54,73,91,115,130,147,158
（記録） …………………………………… 55,64
謹啓 ……………………………… 13,15,154
謹白 …………………………………… 13,15

く

苦情状 ………………………………… 143
グラフ ………………………………… 102

け

敬具 ……………………………… 13,15,154
敬語 ……………………………… 185,188
敬称の種類 ……………………………… 13
敬体 …………………………………… 23,181
契約書 …………………………………… 9
結語 ……………………………… 13,14,15,154
決定事項 ……………………………… 54,55,65
結論 ……………………………………… 98
謙譲語 …………………………… 16,185,186,188
件名 ………………………………… 158,160,178

211

こ

抗議状	143
合計金額	130,131,139,140
校正	28

さ

作成者	130,131
作成日	130,131
差出人名	195,196
様	13,15,168,172,192,195,197
算用数字	23,183

し

時下	154
至急	160,192
時候のあいさつ	18
指示語	22
氏名	193
社印	140
社外文書	8
社外文書の基本フォーマット	14
社外文書の種類	9
社内文書	8
社内文書の基本フォーマット	10
社内文書の種類	8
終結文	159
住所	192,193,195
修飾語	25
主語	24
主旨や目的	37,38,91,92,115,116
受信者名	10,11,14,15,46,64,83,122,147,148,153,158,168,172,178
述語	24
主文	14,15,154,158,159
照会状	9
小前提	98
常体	23,181
招待状	9
所感	73,74,84
書記	55,64
書体	27
署名	158,159,169,173,178
親展	192

す

数字	23,183
図解	101,108

スケジュール	91,92,108

せ

請求書	9,125,129
請求書への押印	132
請求漏れへの対応	136
接続詞	22
全角	23,162
前文	14,15,73,74,91,92,107,140,154,158,159,173,178

そ

相関関係	98
送信	163
送付状	133
尊敬語	16,185,186,188

た

大前提	98
担当者名	10,12,14,16,47
段落	26

ち

注釈	47
長音	23,183

つ

通知書	8,33
通知状	9,33,111
通番	130,131

て

提案書	8,87
提案の内容	91,92
丁寧語	16,186
手順書	8
電子メール	157
転送	166
添付資料	37,38,54,56,73,74,91,92,115,116,122,158,159

と

討議事項	54,55,65
頭語	13,14,15
読点	22
特別敬体	23,181
届出書	8
殿	13

な

内容……………………………… 37,65,115,116

に

二重敬語………………………………… 188

の

納品書…………………………………… 9,129

は

拝啓………………………………… 13,15,154
配送方法の種類………………………… 197
はがき…………………………………… 194
はがきを書くときのポイント………… 195
発信記号………………………………… 10,14
発信者名………… 10,11,14,15,46,64,83,122,
147,148,153,158,168,173,178
発信番号………………………………… 10,14
発信日付……………………… 10,14,15,147,148
発注書…………………………………… 9,129
半角……………………………………… 23,162

ひ

美化語…………………………………… 188
備考…………………………… 130,132,140
ビジネス文書…………………………………5
ビジネスメール………………………… 157
日付…………………………………… 193,196
表………………………………………… 100
費用…………………………………… 91,92,108
表題………… 10,11,14,15,37,38,46,54,55,73,
74,91,107,115,116,122,154
ひらがなと漢字の使い分け…………… 23,181

ふ

封……………………………………………… 193
封印………………………………………… 193
封書………………………………………… 191
封書を書くときのポイント……………… 192
フォーマット…… 10,14,38,56,75,92,116,133,148
フォント………………………………………… 27
付記……………………………………… 10,11,14,15
複合語……………………………………… 183
文体……………………………………… 24,181

へ

別記………… 10,11,14,15,37,38,47,115,116,122
別記結語……………………………… 10,11,14,16
返信………………………………………… 164,165

ほ

報告事項……………………………… 73,74,84
報告書……………………………………… 8,69
ホウレンソウ……………………………… 72
母音……………………………………… 183
補足文…………………………………… 159
本文……… 10,11,14,15,37,38,47,108,115,116,
122,147,148,158,169,173,178,196

ま

前付け…………………………………… 158
末文………………………… 14,15,154,158,159,173
まとめ……………………………………… 26

み

未決事項……………………………… 54,55,65
見出し………………………………… 65,84,107
見積依頼書…………………………… 125,129
見積金額の算出……………………… 136
見積書………………………………… 9,125,129
見積書への押印……………………… 132

む

結びの一言……………………………… 150

め

明細……………………………………… 132,140
メール…………………………………… 157

も

目的と役割……… 34,35,52,70,88,89,112,
113,126,127,144,145
文字組み………………………………… 27
文字の方向……………………………… 27

よ

用紙の向き……………………………… 27
読みやすさへの配慮…………………… 12

り

稟議書……………………………………… 8

れ

レポート…………………………………… 69
連絡事項……………………………… 54,56

わ

脇付け…………………………………… 192
話題文…………………………………… 159

よくわかる
自信がつくビジネス文書
(FPT1013)

2010年11月21日　初版発行
2024年 5 月30日　第 2 版第 3 刷発行

著作／制作：富士通エフ・オー・エム株式会社

発行者：山下　秀二

発行所：FOM出版（富士通エフ・オー・エム株式会社）
　　　〒212-0014　神奈川県川崎市幸区大宮町1番地5　JR川崎タワー
　　　　　　　　株式会社富士通ラーニングメディア内
　　　　　　https://www.fom.fujitsu.com/goods/

印刷／製本：株式会社広済堂ネクスト

表紙デザインシステム：株式会社イーサイバー

- 本書は、構成・文章・プログラム・画像・データなどのすべてにおいて、著作権法上の保護を受けています。本書の一部あるいは全部について、いかなる方法においても複写・複製など、著作権法上で規定された権利を侵害する行為を行うことは禁じられています。
- 本書に関するご質問は、ホームページまたはメールにてお寄せください。
  <ホームページ>
  上記ホームページ内の「FOM出版」から「QAサポート」にアクセスし、「QAフォームのご案内」からQAフォームを選択して、必要事項をご記入の上、送信してください。
  <メール>
  FOM-shuppan-QA@cs.jp.fujitsu.com
  なお、次の点に関しては、あらかじめご了承ください。
  ・ご質問の内容によっては、回答に日数を要する場合があります。
  ・本書の範囲を超えるご質問にはお答えできません。
  ・電話やFAXによるご質問には一切応じておりません。
- 本製品に起因してご使用者に直接または間接的損害が生じても、富士通エフ・オー・エム株式会社はいかなる責任も負わないものとし、一切の賠償などは行わないものとします。
- 本書に記載された内容などは、予告なく変更される場合があります。
- 落丁・乱丁はお取り替えいたします。

©2021 Fujitsu Learning Media Limited
Printed in Japan

FOM出版のシリーズラインアップ

定番の よくわかる シリーズ

■Microsoft Office

よくわかる
Microsoft® Word 基礎

よくわかる
Microsoft® Excel 応用

よくわかる
初心者のための
Microsoft® PowerPoint

よくわかる
仕事に使える
Microsoft® Excel 関数ブック
ポケットサイズ

「よくわかる」シリーズは、長年の研修事業で培ったスキルをベースに、ポイントを押さえたテキスト構成になっています。すぐに役立つ内容を、丁寧に、わかりやすく解説しているシリーズです。

Point
❶ 学習内容はストーリー性があり実務ですぐに使える！
❷ 操作に対応した画面を大きく掲載し視覚的にもわかりやすく工夫されている！
❸ 丁寧な解説と注釈で機能習得をしっかりとサポート！
❹ 豊富な練習問題で操作方法を確実にマスターできる！自己学習にも最適！

■セキュリティ・ヒューマンスキル

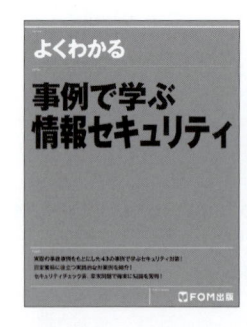

よくわかる
事例で学ぶ
情報セキュリティ

よくわかる
自信がつく
プレゼンテーション
引きつけて離さないテクニック

よくわかる
自信がつく
ビジネス文書

よくわかる
自信がつく
ビジネスマナー

資格試験の よくわかるマスター シリーズ

■MOS試験対策 ※模擬試験プログラム付き！

「よくわかるマスター」シリーズは、IT資格試験の合格を目的とした試験対策用教材です。出題ガイドライン・カリキュラムに準拠している「受験者必携本」です。

模擬試験プログラム

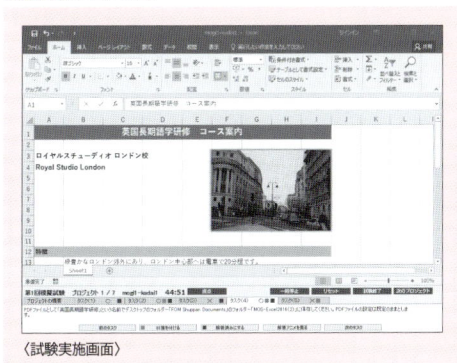

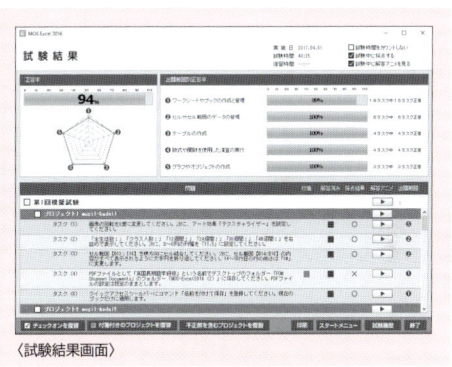

〈試験実施画面〉　〈試験結果画面〉

■情報処理技術者試験対策

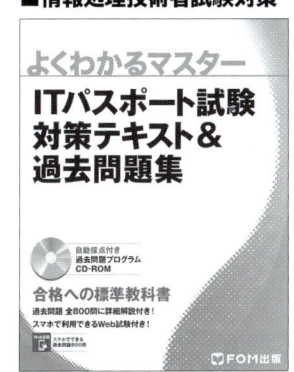

ITパスポート試験

基本情報技術者試験

スマホアプリ
ITパスポート試験 過去問題集

スマホアプリの詳細は

FOM　スマホアプリ

FOM出版テキスト 最新情報のご案内

FOM出版では、お客様の利用シーンに合わせて、最適なテキストをご提供するために、様々なシリーズをご用意しています。

FOM出版　検索

https://www.fom.fujitsu.com/goods/

FAQのご案内
［テキストに関するよくあるご質問］

FOM出版テキストのお客様Q&A窓口に皆様から多く寄せられたご質問に回答を付けて掲載しています。

FOM出版　FAQ　検索

https://www.fom.fujitsu.com/goods/faq/

緑色の用紙の内側に、小冊子が添付されています。
この用紙を1枚めくっていただき、小冊子の根元を持って、
ゆっくりとはずしてください。

よくわかる

自信がつく ビジネス文書

◆ 作成例と解説

第2章	依頼書を作成してみよう……………	1
第3章	議事録を作成してみよう……………	4
第4章	報告書を作成してみよう……………	7
第5章	企画書を作成してみよう……………	9
第6章	通知状を作成してみよう…………	12
第7章	見積書を作成してみよう…………	14
第8章	お詫び状を作成してみよう………	16
第9章	ビジネスメールを作成してみよう…	18

第2章 依頼書を作成してみよう

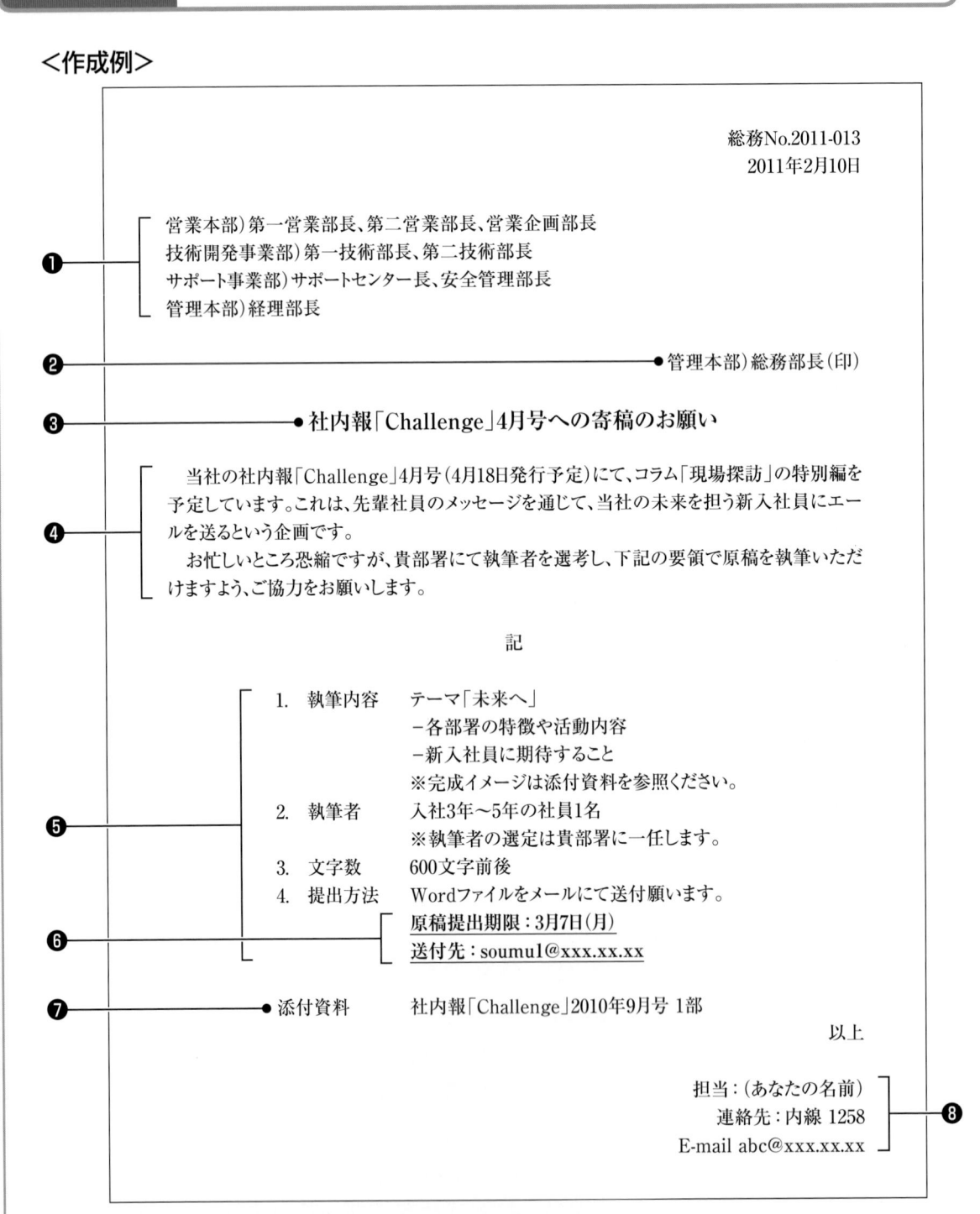

<作成例>

総務No.2011-013
2011年2月10日

❶ 営業本部）第一営業部長、第二営業部長、営業企画部長
技術開発事業部）第一技術部長、第二技術部長
サポート事業部）サポートセンター長、安全管理部長
管理本部）経理部長

❷ 管理本部）総務部長(印)

❸ 社内報「Challenge」4月号への寄稿のお願い

❹ 　当社の社内報「Challenge」4月号（4月18日発行予定）にて、コラム「現場探訪」の特別編を予定しています。これは、先輩社員のメッセージを通じて、当社の未来を担う新入社員にエールを送るという企画です。
　お忙しいところ恐縮ですが、貴部署にて執筆者を選考し、下記の要領で原稿を執筆いただけますよう、ご協力をお願いします。

記

❺
1. 執筆内容　　テーマ「未来へ」
　　　　　　　－各部署の特徴や活動内容
　　　　　　　－新入社員に期待すること
　　　　　　　※完成イメージは添付資料を参照ください。
2. 執筆者　　　入社3年～5年の社員1名
　　　　　　　※執筆者の選定は貴部署に一任します。
3. 文字数　　　600文字前後
4. 提出方法　　Wordファイルをメールにて送付願います。

❻ 原稿提出期限：3月7日(月)
送付先：soumu1@xxx.xx.xx

❼ 添付資料　社内報「Challenge」2010年9月号 1部

以上

❽ 担当：(あなたの名前)
連絡先：内線 1258
E-mail abc@xxx.xx.xx

☐ ❶ **受信者名が適切に記載されているか。**
　職制表から部署名と役職名を確認して、受信者名を記載します。作成例では発信者名を「**総務部長**」とするため、受信者名にも個人名は入れずに統一します。
　また、今回は受信者が多く、対象が部長およびセンター長に限定されるため、次のように記載してもよいでしょう。

<例>

> 部長各位
> サポートセンター長

　なお、会社で社内文書に関する規程が設けられている場合は、それに準じましょう。

☐ ❷ **発信者名が適切に記載されているか。**
　受信者名に上位の部署名を入れた場合は、発信者名にも同様に入れます。受信者名で上位の部署名を省略した場合には、「**総務部長**」と記載します。

☐ ❸ **表題がわかりやすく記載されているか。**
　依頼内容がひと目で伝わる表題にし、中央に本文より大きい文字で記載します。
　たとえば、次のような表題では依頼内容が明確に伝わりません。

<例>

> × 原稿執筆のお願い
> × 社内報への協力のお願い
> × 社内報の制作について

☐ ❹ **本文に用件が簡潔に記載されているか。**
　不要な表現はできるだけ排除し、用件だけを簡潔に記載します。具体的な依頼内容は別記にまとめましょう。また、原稿を依頼する理由や背景を明確に伝えることも必要です。作成例では、最初に今回の企画の主旨を説明しています。
　依頼書の場合は、丁寧にお願いする姿勢が大切です。「**お忙しいところ恐縮ですが**」といった言葉を加えることで、相手に配慮する気持ちを表現することができます。

☐ ❺ **別記に必要な情報が具体的に記載されているか。**
　適切な項目名を挙げ、具体的な依頼内容を箇条書きにします。項目が多い場合は読みやすくするため、行間を空けるなどの工夫も必要ですが、できるだけA4用紙1枚に収めることを優先します。
　また、不明な点を残さないように、注釈で補足説明を加えておきます。注釈は「※」に続けて記載するのが一般的です。

作成例と解説

☐ ❻ **重要な内容・注意すべき内容が盛り込まれているか。**
　受信者に対して注意を促したい情報は、目立つように強調するとよいでしょう。作成例では、原稿の提出期限と送付先のメールアドレスを強調しています。

☐ ❼ **添付資料が記載されているか。**
　添付資料や補足すべき情報がある場合は、別記の下に1行空けて記載します。部数も記載しておくと親切です。

☐ ❽ **担当者が適切に記載されているか。**
　担当者の連絡先を忘れずに記載しましょう。担当者の記載が複数行にわたる場合は、行頭をそろえます。

第3章 議事録を作成してみよう

<作成例>

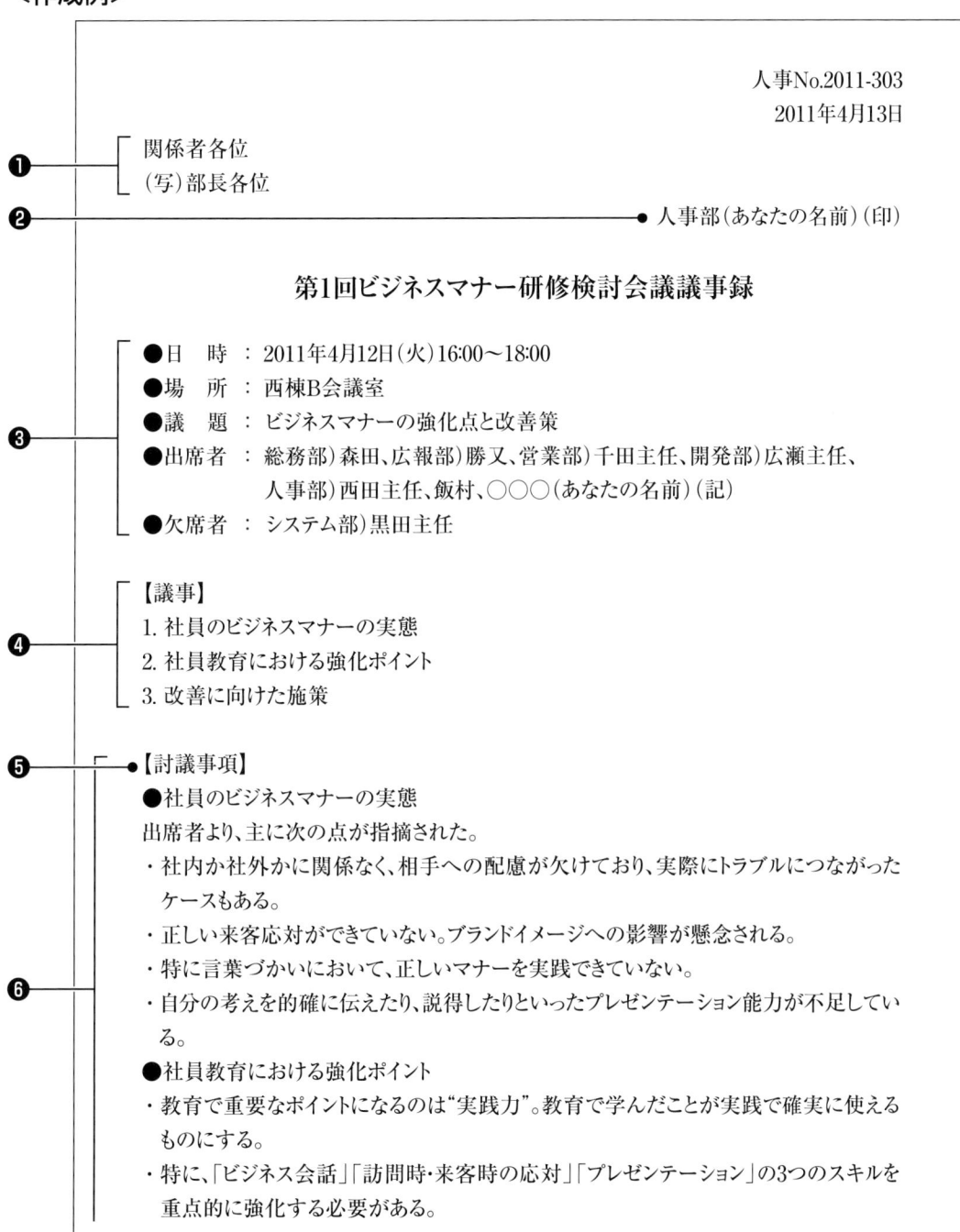

人事No.2011-303
2011年4月13日

❶ 関係者各位
　(写)部長各位

❷ 　　　　　　　　　　　　　　　　　　　　　　　　　人事部(あなたの名前)(印)

第1回ビジネスマナー研修検討会議議事録

❸
- ●日　　時　：　2011年4月12日(火)16:00～18:00
- ●場　　所　：　西棟B会議室
- ●議　　題　：　ビジネスマナーの強化点と改善策
- ●出 席 者　：　総務部)森田、広報部)勝又、営業部)千田主任、開発部)広瀬主任、人事部)西田主任、飯村、○○○(あなたの名前)(記)
- ●欠 席 者　：　システム部)黒田主任

❹
【議事】
1. 社員のビジネスマナーの実態
2. 社員教育における強化ポイント
3. 改善に向けた施策

❺ ●【討議事項】

❻
●社員のビジネスマナーの実態
出席者より、主に次の点が指摘された。
・社内か社外かに関係なく、相手への配慮が欠けており、実際にトラブルにつながったケースもある。
・正しい来客応対ができていない。ブランドイメージへの影響が懸念される。
・特に言葉づかいにおいて、正しいマナーを実践できていない。
・自分の考えを的確に伝えたり、説得したりといったプレゼンテーション能力が不足している。

●社員教育における強化ポイント
・教育で重要なポイントになるのは"実践力"。教育で学んだことが実践で確実に使えるものにする。
・特に、「ビジネス会話」「訪問時・来客時の応対」「プレゼンテーション」の3つのスキルを重点的に強化する必要がある。

```
    ●改善に向けた施策
    次のような施策を検討する。
    ・実践形式の教育プログラムの重視。
    ・業務の現場に即したシチュエーションを設定するなど、多様な教育ニーズへの柔軟な
     対応。
    ・経験豊富な外部講師の採用。
    ・ビジネスマナーの指導方法に関する中堅社員への教育。

    【未決事項】
    具体的な教育施策については、人事部 飯村が骨子をまとめ、次回会議にて提案を行
    う。

    【第2回ビジネスマナー研修検討会議予定】
    2011年4月19日(火)16:00~18:00

                                                     以上
```

☑ ❶ 受信者名が適切に記載されているか。

受信者が出席者だけである場合は「**出席者各位**」でも問題ありませんが、作成例では欠席者がいるため、「**関係者各位**」と記載しています。なお、複数の受信者名を並べて記載する場合は、議事の内容と関係の深い部署や個人から順に並べ、担当者の所属する部署は最後に記載します。写しは受信者名の一覧の下に、「**(写)**」に続けて記載します。作成例では、全部署の部長全員に写しを送付するため、「**部長各位**」としています。

☑ ❷ 発信者名が適切に記載されているか。

議事録の場合は、発信者名に議事録の作成者の名前を記載します。どこの誰かがわかるように、個人名だけでなく、部署名も含めるようにします。

☑ ❸ 会議の概要が適切に記載されているか。

会議が開催された日時と場所、会議の議題、出席者名、欠席者名などを記載します。開催の主旨や目的などを含めることもあります。また、出席者名の最後に記録担当者の名前を書き、個人名の後ろに「(記)」または「(記録)」と記載します。「書記(記録者名):○○」と書く場合もあります。欠席者がいた場合は忘れずに記載しましょう。

☐ ❹ **議事が適切に記載されているか。**
議事は読点などで区切らずに箇条書きにし、行頭に番号を振るとよいでしょう。

☐ ❺ **討議事項、決定事項の区別はされているか。**
決定事項だけでなく、決定までのプロセスや会議で伝達された内容などを含める場合には、見出しを「討議事項」とします。作成例では、意見交換を目的とした会議であるため、「討議事項」としています。このように、会議の目的を意識することも大切です。
見出しを「決定事項」とした場合は、決定したことだけを簡潔に記載しましょう。

☐ ❻ **討議事項、決定事項が簡潔に記載されているか。**
会議の内容は、議事ごとにまとめます。見出しは、議事に列記したものと合わせるようにしましょう。また、出席者の発言内容はそのまま記載するのではなく、発言内容から要点を抽出して簡潔にまとめます。箇条書きにするなど、読みやすくする工夫が必要です。
作成例では、発言者を明らかにする必要性が低いため、出席者からの指摘事項や意見を箇条書きでまとめていますが、会議の内容によっては発言者を明記する必要があります。

☐ ❼ **未決事項や連絡事項は討議事項と区別されているか。**
討議事項と未決事項を混在させてしまうと、読み手が誤解したり混乱したりする原因となります。未決事項や次回会議の開催予定などは、決定事項の後ろに分けて記載します。

第4章 報告書を作成してみよう

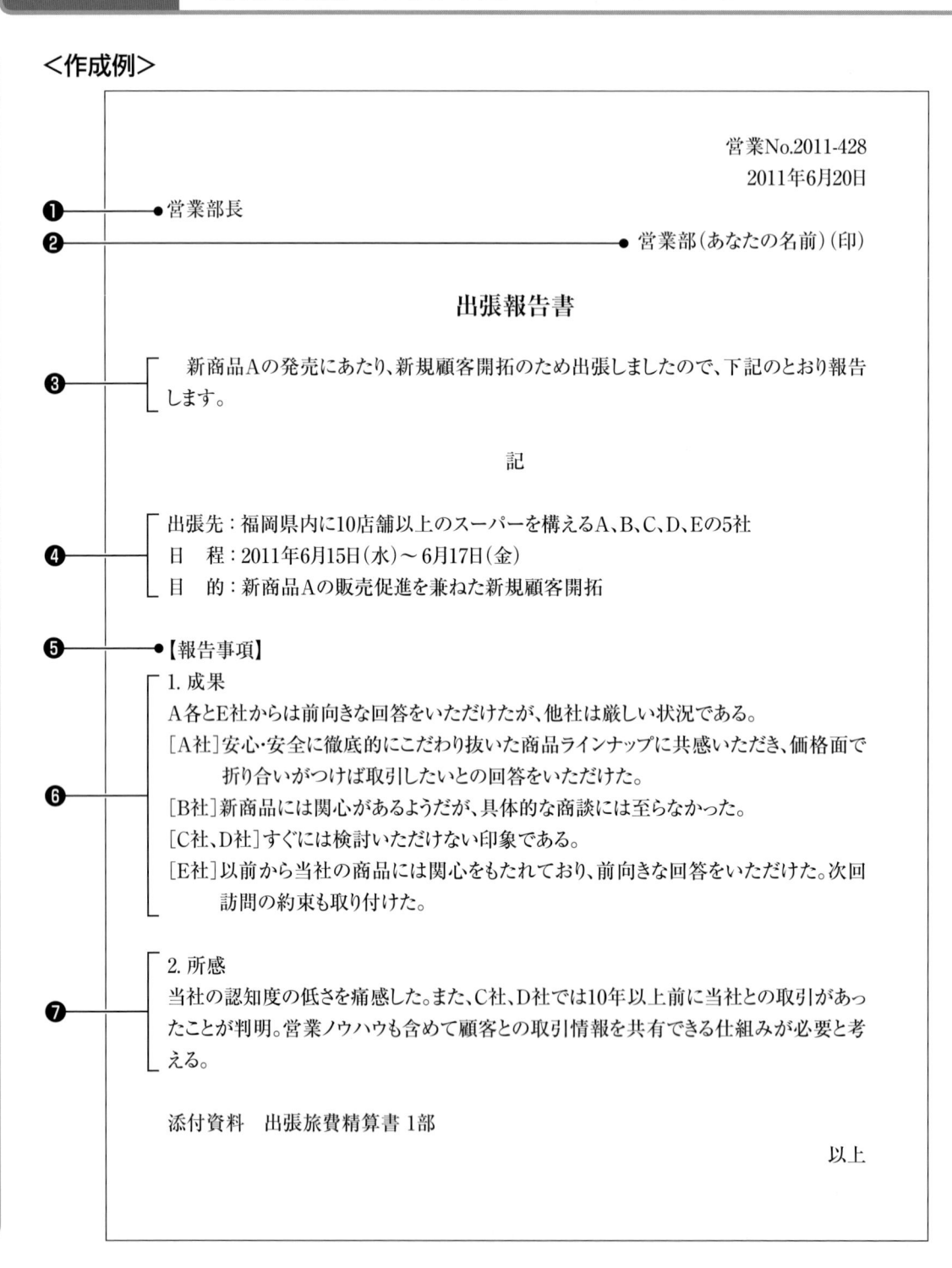

作成例と解説

<作成例>

営業No.2011-428
2011年6月20日

❶ ●営業部長

❷ ●営業部(あなたの名前)(印)

出張報告書

❸ 　新商品Aの発売にあたり、新規顧客開拓のため出張しましたので、下記のとおり報告します。

記

❹
出張先：福岡県内に10店舗以上のスーパーを構えるA、B、C、D、Eの5社
日　程：2011年6月15日(水)〜6月17日(金)
目　的：新商品Aの販売促進を兼ねた新規顧客開拓

❺ 【報告事項】

❻
1. 成果
A各とE社からは前向きな回答をいただけたが、他社は厳しい状況である。
[A社]安心・安全に徹底的にこだわり抜いた商品ラインナップに共感いただき、価格面で
　　　折り合いがつけば取引したいとの回答をいただけた。
[B社]新商品には関心があるようだが、具体的な商談には至らなかった。
[C社、D社]すぐには検討いただけない印象である。
[E社]以前から当社の商品には関心をもたれており、前向きな回答をいただけた。次回
　　　訪問の約束も取り付けた。

❼
2. 所感
当社の認知度の低さを痛感した。また、C社、D社では10年以上前に当社との取引があったことが判明。営業ノウハウも含めて顧客との取引情報を共有できる仕組みが必要と考える。

添付資料　出張旅費精算書 1部

以上

7

☐ ❶ **受信者名が適切に記載されているか。**
　出張報告書は、一般に出張の指示を出した人に提出します。作成例の場合は、「営業部長　〇〇様」と記載してもよいでしょう。報告の内容に応じて、複数の関係者を含めることもあります。

☐ ❷ **発信者名が適切に記載されているか。**
　報告書の場合は、発信者名に報告書の作成者の名前を記載します。どこの誰かがわかるように、個人名だけでなく、部署名も含めるようにします。

☐ ❸ **出張の主旨・目的が適切に記載されているか。**
　詳細は報告事項で記載しますが、前文で簡単に出張の主旨・目的を説明します。前文は必ず記載するというものではなく、省略してもかまいません。また、書き方について特に決まりはなく、表現の仕方はさまざまです。作成例の場合は、「新規顧客開拓を目的として、下記のとおり営業活動を行いましたので、ここに報告します。」と記載してもよいでしょう。なお、前文は、常体ではなく敬体を使用します。

☐ ❹ **出張の概要が適切に記載されているか。**
　出張の日程や出張先、目的などを箇条書きで記載します。

☐ ❺ **見出しが適切に記載されているか。**
　作成例では、概要と詳細な報告とを明確に区別するため、「報告事項」という見出しを立てていますが、次のように続けて記載する方法もあります。

```
1. 出張先：福岡県内に10店舗以上のスーパーを構えるA、B、C、D、Eの5社
2. 日　程：2011年6月15日(水)～6月17日(金)
3. 目　的：新商品Aの販売促進を兼ねた新規顧客の開拓
4. 報告事項
  A社とE社からは前向きな回答をいただけたが、他社は厳しい状況である。
    ：
    ：
5. 所感
```

☐ ❻ **報告内容が簡潔に記載されているか。**
　出張先での活動内容や成果を簡潔にまとめます。報告すべき内容に漏れや間違いがないように注意しましょう。不要な言葉や表現などはできるだけ省略し、1文が長くなりすぎないようにします。文体は、一般的に常体を使用します。

☐ ❼ **所感は報告事項と区別されているか。**
　自分の意見や感想、提案は報告事項と分けて記載し、簡潔にまとめます。必ず記載するというものではなく、必要に応じて、出張先で感じたことや考えたことなどを報告しておくとよいでしょう。

第5章 企画書を作成してみよう

作成例と解説

<作成例>

2011年1月18日

❶ 販売促進部長
　岡崎店長

❷ 　　　　　　　　　　　　　　　　　　　　　　　　販売促進部（あなたの名前）（印）

❸ 　　　　　　　　　　　　岡崎店店舗リニューアルの企画

❹ 　売上低迷に陥っている岡崎店の活性化に向け、次のとおり、店舗リニューアルを企画しましたので提案します。

❺ 1. 企画の主旨・目的
岡崎店は、競合店の影響を受けて売上が低迷している。売上の向上を図るためには、大幅な店舗リニューアルを行い、岡崎店の集客力を高める努力が必要である。

❻ 2. 現状の問題点
岡崎地域では、品揃えも価格帯も似た競合店が2010年8月に開店。以来、岡崎店の売上が急速に落ち込み始めたが、特に対応策は取られてこなかった。

3. 店舗リニューアルの方針
(1) 商品の高級化と、中高年層向けの品揃えの強化をポイントに、競合店との差別化を図る。
(2) 店舗リニューアルの基本コンセプトを「高級感」「信頼感」「親近感」とし、この3つが融合した店舗づくりを目指す。

4. 具体的な施策
(1) 品揃えの強化
　・高級品を中心とする
　・中高年層向け商品を充実させる
❼ (2) 魅力的な商品陳列の実現
　・重厚感のある色で低めの陳列棚に変える
　・見やすく手に取りやすい平台を中心とする
(3) 内装・レイアウトの改善
　・通路幅を拡張してゆったりした雰囲気を演出する
　・店舗全体を落ち着いた色合いで統一する
　・バリアフリーに対応する

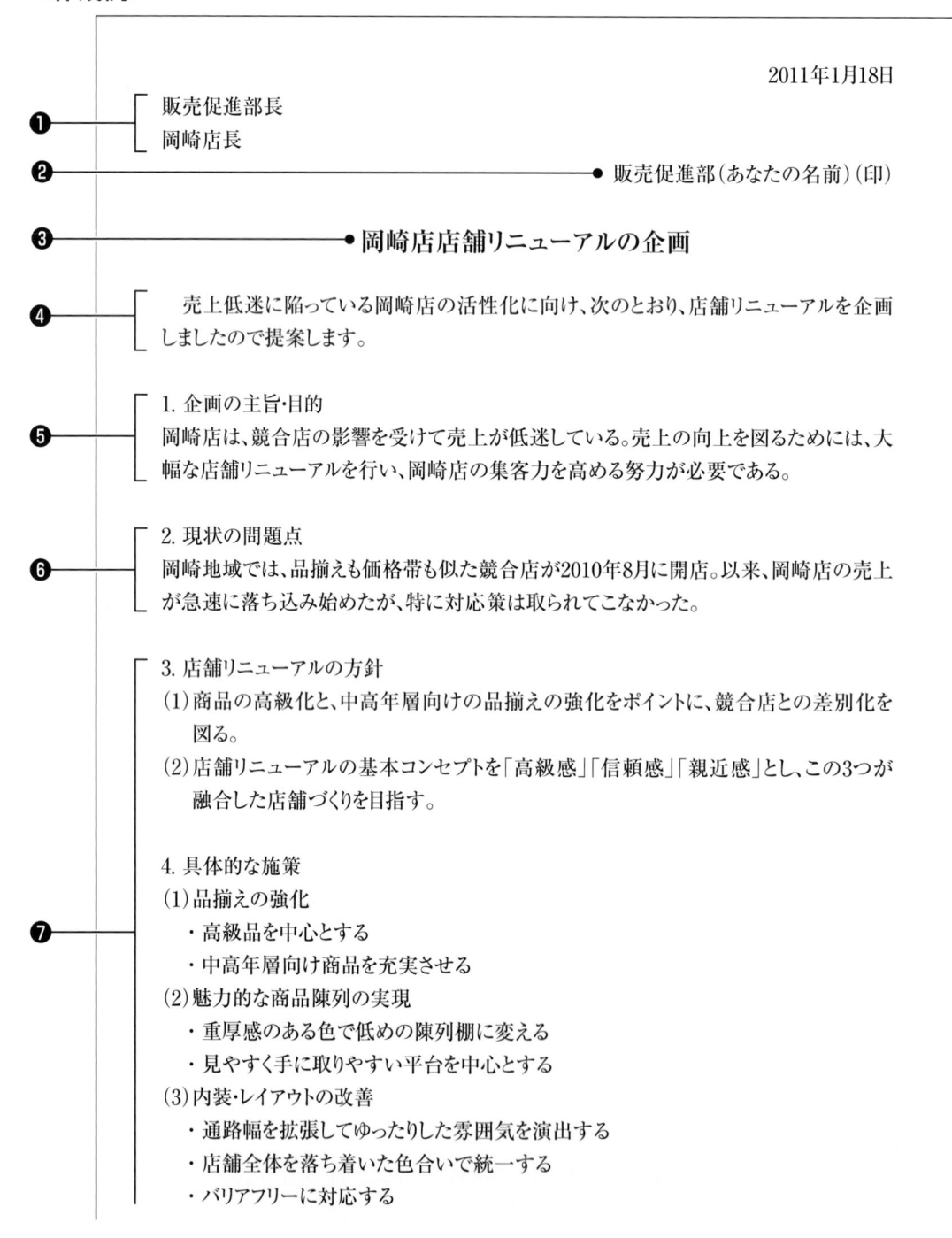

(4) 丁寧な接客の徹底
　　　・丁寧な言葉づかいと対応を徹底する
　　　・豊富な商品知識を習得する
　　　・顧客ニーズに応じた適切な売り場に誘導する

5. 費用
総額約4千万円（詳細は別紙を参照）

6. スケジュール
以下のとおりのスケジュールで、5月7日（土）のリニューアルオープンを目指す。

2月	3月	4月	5月
詳細の検討と決定	店舗リニューアル工事		オープンセール
	POPの変更、社員の再教育、リニューアルの告知		

添付資料　店舗リニューアル費用詳細　1部

以上

☐ ❶ **受信者名が適切に記載されているか。**
企画書は、一般に意思決定者や、企画内容を実行する際の協力者に提出します。作成例の場合は、「販売促進部長　○○様、岡崎店長　○○様」と記載してもよいでしょう。

☐ ❷ **発信者名が適切に記載されているか。**
企画書の場合は、発信者名に企画書の作成者の名前を記載します。どこの誰かがわかるように、個人名だけでなく、部署名も含めるようにします。

☐ ❸ **表題が適切に記載されているか。**
何を提案しようとしているのかがひと目で伝わるように、企画の内容をできるだけ具体的に記載しましょう。

☐ ❹ **前文が適切に記載されているか。**
これから何について提案しようとしているのか、どうして企画書を作成することになったのかをわかりやすく、かつ簡潔に記載するようにします。前文は省略してもかまいません。

☑ ❺ **企画の主旨・目的が明らかにされているか。**
　前文の内容を受けて、企画の主旨・目的を記載します。現状の問題や課題に軽く触れ、どのような目的で何を提案・企画したいのかをわかりやすく伝えます。

☑ ❻ **現状の問題点が具体的に記載されているか。**
　現状の問題点や課題を具体的に指摘します。事実に裏付けられた正しい情報を記載します。問題点が複数あるような場合は、箇条書きを使って整理するとよいでしょう。

☑ ❼ **企画内容がわかりやすく記載されているか。**
　箇条書きを使って、企画内容を簡潔にまとめます。見出しの行頭に番号を振ると、読みやすくなります。
　企画書の場合は、意思決定者に内容を認めてもらい、企画を実現させることを目的としているため、具体的な計画とその実現方法までをわかりやすく説明する必要があります。必要に応じて方針と具体的な施策を分けて記載したり、わかりにくい内容は図解を使ったりして、説得力のある企画書を目指します。

☑ ❽ **意思決定のための判断材料が提供されているか。**
　企画内容を実現するための費用やスケジュールは、企画の妥当性や実現の可能性を判断する材料になるため、できるだけ具体的かつ正確に記載します。企画内容を認めてもらおうと、いい加減な数値を記載してはいけません。また、スケジュールなどは、文字よりも表にしたほうがわかりやすい場合もあります。必要に応じて、適切な表現方法を選択します。

第6章 通知状を作成してみよう

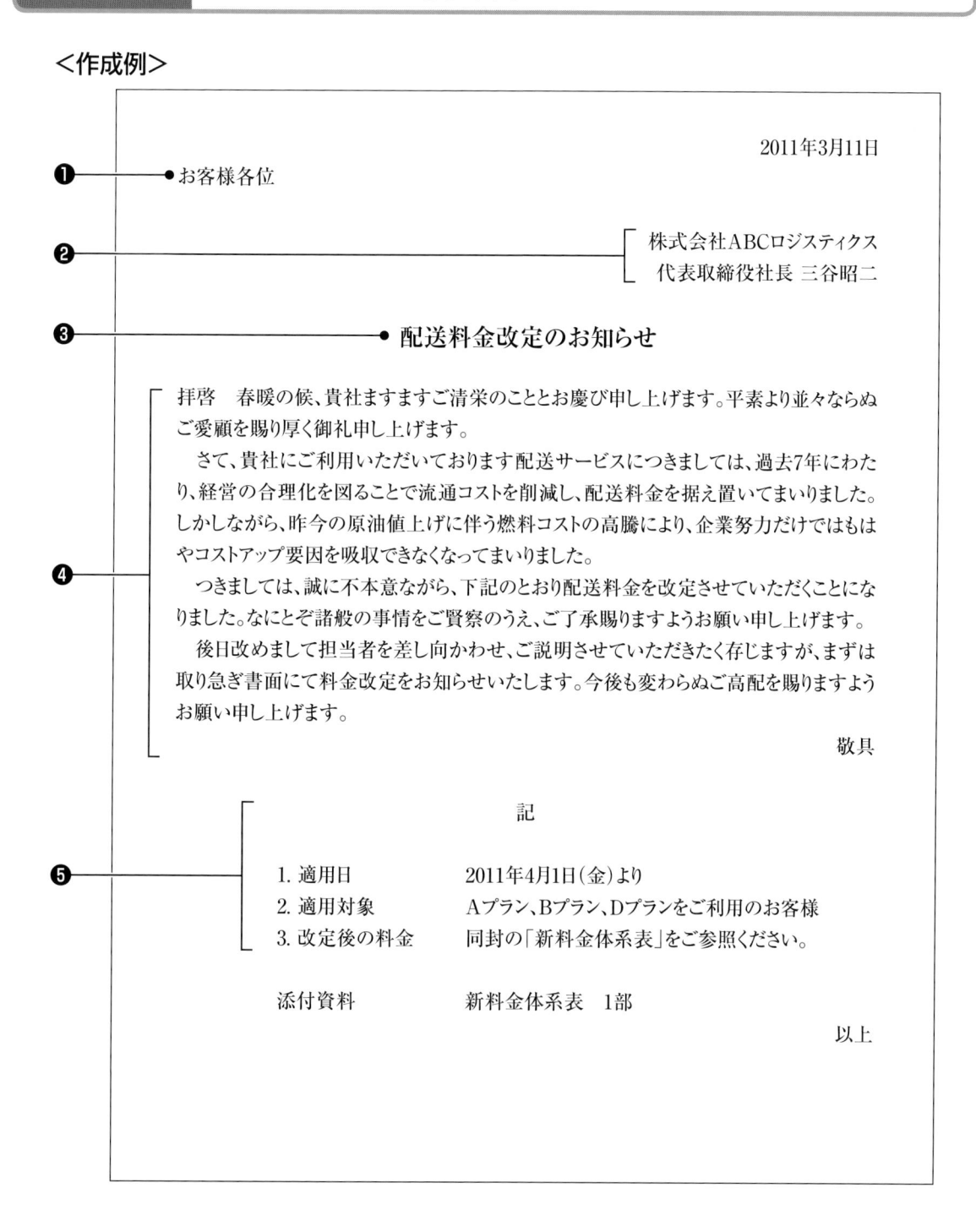

<作成例>

2011年3月11日

❶ お客様各位

❷ 株式会社ABCロジスティクス
代表取締役社長 三谷昭二

❸ 配送料金改定のお知らせ

❹ 拝啓　春暖の候、貴社ますますご清栄のこととお慶び申し上げます。平素より並々ならぬご愛顧を賜り厚く御礼申し上げます。
　さて、貴社にご利用いただいております配送サービスにつきましては、過去7年にわたり、経営の合理化を図ることで流通コストを削減し、配送料金を据え置いてまいりました。しかしながら、昨今の原油値上げに伴う燃料コストの高騰により、企業努力だけではもはやコストアップ要因を吸収できなくなってまいりました。
　つきましては、誠に不本意ながら、下記のとおり配送料金を改定させていただくことになりました。なにとぞ諸般の事情をご賢察のうえ、ご了承賜りますようお願い申し上げます。
　後日改めまして担当者を差し向かわせ、ご説明させていただきたく存じますが、まずは取り急ぎ書面にて料金改定をお知らせいたします。今後も変わらぬご高配を賜りますようお願い申し上げます。

敬具

記

❺
1. 適用日　　　　2011年4月1日(金)より
2. 適用対象　　　Aプラン、Bプラン、Dプランをご利用のお客様
3. 改定後の料金　同封の「新料金体系表」をご参照ください。

添付資料　　　　新料金体系表　1部

以上

作成例と解説

☑ ❶ **受信者名が適切に記載されているか。**
作成例では、受信者がすべての得意先であるため、「**お客様各位**」としています。「**得意先各位**」「**お得意様各位**」と書いてもかまいません。より丁寧にしたい場合は、それぞれの受信者の会社名、部署名、役職名、個人名＋敬称を正しく記載します。その際は、勝手に省略したり個人名の後ろに役職名を付けたりしてはいけません。

☑ ❷ **発信者名が適切に記載されているか。**
社外文書では発信者の会社名から書き、部署名、役職名、個人名を正しく記載します。省略したり個人名の後ろに役職名を付けたりしてはいけません。個人名もフルネームで記載するのが一般的です。長くなる場合は、複数行に分けて書いてもかまいません。

☑ ❸ **表題が適切に記載されているか。**
通知したい内容がひと目で伝わる表題にし、中央に本文より大きい文字で記載します。「配送料金改定に関するお知らせ」「配送料金改定のご通知」などと書いてもよいでしょう。

☑ ❹ **本文が適切に記載されているか。**
通知したい内容を簡潔に記載し、「下記のとおり」として、詳細は別記に記載します。ここでは、通知の主旨や目的、背景などを明確にしましょう。作成例では、料金改定に至った経緯をしっかり述べるとともに、お客様に対するお詫びの気持ちを表現しています。
また、頭語、前文、主文、末文、結語の要素で本文を構成するとともに、慣用語や敬語を正しく使い、丁寧な表現を心がけます。

☑ ❺ **別記で適切な項目名を挙げ、必要な情報が具体的に記載されているか。**
詳細を箇条書きにします。あとから訂正が必要になると余計な手間が発生するため、正確な情報を漏れなく書くことが大切です。項目が多い場合やひとつの項目が複数行にわたる場合は、行間を空けるなどして読みやすさに配慮しましょう。

第7章 見積書を作成してみよう

<作成例>

見積No.2011-086
2011年2月10日

❶ 株式会社YYY　御中

❷ ABCネットワーク株式会社（社印）
〒105-0022 東京都港区海岸X-XX-X
TEL：03-6789-XXXX
FAX：03-6789-XXXX

御見積書

下記のとおりお見積り申し上げます。

❸ 合計金額 ¥525,000（税込）

❹

摘要	数量	単価	金額
基本サービス ※1 ※2	一式(月額)	250,000	¥250,000
災害対策(オプション)	一式(月額)	150,000	¥150,000
セキュリティ対策パッケージ(オプション)	一式(月額)	100,000	¥100,000
小計			¥500,000
消費税(5%)			¥25,000
合計			¥525,000

❺ 備考
※1)基本サービスのメニュー:定期点検(月2回)、障害対応(原因の解析と報告を含む)、24時間365日電話サポート、故障パーツの交換
※2)パーツ交換が発生した場合のパーツ代は、別途ご請求させていただきます。
見積書の有効期限:発行日より1ヵ月以内
※上記有効期限を過ぎた場合は、お見積の内容が変更になる可能性があります。改めてお問い合わせください。
※見積書の内容に関するお問い合わせは、下記までご連絡ください。
担当：営業部 山口、TEL：03-6789-XXXX

作成例と解説

☑ ❶ **宛先が適切に記載されているか。**
相手の会社名は自分の会社名よりも文字を少し大きくし、目立つように記載します。会社名は、通称で記載したり株式会社を（株）やK.K.などと省略したりせずに、正式名称を記載します。会社名の後ろには、「御中」を付けましょう。

☑ ❷ **作成者が適切に記載されているか。**
会社間の取引では、作成者は個人であっても会社名だけを記載するのが一般的です。会社名の下に、会社の住所や代表の電話番号、FAX番号などを記載し、見積書が完成したら、最後に社名に少しかかるようにして社印を押印します。見積書の内容に責任を持つ意味でも押印は重要です。
見積書に関する問い合わせ先は、別途備考や送付状に、部署名や担当者名などとともに明記しておきましょう。

☑ ❸ **合計金額が適切に記載されているか。**
見積金額の合計額を記載し、税込であることを明記します。下線を引き、大きい文字にするなどして金額を強調します。

☑ ❹ **見積の明細がわかりやすく記載されているか。**
見積の根拠がきちんとわかるように、内訳は正しく、できるだけ詳細に記載します。作成例では、具体的なサービス内容について備考欄で確認してもらえるように、「※1」「※2」などと表示しています。また、基本サービス以外はオプションであることを明記したり、月単位の金額であることを明記したりして、見積書にあいまいな点を残さないように工夫しています。

☑ ❺ **備考で前提条件などが明らかにされているか。**
備考欄は、見積の内容を補足する重要な役割を果たします。見積書の有効期限のほか、見積条件などを正確に漏れなく記載します。見積条件をあいまいにすると、トラブルの原因となるので注意しましょう。

第8章 お詫び状を作成してみよう

<作成例>

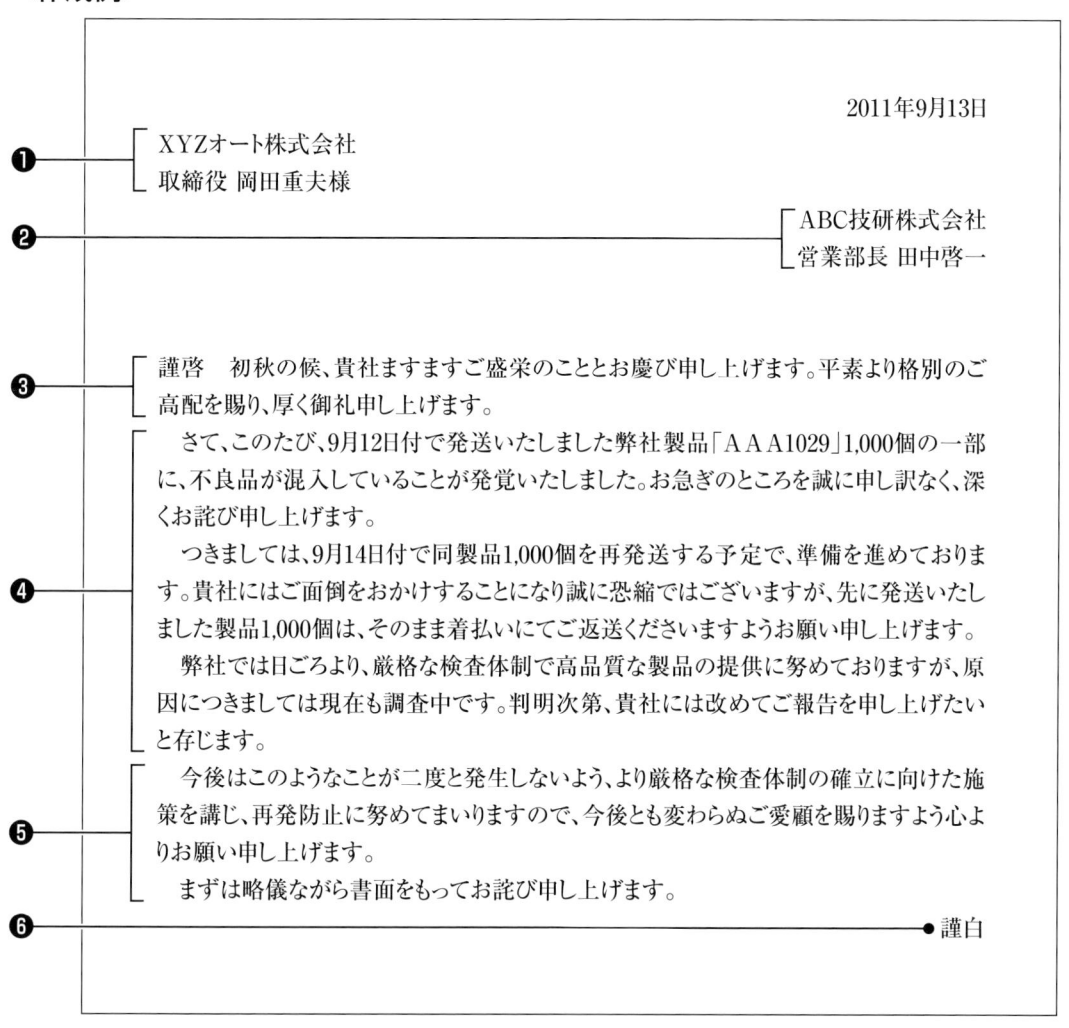

2011年9月13日

❶ XYZオート株式会社
取締役 岡田重夫様

❷ ABC技研株式会社
営業部長 田中啓一

❸ 謹啓　初秋の候、貴社ますますご盛栄のこととお慶び申し上げます。平素より格別のご高配を賜り、厚く御礼申し上げます。

❹ 　さて、このたび、9月12日付で発送いたしました弊社製品「ＡＡＡ1029」1,000個の一部に、不良品が混入していることが発覚いたしました。お急ぎのところを誠に申し訳なく、深くお詫び申し上げます。
　つきましては、9月14日付で同製品1,000個を再発送する予定で、準備を進めております。貴社にはご面倒をおかけすることになり誠に恐縮ではございますが、先に発送いたしました製品1,000個は、そのまま着払いにてご返送くださいますようお願い申し上げます。
　弊社では日ごろより、厳格な検査体制で高品質な製品の提供に努めておりますが、原因につきましては現在も調査中です。判明次第、貴社には改めてご報告を申し上げたいと存じます。

❺ 　今後はこのようなことが二度と発生しないよう、より厳格な検査体制の確立に向けた施策を講じ、再発防止に努めてまいりますので、今後とも変わらぬご愛顧を賜りますよう心よりお願い申し上げます。
　まずは略儀ながら書面をもってお詫び申し上げます。

❻ 謹白

☑ ❶ 受信者名が適切に記載されているか。

受信者の会社名、部署名、役職名、個人名＋敬称を省略せずに正しく記載します。個人名もフルネームで書くのが一般的です。

次のような書き方は、適切ではありません。

<例>

× XYZオート株式会社 岡田様
× XYZオート(株)岡田様
× XYZオート 岡田取締役様

16

作成例と解説

☐ ❷ **発信者名が適切に記載されているか。**
　受信者と同様に、発信者の会社名から書き、部署名、役職名、個人名を省略せずに正しく記載します。個人名もフルネームで書くのが一般的です。

☐ ❸ **前文が適切に記載されているか。**
　表題などは付けずに、前文を書き始めます。頭に「**拝啓**」「**謹啓**」などの頭語を入れてから時候のあいさつをし、次に、日ごろの取引に対する感謝の気持ちを表現します。そのときに合った時候の挨拶や、ビジネスでよく使う慣用語の基本形を覚えて、適切に使えるようにしておくことが大切です。
　作成例では、9月の時候のあいさつとして「**初秋の候**」を使っていますが、「**重陽の候**」「**白露の候**」などでもよいでしょう。

☐ ❹ **主文でお詫びの気持ちを丁寧に伝えているか。**
　相手に迷惑をかけたり、損害を与えたりしていることに対するお詫びの気持ちを伝えるため、敬語や慣用語を適切に使い、できるだけ丁寧な表現で書きます。適切な場所で改行し、見た目にも読みやすい文章を心がけましょう。
　お詫び状は、取引先の信用を取り戻すための大事なチャンスです。どう対処してくれるのか、いつまでに解決できるのかがわからないようでは、相手を不安にさせてしまいます。ただ「**申し訳ございませんでした**」で終わるのではなく、相手に安心感や期待感を与える工夫が必要です。
　作成例では、事態の収拾に向けた具体的な行動や相手への依頼事項を簡潔に説明しています。相手の協力を必要とする場合は、丁重にお願いする姿勢が大切です。

☐ ❺ **末文が適切に記載されているか。**
　今後の取り組みに言及し、許されることなら、今後も引き続き取引をお願いしたいという気持ちを丁寧に伝えます。また、本来なら直接訪問すべきところを、ひとまず書面で済ませる非礼を詫びておくことも大切です。

☐ ❻ **結語が適切に記載されているか。**
　文章の最後には、頭語に対応した結語を忘れないようにしましょう。作成例では、頭語が「**謹啓**」なので、結語は「**謹白**」になります。

第9章 ビジネスメールを作成してみよう

＜作成例＞

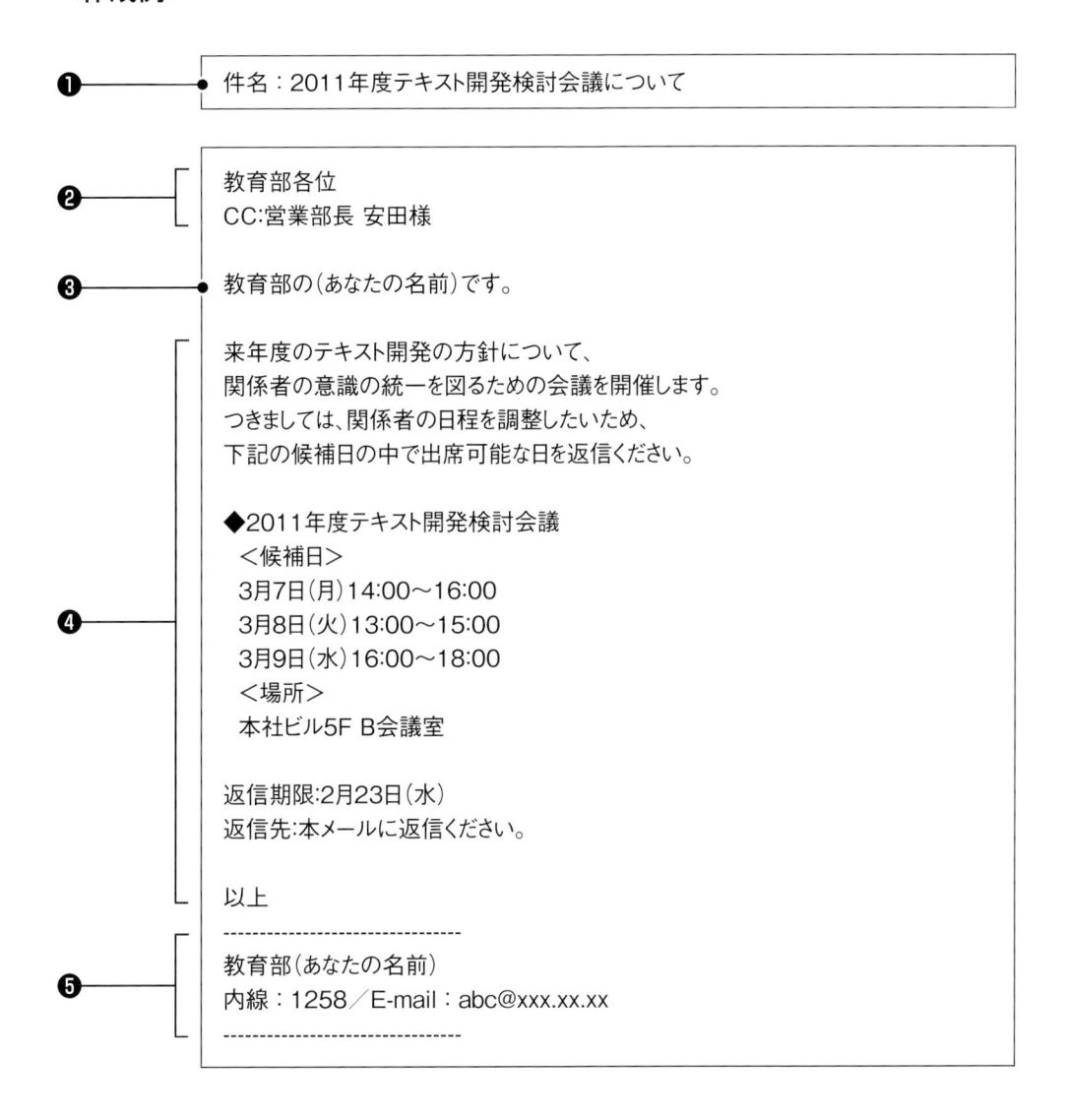

❶ 件名：2011年度テキスト開発検討会議について

❷ 教育部各位
CC:営業部長 安田様

❸ 教育部の(あなたの名前)です。

❹ 来年度のテキスト開発の方針について、
関係者の意識の統一を図るための会議を開催します。
つきましては、関係者の日程を調整したいため、
下記の候補日の中で出席可能な日を返信ください。

◆2011年度テキスト開発検討会議
　＜候補日＞
　3月7日(月)14:00～16:00
　3月8日(火)13:00～15:00
　3月9日(水)16:00～18:00
　＜場所＞
　本社ビル5F B会議室

返信期限:2月23日(水)
返信先:本メールに返信ください。

以上

❺ --------------------------------
教育部(あなたの名前)
内線：1258／E-mail：abc@xxx.xx.xx

☐ ❶ **件名が適切に記載されているか。**
　　件名は、受信者がメールの優先順位を判断したり、あとでメールを整理したりする際に重要な役割を果たします。「**会議の案内**」「**会議について**」ではなく、会議の名称を入れたりキーワードを入れたりして、受信者がひと目でメールの内容を把握できるようにします。

作成例と解説

☑ ❷ **受信者名が適切に記載されているか。**

社内向けビジネスメールでは、部署名、個人名＋敬称を記載します。敬称は「**様**」を使うのが一般的です。作成例では、教育部の全員を宛先に指定するため、「**教育部各位**」としています。

また、作成例のように、CCに指定した人をメールの本文にも明記しておくと、誰と情報を共有しているのかがすぐに把握できます。社内向けのビジネスメールの場合は、個人名を省略して「**CC:営業部長**」としてもかまいません。

☑ ❸ **発信者名が適切に記載されているか。**

誰からのメールであるかがすぐにわかるように、「○○部の○○です。」と部署名と個人名を最初に名乗ります。社内向けメールでは、発信者名を名乗ったあとに、儀礼的なあいさつを入れる必要はありません。

☑ ❹ **本文はわかりやすく簡潔に記載されているか。**

本文では、用件だけを簡潔に伝えます。必要以上に丁寧な表現を使う必要はありません。受信者が短い時間で必要な情報をすばやく確認できるように、読みやすい構成を工夫しましょう。作成例では、箇条書きやインデントを効果的に使い、候補日がひと目で把握できるようにしています。最後は、「以上」の代わりに、「よろしくお願いします。」としてもよいでしょう。

☑ ❺ **署名には必要な情報が記載されているか。**

署名欄は本文と明確に区別する必要があります。社外向けの署名とは別に、社内向けの署名を用意しておきましょう。社内向けの署名欄には、すぐに連絡が取れるように、内線やメールアドレス、携帯電話の番号などを記載します。

© FUJITSU FOM LIMITED 2010
Printed in Japan